青年干部成长问题漫谈

黄革新 著

线装书局

图书在版编目（CIP）数据

青年干部成长问题漫谈 / 黄革新著. -- 北京：线
装书局，2023.5
　　ISBN 978-7-5120-5481-3

　　Ⅰ. ①青… Ⅱ. ①黄… Ⅲ. ①青年干部－干部培养－
中国 Ⅳ. ① D630.3

中国国家版本馆 CIP 数据核字 (2023) 第 092581 号

青年干部成长问题漫谈
QINGNIAN GANBU CHENGZHANG WENTI MANTAN

作　　者：黄革新
责任编辑：姚　欣
出版发行：线装书局
　　　　地　址：北京市丰台区方庄日月天地大厦 B 座 17 层（100078）
　　　　电　话：010-58077126（发行部）010-58076938（总编室）
　　　　网　址：www.zgxzsj.com
经　　销：新华书店
印　　制：成都市兴雅致印务有限责任公司
开　　本：710mm×1000mm　1/16
印　　张：15
字　　数：246 千字
版　　次：2023 年 9 月第 1 版第 1 次印刷
印　　数：0001-1000 册

定　　价：78.00 元

线装书局官方微信

中共桂林市委党校　　桂林市行政学院
桂林市社会主义学院　　共青团桂林市团校

著作出版资助项目

前　言

习近平总书记在党的十九大报告上指出："中华民族伟大复兴的中国梦终将在一代代青年的接力奋斗中变成现实。"青年是国家的未来、民族的希望，党和国家历来高度重视青年、关怀青年、信任青年，始终坚持把青年作为党和国家事业发展的生力军。重视青年、培养青年、爱护青年是贯穿于习近平总书记"青年观"最鲜明的特色，对青年培养和爱护的关键就是要帮助他们树立正确的世界观、人生观、价值观。习近平总书记强调，青年价值观的形成就如同穿衣服扣扣子一样，若第一颗扣子扣错，则剩余扣子都会扣错，人生的扣子从一开始就要扣好。(《学习日报》2021 年 12 月 20 日)《青年干部成长问题漫谈》就是与青年干部从理论的高度、实践的广度和思想的深度等方面探讨如何扣好人生第一颗扣子的问题。

"现在，青春是用来奋斗的；将来，青春是用来回忆的。"《青年干部成长问题漫谈》这本书时间跨度长达 30 多年，收录了作者从青年时期在部队院校到退休前在地方党校开展干部教育教学工作的思考，可以说，里面既有作者青春奋斗的足迹，也有作者回忆青春的智慧总结。

这本书既不是纯学术研究，也不是唯理论探索，它是一本既有学术性、理论性，更注重实践操作性的教材式专题讲稿。浏览篇章结构，你会发现这本教材式的讲稿已概述完一个青年干部修身立命、为人处事、干事创业和理家从政的方方面面。细品内容，你会时而感觉是一位青年在倾谈自己的成长体会，时而感觉是一位长者在向晚辈叮咛成长的注意事项，时而感觉是一位老师向学生讲授青年的修身和立志，时而感觉是一位领导对干部提出严守党规党纪的训示……

多重角色相融其间，但通读起来却倍感自然亲切，没有让人产生高高在上的说教和空洞无物、生搬乱套式说理的感觉，主要源于作者经历的丰富性和著作体裁的独特性。作者自身就是从追求积极上进的青年，一步步成长为人人口中的"有为青年"，从普通干部成长为部门领导，从组织重点培养的学员成长为长期在教学一线的干训教员，加之作者的授课风格一向通俗易懂、雅俗相融，能抓住青年干部个性特点、心理特征和时代需求设计和完善课程，从而通读下来，讲课稿里似是字里有声，文中有理，每个篇章都富有情感、饱含真理，具有丰富的经验性和启发性，使人产生思想共鸣和深度思考。

习近平总书记在庆祝中国共产主义青年团成立100周年大会上的讲话里指出："时代各有不同，青春一脉相承。"一代人有一代人的际遇，一代青年有一代青年的使命。纵然今天的青年与作者所处的青年时代不同，但作者的青春感悟和对青年成长的思考是贯穿其人生成长的整个历程的，其研究视角更是定位至新时代以习近平同志为核心的党中央对青年的要求和期望为基点，这是一本具有时代性、实践性、操作性和启发性的青年读本，相信它会成为青年干部修身悟学的枕边书目；这还是一本具有独特理论观点、丰富案例和富有设计性和教学性的干部教育培训教材，相信它也会成为党员干部党性教育培训者教学备课的有益参考书。

目　录

和青年干部谈成长

大凡青年干部都有一个心愿：希望尽快成长，希望找到一条便捷的成长通道，实现自己的辉煌人生。但如何尽快成长，许多青年干部是非常盲目的，因为确实没有放之四海而皆准的做官之道、升迁之途。青年干部成长问题是一个复杂的问题，涉及方方面面的因素。但是发挥优势、熟悉模式、把握规律、优化条件是关键要素，不可或缺。

一、青年干部的优势和一般特点

青年干部相对其他干部群体来讲，有自己的优势和特点，认识这些优势和特点，可以帮助我们取长补短，起到事半功倍的效果。

（一）青年干部的优势

青年干部有几个共性的优势，即年龄优势、学历优势、智力优势、体力优势、学缘优势等。

1. **年龄优势**。青年干部，首先是青年。按照中国对年龄段的通常划分，18—40岁属于青年，41—65岁属于中年。随着生活条件和医学技术的不断改变与发展，人们的预期寿命越来越长，对年龄段的划分也有了新的标准。总部设于瑞士日内瓦的联合国世界卫生组织，经过对全球人体素质和平均寿命进行测定，对年龄划分标准做出新的规定，将青年的年龄上限划到65岁。当然，这个划分标准中的青年并不是中国传统意义上的青年。我们这里讲的青年，是18—40岁的青年。这个年龄段的青年人充满了朝气，处于创业、成才的重要时期。事实上，许多的科学成就和鸿篇巨制都是青年人创造的。哥白尼提出日心说时38岁；达尔文开始环球考察时22岁；《共产党宣言》发表时马克思是30岁，恩格斯是28岁；爱因斯坦26岁发表《狭义相对论》，开辟了新的科学领域；瓦特23岁开始研究蒸汽，29岁发明蒸汽机；歌德25岁发表了《少年维特之烦恼》；席勒24岁写成了《阴谋与爱情》；狄更斯 24 岁发表了《匹克威克外传》；高尔基 24 岁发表了《马卡尔·梦特拉》；巴金 24 岁发表了传世作品《家》；曹雪芹 32 岁完成了《红楼梦》初稿的写作。

2. **学历优势**。2019 年 3 月 3 日起施行的《党政领导干部选拔任用工作条例》第八条规定：提拔担任党政领导职务的，一般应当具有大学专科以上文化程度，其中厅局级以上领导干部，一般应当具有大学本科以上文化程度。有的特殊岗位对文化程度要求更高，规定必须具有全日制本科以上的文化程度，甚至全日制硕士研究生文化程度。也就是说，《条例》对党政干部的学历有了明确的要求，也是实现干部专业化的具体体现。当代的青年干部恰恰具有学历优势。根据全国普通高考报名人数及录取人数计算，高考录取率从 1977 年恢复高考时的 4.79%，上升至 1998 年的 33.75%，伴随着 21 世纪的扩招上升至 2018 年的 81.13%，再创新高。从近 10 年来看，参加高考人数和录取率逐年呈上升趋势，2021 年全国普通高考报名人数为 1078 万，再次突破千万大关，比 2020 年上涨 7 万人，再创历史新高，无数的学子圆了自己的大学梦。2022 年，全国大学生毕业人数达 1076 万人，接近一个中等国家人口。考入干部队伍行列的本科生、研究生的比例逐年增加。当然，党的干部政策是不唯职称、不唯资历、不唯学历的，但文凭等于水平，这是大家的共识，也有一定的道理。自学成才的人当然有，但据专家研究，自学的成才率不及受过正规教育的成才率的四分之一。这种学历的优势在后天的发展中也会产生后发优势。

3. **智力优势**。现在的生活条件越来越好，科技发展日新月异，人们有了更多的时间关心自己的生活和健康，做父母的都有望子成龙、望女成凤的夙愿，对孩子的教育费尽心机，深怕输在起跑线上，除了国家规定的义务教育外，胎儿教育、学前教育、校外培训应有尽有，智力的开发起步较早，非常充分，比 20 世纪七八十年代以前出生的干部明显具有智力优势，从计算机知识的普及和运用就可见一斑。现在，一些即将退休的老干部，甚至连计算机都不会使用，在互联网时代就大大落伍了。而青年干部对于互联网知识可以说驾轻就熟，接收新知识、新技能就特别快，转化为工作技能的周期也特别短，更能胜任科技含量高的工作，更能跟上社会发展的步伐。

4. **体力优势**。青年人身强体壮，血气方刚，上山可以打老虎，下海可以缚苍龙，能够从事繁重的体力活。一些部门工作任务重，"五加二""白加黑"，加班是常态，不加班是例外，更需要有健康的身体做保证。特别是许多单位要参与精准扶贫、乡村振兴工作，基层生活条件非常艰苦，工作千头万绪，任务非常繁重，没有好的身体是难有所作为的。所谓身体是革命的本钱，这话不无道理。

5. **学缘优势**。由于"科教兴国"战略的推行，人们受教育的机会相对增多。据最新的资料显示，2019 年近 2000 所普通高校在广西共录取 42 万余人，2019 年广西的高考考生规模高达 46 万人，录取率约为 91.3%，也就是说有 90% 以上的高考生可以上大学。1977 年恢复高考第一年，全国高等院校录取人数只有 27.3 万人。1977 年，只有 404 个招生高校，到 2020 年有 2688 个高校（不含成人的 268 所），包含独立院校。招生学校数量是原来的 6 倍之多。在全国人大表决通过的《关于 2020 年国民经济和社会发展计划执行情况与 2021 年国民经济和社会发展计划草案的报告》，公布了 2022 年本科、研究生招生数字：普通高等教育本专科招生 967.5 万人，研究生招生 110.7 万人。现在的研究生招生人数，比起高考恢复时高等院校招生人数高出数倍。广大学子圆自己大学梦的机会大大增加，受过高等教育的干部数量也在大大增加。由于干部队伍知识化的需要，促使许多干部花费大量的时间和资金去追求文凭，于是就有了许多同学、老师，幼儿园、小学、初中、高中、大学或中专、研究生、留学生，还有党校的同学，各种培训班的同学，这就与许多的人建立了学缘关系，朋友就是取之不尽的财富，为你成长、成才等提供源源不断的动力、信息甚至财力，有时往往成为你竞争取胜之关键要素。

（二）青年干部的一般特点

1. **文化水平普遍较高**。普遍受过正规的全日制本科教育，具有研究生文凭的普遍增多，博士、博士后也不乏少数。中专生、大专生或者函授文凭的只占极少数。但不少干部知识面比较狭窄，某方面可能是专才，但当干部需要的是复合型人才，距这个要求还有不小的距离。

2. **社会阅历普遍较浅**。有的干部从学校毕业就长期待在机关，或者长期待在基层，未能多岗锻炼，经历急难险重的任务不多，处世的经验不足，有时显得比较急躁冒进，争强好胜，容易受挫。

3. **曲折磨难普遍较少**。有的干部在学校时是"学霸"，求学时顺风顺水，毕业后又一帆风顺地考进了干部队伍里，从学校门进机关门，没有经历过挫折训练和考验，往往具有优越感，容易时冷时热，容易狂妄自傲。

4. **领导方法普遍欠缺**。毕竟在学校学到的只是知识，而不是能力，即使考进干部队伍里，没有在相应的重要职位上任过职，未处理过复杂棘手的事情或者突发事件，知识未能及时转化为能力，领导方法相对欠缺，上任时容易烧"三把火"，处理问题时常常"三板斧"，简单粗暴。

5. **好奇心理比较强烈**。好奇心是创新的基础。一个对什么都不感兴趣的人，是不可能成为创新型人才的。青年干部往往思维定势较少，保守思想较少，喜欢打破常规处理人和事，敢于创新，喜欢标新立异。

6. **迎接挑战信心较足**。青年干部精力充沛，敢说敢干，胆子大，干劲足，不服输。但毕竟现实与理想有相当的差距，也要防止因为受挫对自信心的打击和伤害。

二、青年干部成长的模式

青年干部的成长是一个社会环境塑造与主体自我修养、组织着力培养与个人努力奋斗的复杂和漫长的过程。青年干部的成长包括职务晋升和心灵成长两个方面，在现实社会里，人们的眼光更多的是以职务的晋升论成败和高低，追求职务上的晋升无可厚非，但是，选择什么样的晋升模式，与各人的晋升速度有很大的关系。因此，青年干部根据自身的不同情况选择不同的成长模式，会缩短成长的周期，从而防止青年干部在成长中的潜力受到损耗，并最大限度地发挥其作用，其成长模式通常有六种：

（一）直线渐进式

所谓直线渐进式就是干部通过选拔或者考录进入干部队伍后，从基层岗位锻炼阶段开始，由低级到高级逐级沿着职级一个台阶一个台阶地成长进步，从一名普通干部一步一个脚印，逐步走上领导岗位。直线渐进式成长模式有不少优点，青年干部可以经过多岗位实践锻炼，领导能力与知识结构相对系统全面，同时有较好的群众基础。也存在不少不足之处，成长的周期较长，潜能损耗大，不利于青年干部在最佳年龄段进入重要的领导岗位。路要一步一步地走，台阶要一个一个地上。但"走台阶"对于管理干部的成长是必不可少的。"一把手"的成长也必须经过必要台阶的逐级锻炼。邓小平同志曾经指出："发现一个好苗子，要让他一个台阶一个台阶地上来。这种培养方法好，是对干部真正的爱护""干部要顺着台阶上，一般意义是说，干部要深入群众，积累经验、熟悉专业和经受考验锻炼的过程"。江泽民同志指出："选拔干部当然要讲台阶、论资历。必要的台阶和资历是干部积累领导经验所需要的。但千万不能搞形式主义，千篇一律，应该是讲台阶而不抠台阶，论资历而不唯资历。如果台阶过细过繁，太看重资历，优秀人才怎么脱颖而出呢？"

（二）上下迂回式

青年干部进入干部岗位后，由于工作和成长的客观需要，经组织人事部门的精心策划安排，把有培养前途的基层干部有意识地安排到上级机关的有关岗位挂职锻炼一段时间，然后再回到基层岗位担任领导职务，或者把机关干部安排到基层任职或挂职锻炼，然后再回到机关担任领导职务，因而在台阶上上下反复几次。上下迂回式培养干部优点是很明显的，能使青年干部既有宏观决策的体验或阅历，又有微观统御能力，管理经验比较丰富，也能缩短干部的成长周期，通过这种模式培养的干部数量比较多，比较适合后备干部的培养。但是，上下迂回式培养干部也存在一些问题，容易使调配的干部形成明显的优越感，滋生"官坯"意识，影响干部角色的转换，组织人事部门和相关领导处理不当时还会挫伤其他干部的积极性。

（三）偶发阶跃式

所谓偶发阶跃式，即从特殊环境或关键时刻脱颖而出。青年干部在成长过程中，由于某些政策影响、能力超群或工作需要，有时跨越一些经历和年龄阶段的台阶，破格进入较高层次的领导岗位。1980年8月18日，邓小平在中共中央政治局扩大会议上提出："选干部，要注意德才兼备。所谓德，最主要的，就是坚持社会主义道路和党的领导。在这个前提下，干部队伍要年轻化、知识化、专业化，并且要把对于这种干部的提拔使用制度化。"同年12月25日，邓小平在中共中央工作会议上又指出："要在坚持社会主义道路的前提下，使我们的干部队伍年轻化、知识化、专业化，并且要逐步制定完善的干部制度来加以保证。提出年轻化、知识化、专业化这三个条件，当然首先是要革命化，所以说要以坚持社会主义道路为前提。"1982年9月6日通过的《中国共产党章程》明确规定："党的干部是党的事业的骨干，是人民的公仆。党按照德才兼备的原则选拔干部，坚持任人唯贤，反对任人唯亲，并且要求努力实现干部队伍的革命化、年轻化、知识化、专业化。"革命化是对干部队伍政治素质的要求，主要指坚持四项基本原则，拥护和执行党的基本路线，在政治上同党中央保持高度一致，严格遵守政治纪律和政治规矩，增强"四个意识"，做到"两个维护"，不以权谋私，全心全意为人民服务，党性强，作风正派等。年轻化是对干部年龄的要求，主要指年富力强、精力充沛，能够胜任繁重的工作。一方面不断把优秀中青年干部选拔到领导岗位上，一方面实行离退休制度，使各级领导班子有一个合理的年龄结构。知识化是对干部文化水平的要求，主要指不断提高科学文化水平，以适应现代化建设的需要，既要注重学历，又要注重真才实学。专业化是对干部专业水平和业务能力的要求，主要指专业技术、知识，使之成为精通本行的行家和能手。干部队伍"四化"要求为我国干部队伍建设指明了方向。而后出台了一系列干部政策，一些德才兼备特别优秀的年轻干部或者工作特殊需要的干部享受了政策"红利"，破格越级提拔到重要领导岗位。这一模式的优点在于干部跨越了一些不必要经历的台阶，缩短了干部成长周期，潜能消耗比较小，又积累了必要的领导经验，成长成熟得比较快；不足之处是由于跨越的台阶大，干部经验和能力积累不够系统和扎实。

（四）公开选拔式

2002年7月9日，《党政领导干部选拔任用工作条例》施行，首次提出公开选拔的概念。该条例第四十九条规定，公开选拔、竞争上岗是党政领导干部选拔任用的方式之一，公开选拔面向社会进行。2004年4月8日，《公开选拔党政领导干部工作暂行规定》施行，对规范公开选拔领导干部做出了详细的规定。暂行规定定义了所称的公开选拔党政领导干部（即公开选拔），是指党委（党组）及其组织（人事）部门面向社会采取公开报名，考试与考察相结合的办法，选拔党政领导干部。公开选拔适用于地方党委、人大常委会、政府、政协、纪委工作部门，或者工作机构的领导成员及其人选，以及其他适于公开选拔的领导成员或者其人选。《公务员法》也有明确规定，副调研员以上及其他相当层次的非领导职务出现空缺，也可以公开选拔。从职务层次看，公开选拔适用于厅局级正职以下领导职务。涉及国家安全、重要机密等特殊职位，不宜进行公开选拔。这一政策实行后，让想干事的人有了机会，能干事的人有了岗位，干成事的人有了地位。也给体制外的有志青年提供了竞争机会。通过这种模式面向社会公开选拔了不少优秀人才，打破了体制外不能进体制内、体制内不能有序流动的框框。但这种方式的缺陷也十分明显，公开选拔往往看分数不看实绩，或者看不到实绩，形成了一种负面导向，一些人为了参加公开选拔，整天去做考前准备，无心工作；一些人根本没有当干部的潜质，只凭考分就成了干部，最终无法胜任领导工作，给干部队伍建设带来负面影响。

（五）混合交叉式

这种模式指的是一名干部既有某个时期的直线渐进式，又有某个时期的上下迂回式，还有某个时期偶发阶跃式等特征。青年干部成长的过程当中，因为工作或培养的需要，不是单一地按照行政系列或党务系列或经济系列独线成长的，而是经历多系列交换任职培养、锻炼。有的干部在多个系列间交叉转换两三个周次，得到了多方面的培养和锻炼，最终才走上重要的领导岗位。这种模式的缺点在于因为阶梯回旋太多，青年干部成长的周期太长，消耗的潜能太大，也可能影响青年干部干事创业的积极性和进取心。

（六）长期专一式

由于工作需要或自身条件限制，一名干部长期在一个岗位上工作，并且在专一的工作中不断增强自己的综合素质，从而成长为一名优秀的干部。特别是一些科教系统的干部，他们长期致力于某学科、某专业的研究，在自己的专业岗位上崭露头角，最后取得了重大成果，为国家做出重大贡献，得到组织的充分信任，得到广大群众的充分认可，进而提拔到重要的领导岗位。

三、青年干部成长的规律

青年干部的成长有一定的规律可循，主要有以下 6 个方面。

（一）青年干部成长的条件规律

青年干部的成长是具有一定条件的，它包括主观条件和客观条件两个方面。主观条件是指青年干部的基本素质和个人努力的程度，它为个体素质条件，是影响青年干部成长的内在因素和主要条件；客观条件主要是指组织环境条件和社会环境条件，是影响青年干部成长的外在因素和基础条件。青年干部的成长既离不开起基础作用的外在条件，也离不开起主导作用的内在因素，要善于把这两个方面条件有机地结合起来。因此，青年干部成长就是个体素质、组织培养和社会环境综合塑造的结果，内外条件的优化组合和互动程度，决定着青年干部成长的速度和质量。青年干部的个体素质条件包括坚定的理想信念、牢固的宗旨意识、正确的成就动机、执着的敬业精神、高尚的道德人格、科学的知识结构、较强的领导才能和顽强的意志品质等，对青年干部的成长起着决定性的作用；组织环境条件是青年干部成长的基础条件，其中正确的干部路线、科学的干部制度、严格的组织培养、深厚的群众基础、团结的领导集体、优秀的上级领导、良好的工作机遇和公平的竞争环境等，对青年干部的成长起着促进和推动作用；社会环境条件是青年干部成长的社会土壤，其中社会需要、地域文化、教育培训、家庭生活、社会舆论等，对青年干部成长起着保证和催化作用。

（二）青年干部成长的周期规律

青年干部是按照一定的周期和途径成长起来的，根据自身的不同情况选择理想的成长模式，会缩短青年干部的成长周期，从而防止干部成长中的潜能损耗，并最大限度地发挥其作用。青年干部的成长是职务晋升和心灵成长相互作用的过程。青年干部成长要经历一个特殊周期，这个周期可以分成知识准备期、素质磨砺期、优势发挥期、成熟发展期等四个阶段。知识准备期。这是指干部自小学起到大学毕业（或研究生毕业）止，在学校系统学习和掌握科学文化知识的时期。这个时期对青年干部的成长来讲，是打牢知识功底的时期，虽然这个阶段的任务是在学校学习知识，但也属于青年干部成长的一个重要阶段。这个时期的主要任务是系统地接受小学、中学、大学甚至研究生的知识和能力的积累、训练，掌握时代提供和社会需要的一般知识及专业知识，形成有特点的才能和智力结构，并养成良好的思想品德，树立起正确的世界观、人生观和价值观。实践证明，这是个打好知识基础和思想基础的时期，对青年干部的成长至关重要。周恩来总理12岁时离开家乡，来到了东北，后进入东关模范学校读书，耳闻目睹中国人在外国租界，受洋人欺凌却无处说理，敢怒不敢言的境况，从中深刻体会到其校长说的"中华不振"的含义，从而立志"为中华之崛起而读书"。表现了少年周恩来的博大胸襟和远大志向，为日后将自己的一生献给中华民族伟大复兴的崇高事业打下了坚实的思想基础。

素质磨砺期。这是指青年干部步入社会到取得优异业绩，得到社会认同前的时期。在这个时期里，经过青年干部自身的努力和组织的培养，领导经验、工作才能和业务水平得到锻炼和提高，在同级和同类干部中崭露头角。这个时期也可以看作青年干部成长过程中的实习期，因为他们从学校学到的知识虽然系统且扎实，但毕竟都是书本和储存在记忆中的知识，并没有也不可能转化为经验和才能。而青年干部在素质磨砺期，经过多方面和不同层次、不同岗位实践锻炼，不但学到了许多书本中学不到的知识，在实践中积累起许多实际工作经验，而且经过实践的加工和体验，也让他们把书本知识和他人的经验转化成自身的技能和素质，从而在才能、智能和技能上产生质的飞跃，在素质上超群、在才干上出众、在业绩上出色，进而得到社会的认同和组织的认可。

优势发挥期。 这是青年干部经过长期的组织培养和个人努力，创造出非凡的工作业绩，得到社会的认可和组织承认的时期。从实际生活中我们发现，青年干部素质的飞跃和才干的升华非一日之功，而是在他们长期的自我塑造和组织培养中渐进地积累起来的。一般而言，人才、干部的成长成熟，都是以他们取得显著成果，并得到社会的承认为标志的。社会对人们工作绩效的评价或认可，是功利性和公正性的统一。也就是说，一个人创造的业绩要得到社会的承认，必须具备两个条件：一个是创造的业绩必须是崭新的、独到的，别人一般创造不出来，不经过艰苦努力也创造不出来，因而得到社会的好评；另一个是创造的业绩能够为社会发展带来效用，为人民群众提供看得见的利益。否则不会得到社会的认可。而要取得这样的业绩，青年干部必须充分发挥自己的才干，显现自己的优势素质，从而创造出优秀的工作业绩来。没有优秀素质和能力做基础，或者不能充分发挥自己的优势，任何人要创造出优秀的工作业绩，得到社会和组织的充分认可，都是一种美丽的幻想。

成熟发展期。 这是指青年干部得到群众的认可和组织的承认后，仍然尽心竭力地为党和人民工作，并继续升华自己的时期。一般而言，在党组织的大力培养和个人的自我塑造中，青年干部形成的优秀品质和良好素质，会使他们把荣誉变成动力，"出名"之后不骄不躁，更加严格地要求自己，更加努力地为党和人民多做工作，做好工作。之所以把青年干部成名后列为"成熟发展期"，还因为有些干部成名以后不能正确对待自己，居功自傲，不思进取，躺在功劳簿上面睡大觉；或者不能严格要求自己，为物欲所动，被金钱所惑，逐步走上了下坡路，甚至陷入犯罪的泥潭。党的十八大以来一些能力超群，本应有所作为的青年干部以权谋私、失职渎职，最后成为反面教材，就说明了这个问题。很显然，对于各级党组织来说，既要教育青年干部戒骄戒躁，防止"捧杀"；也要关心爱护青年干部，防止"棒杀"。因此，做好青年干部成熟发展期的工作非常重要。

（三）青年干部成长的途径规律

青年干部成长的途径是多种多样的，概括起来，就是"四个结合"：

一是理论培训与实践锻炼相结合。 建立健全干部教育培育机制，畅通培训渠道，定期选派青年干部到党校（行政学院、社会主义学院）培训，落实党的理论教育和党性教育课程的比重不能低于总课时 70% 的要求，引导青年干部加强政治理论学习，增强"四个自信"，做到"两个维护"；加强业务技能学习，通过压担子、给台阶、多锻炼，帮促青年干部坚定政治立场和政治观点，通过定人帮带，定岗锻炼，鼓励身处基层一线的年轻干部立足岗位，发挥才能，在实现中华民族伟大复兴的实践中，砥砺品质、提高本领、经受锻炼、增长才干。

二是自我修养与组织培养相结合。 自我修养是青年干部成长的决定性因素，组织培养则是青年干部成长的关键。自我修养是青年干部成长的内在力量。真正的上进者，从来都不是为了一己之私而精于算计的人，而是通过不断加强政治历练、实践磨炼，成长为忠诚、干净、担当的优秀干部。青年干部需要不断改造主观世界，加强党性修养，时刻用党章党规、用共产党员标准要求自己，时刻自重自省自警自励，老老实实做人，踏踏实实干事，清清白白为官。把当老实人、讲老实话、做老实事作为人生信条，在为民服务中实现自身的价值。不管干什么，青年干部都需要脚踏实地，积累解决各种复杂难题的经验，提升自己应对、处理各种现实问题的能力。作为青年干部，正是认真干事、不断积累实践经验的大好时候，唯有认真做好本职工作，提升自身能力，才能让自己走得更快更远。组织培养是青年干部成长的必要外部环境，各级党组织要建立健全青年干部识别选拔、培训培养、管理监督等体制机制，营造科学规范、公平有序、系统完备的环境土壤，搭建平台和提供机会，挖掘青年干部的潜能，促使他们早日成才。坚持正确用人导向，坚持德才兼备、以德为先，努力做到选贤任能、用当其时，知人善任、人尽其才，要改进考核方法手段，既看发展又看基础，既看显绩又看潜绩，把民生改善、社会进步、生态效益等指标和实绩作为重要考核内容。要树立强烈的人才意识，寻觅人才求贤若渴，发现人才如获至宝，举荐人才不拘一格，使用人才各尽其能。

三是组织选拔与群众推荐相结合。 在青年干部的选拔及任用上，应当把组织选拔与群众推荐相结合，切实贯彻民主集中制原则，大力推进公开选拔、竞争上岗及任前公示等多项工作，营造"公开、平等、竞争、择优"的选人用人机制和环境。片面地迷信和强调组织选拔，或群众推荐，可能会导致选人用人上的不公平，乃至发生荒唐的现象。民主推荐作为选拔任用干部的一道重要程序和基础环节，其具体方法应是多层次、多途径的，除了匿名投票推荐，还有举手表决推荐、署名推荐、群众谈话推荐等等。杜绝数字化"民主"选官现象。应该避免把匿名推荐作为民主推荐的唯一方式，票数成为选用干部的唯一参照，从而使理应体现多层面、多渠道的民主推荐异化为唯票取人。防止出现被推荐者为追逐选票而不择手段的导向。如果在制度设计上对"唯票取人"予以确认，一些人想必就会在"挫折"中"觉醒"起来，把精力放在拉关系、建人情网上，忽视政绩和工作，甚至放弃党性原则去做所谓"好人"。所以，在干部的选拔及任用上，应当把组织选拔和群众推荐紧密结合起来，坚决防止重组织选拔轻群众推荐，或重群众推荐轻组织选拔的现象。

四是政策导向与制度保证相结合。认真贯彻落实《关于进一步激励广大干部新时代新担当新作为的实施意见》，制定切合实际的激励机制和容错纠错机制。对敢于负责、勇于担当、实绩突出的干部，要大胆使用；对不作为、怕困难、避矛盾的干部，要坚决果断调整。认真落实"三个区分"开来，正确把握青年干部在工作中出现的失误错误的性质和影响，切实保护青年干部干事创业的积极性。要真心关爱青年干部，尤其是对奋战在基层一线、改革前沿、斗争前线的青年干部，要在政治上关心、工作中帮助、生活中关爱、待遇上倾斜，让青年干部安心、安身、安业，让青年干部留得住、干得好、有奔头。

（四）青年干部成长的机制规律

青年干部成长机制，是指青年干部在其成长过程中，各种因素和环节的有机构成，以及动态运行所形成的带有规律性的成长模式。这种通过成长机制要素之间的相互作用、合理制约，从而达到整体优化、良性循环、健康发展的活动过程和作用机理，之所以被称为青年干部成长机制整体联动规律，是因为青年干部的成长是依据一定规则和机制竞争择优的过程，而制度和机制只在整体联动中形成有机系统及耦合功能，才能为青年干部的健康成长提供适度的动力和保障。

首先，要建立选拔任用机制。建立和完善一套科学合理的干部选拔任用机制，充分体现公正、平等、竞争、择优的原则，是促使青年干部脱颖而出和快速成长的根本保证。其主要包括以下三个方面的制度：

公开选拔制度。公开选拔制度是指干部主管机关将一定时期内拟任的领导岗位在一定范围内公开，通过公开考试与组织考核相结合的方法，吸引优秀人才的制度。公开选拔干部是干部选拔任用方式的一项重要改革，是公开、平等、竞争、择优原则在干部选拔任用工作中的有效运用。公开选拔干部制度的建立，有利于把坚持党管干部原则与走群众路线结合起来，有利于拓宽选人用人视野，在更大的范围内选拔人才，有利于形成正确的用人导向，激发广大干部的进取精神。

竞争上岗制度。竞争上岗制度就是指在党政机关内设机构中，通过公开报名、考试答辩、群众评议、组织考察，产生竞争职位人选，然后按照规定的程序和干部管理权限择优任用干部的一种制度。实行竞争上岗是干部选拔任用方式的一项改革，是构建干部竞争激励机制的重要组成部分。这种制度的建立，对于促进机关干部能上能下、能进能出和优秀人才脱颖而出，激励干部爱岗敬业、恪尽职守、开拓进取、奋发向上，提高干部队伍的整体素质，具有积极作用。

择优任用制度。择优任用制度是推进干部制度改革，确保优秀人才脱颖而出的重要课题。近些年来，各地在坚持党管干部、党管人才原则之下，就如何在干部的选拔任用工作中进一步扩大民主、公开程度，最大限度地避免和减少用人的失察失误，防止和克服用人上的不正之风，真正做到优胜劣汰，能者上，庸者下，这是推进干部制度改革、确保优秀人才脱颖而出的重要课题，对深化干部制度进行了大胆地改革和探索，采用了常委会讨论任免干部的投票表决制、干部任前公示制和任后试用制等办法，取得了很好的效果。

其次，要建立激励保护机制。激励保护机制，是指组织人事部门为了激发和调动青年干部成长的积极性，设定一定的成长标准和程序，引导青年干部树立正确的成长价值观念和行为方式，并按照组织人事部门设定的标准和程序认同与运作的过程。这种机制带有长期性和稳定性，更有利于青年干部的健康成长。这种机制包括任期责任制度、实绩考核制度、升降奖惩制度、权益保障制度等。党的十九届四中全会明确提出："坚持党管干部原则，落实好干部标准，树立正确用人导向，把制度执行力和治理能力作为干部选拔任用、考核评价的重要依据。尊重知识、尊重人才，加快人才制度和政策创新，支持各类人才为推进国家治理体系和治理能力现代化贡献智慧和力量。"

再次，要建立监督约束机制。监督约束机制，是指通过建立一系列监督约束制度，并把这些制度按照监督约束程序建立起一种运行机制，监督约束干部的成长行为，避免出现干部自我毁灭现象的一种制度化的模式。这些年一些干部走向堕落，除了个人贪婪权力、金钱、美色，放松对自己的约束和世界观的改造等主观原因外，一个重要的原因是受社会不正之风的影响，这也是我们党内还缺乏行之有效的监督约束机制等客观原因造成的。监督约束机制是由一系列制度构成的对干部的制约方法、手段、环节的总和。在内容上包括监督、制衡、防范、惩戒等制度，在形式上包括党内监督、行政监督、司法监督、舆论监督等形式，在方式上包括思想教育、以法治廉、政务公开、监督检查等方式。其中，必须首先建立起一整套科学有效的监督约束制度，这是保证青年干部健康成长的重要措施。监督约束制度包括廉政考核制度、政务公开制度、民主生活制度、诫勉谈话制度、财物申报制度、信访举报制度、任期审计制度、民主评议制度等。

（五）青年干部成长的设计规律

青年干部成长是一个自觉的修养提高过程，而青年干部根据主观优势和客观条件对自己的成长做出战略设计，并不断按照科学合理的成长目标完善和超越自我，才能使自然成长变成自觉成长，加快青年干部的成熟进程。

首先，要确定成长的战略目标。干部成长的战略目标，是指决定干部成长大方向和全过程的目标模式，是按照党和人民的根本要求和干部群体提供的成功典范，为干部成长所提供的总体参照目标模式。通俗地说，也就是干部达到一个什么样的标准，才能成为一名好干部。而"信念坚定、为民服务、勤政务实、敢于担当、清正廉洁"的20字好干部标准，这就是青年干部共有的成长战略目标。

其次，要做好成长战略的部署。青年干部成长的战略目标确定之后，就应该考虑如何才能使成长目标由理想变成现实，就是要对成长战略目标展开，对自己的干部生涯进行自我设计和管理。成长战略目标的部署大致分为认识自我阶段、造就自我阶段和超越自我阶段。

认识自我阶段。一个人要想成为一名优秀的干部，进入干部队伍后，就应该对自身的素质状况有清醒的认识，并以此产生做优秀干部的意识，从而规划自己的干部生涯。这对于确定成长战略目标，做出正确的成长战略部署都是至关重要的。成功学家拿破仑·希尔说："成功是产生于那些有了成功意识的人身上。"认识自我阶段，主要是指青年干部参加工作后，在与领导工作的接触中，认识到自身做好干部的条件，并立志做一名好干部的自我意识形成时期。这种自我意识的表现形式是：把"我"这个统一体分解为主体和客体的我。主体的我是意识的主体，客体的我是意识的对象。在个体内形成意识主体和对象之间的矛盾运动，通过这个矛盾运动，不断修正自己的认识模式和方法，从而选择自己认为最佳的活动途径和自我归宿。一个人要想成为一名好干部，在确定各种目标、做出成长战略部署之前，首先应对自身的状况，尤其是智力状况和非智力状况有清醒的认识和准确的把握。懂得自己适合干什么，向什么方向发展，据此，才能对自己未来的发展做出科学的筹划。

造就自我阶段。通过认识自我阶段对自身状况的认识和把握，那些立志成为好干部的干部，就要根据自己所选定的成长目标进行自我锤炼和塑造。这样就进入了成长战略部署的造就自我阶段。在这一阶段，由于总体目标模式已逐渐由清晰到确立，具体成长战略目标也开始逐渐形成，并且经过认识自我阶段的客观把握，那些想要成为好干部的干部就会围绕着具体的成长战略目标，对自身进行塑造和锤炼。这种塑造和锤炼主要是根据自我特点，从德能勤绩廉等方面进行。

超越自我阶段。通过认识自我阶段对自我状况的认识和把握，在造就自我阶段又对自身的各方面素质进行了较全面的锤炼和塑造，就应当进入成长战略部署的超越自我阶段。在这一阶段，那些立志成为好干部的干部，在朝着既定的目标不断攀登的过程中，又会发现自身的不足或缺陷，从而不断地进行自我完善。因此，超越自我阶段，实际上就是好干部不断审视自己、完善自己的阶段。自我完善通常通过和别人比较来获得自我完善的意识，通过别人对自己的态度来进一步完善自我，通过对自身行为的分析和心理状况的内省来完善自己。

再次，要组织成长战略的实施。所谓干部成长战略的实施，就是指干部本人在确立了成长战略目标、完成成长战略部署后，实现自身所设计的成长战略的实际步骤，该步骤对各个干部而言不尽相同，但总的来说要从四个方面努力：一是要加强学习，提高能力，打牢思想基础，增长自己的才干，为成长为好干部创造条件；二是勤奋工作，把握机会，养成刻苦钻研的好学精神，形成顽强不息的实干品格，要做善于抓住机遇的人，更要做创造机遇的人；三是加强修养，严于律己，要加强马克思主义理论修养、政治觉悟修养、思想意识和道德品质修养、政治纪律修养、作风修养及科学技术和文化知识修养，清正廉洁，求真务实；四是锻炼意志、升华人格，坚强的意志品质是好干部克服困难、战胜挫折、取得成功的主要心理条件，自然界没有不凋谢的花，人世间没有不曲折的路，青年干部要敢于实践，不怕失败，勇于克服各种困难，要培养积极向上的乐观情感，控制自己的不良情绪，人生最大的敌人是自己，要学会战胜自己，克服盲目乐观、骄傲自满、怨天尤人、悲观失望的消极情绪。

（六）青年干部成长的培养规律

在青年干部内在动力强度相同的情况下，党组织教育培养干部的力度与干部成长的速度成正比，与培养成本成反比。因此，采取途径同步优化措施培养青年干部，是用相对较少的成本快速造就大批优秀干部的有效办法。要通过完善干部继续教育制度，制定干部培训规划，鼓励干部自学、选学，鼓励干部在职学习，完善科学的考试考核制度，检验干部学习的成果，坚持学习和使用相结合的制度，调动青年干部学习的自觉性和积极性，不断提高自身的思想理论素质。在实践锻炼方面，要通过挂职锻炼、异地交流、竞争上岗、单位轮岗、代理工作等形式，培养锻炼青年干部的实际工作能力；在管理监督方面，加强对青年干部政治思想、民主作风、党纪法规、群众观点等方面的监督，从根本上增强青年干部的思想政治素质，提高遵纪守法的意识，防止青年干部腐化堕落。

四、青年干部成长的条件

从青年干部的成长规律发现，青年干部成长需要三大条件：一是个体素质条件，二是组织培养条件，三是社会环境条件。第一个条件是主观条件，第二、第三个条件是客观条件，主观条件是我们可以通过自身的努力加以完善、不断创造的，而客观条件我们只能想办法去适应、去服从、去遵循。有几句哲言说得很有道理："你改变不了环境，但你可以改变自己；你改变不了事实，但你可以改变态度；你改变不了过去，但你可以改变现在；你不能控制他人，但你可以掌握自己。"因此，主观条件完全可以通过自身的努力不断完善、不断优化、不断强化。本文讲的青年干部成长的条件主要从对青年干部成长起决定作用的主观条件讲起。

那么，从主观条件来讲，青年干部成长需要哪些条件呢？早些年社会上流传着这么一句顺口溜："年龄是个宝，文凭少不了，关系很重要，能力作参考。"这句顺口溜的本意就是夸大"关系"的重要，讽刺社会上的"关系学"，但它却忽视了其他因素的作用，是非常偏颇的。如果修改成"能力最重要，经历不可少，关系能增效，机遇有更好"，可能更切合实际。

也就是说，一名青年干部的成长进步需要"能力、经历、关系、机遇"四个主观条件，在客观条件同时具备的条件下，如果你缺这少那，仕途就会一波三折，困难重重，如果这四个主观条件同时具备，你的仕途就可能相对顺利，才能健康成长。

（一）具备全面的任职素质

青年干部的能力素质是青年干部在一定的与生俱来的生理素质基础上，通过后天的实践锻炼和学习所形成的，在工作中经常发挥作用的素质要素。这些素质包括政治素质、知识素质、道德素质、性格素质和能力素质。

1. **具备优秀的政治素质。** 政治素质是确保青年干部在政治上合格的条件，在青年干部的整体素质中处于首要和根本的地位。有人说：业务不合格是次品，身体不合格是废品，心智不合格是易碎品，政治不合格是危险品。可见政治素质对青年干部成长是起决定性作用的。政治素质起码应该包括下面四个方面内容：

其一，坚定的政治信念。革命理想高于天。共产主义远大理想和中国特色社会主义共同理想，是中国共产党人的精神支柱和政治灵魂，也是保持党的团结统一的思想基础。坚定理想信念，坚守共产党人的精神追求，始终是共产党人安身立命的根本。100年来，我们党之所以能够经受一次次挫折而又一次次奋起，归根结底是因为有远大理想和崇高追求。2021年4月25日，习近平总书记在考察位于广西桂林市全州县的湘江战役纪念馆时指出："为什么中国革命能成功？奥秘就是革命理想高于天，在最困难的时候坚持下去，这样才能不断取得奇迹般的胜利。"因此，青年干部坚定政治信念就要不断增强对马克思主义、共产主义的信仰，增强对中国特色社会主义的信念，增强对实现中华民族伟大复兴的信心。

其二，牢固的宗旨意识。全心全意为人民服务，是我们党的根本宗旨所在。青年干部要坚持同人民群众保持密切联系，坚持从群众中来，到群众中去，经常深入群众，倾听群众的呼声，关心群众的冷暖，把群众视为自己的衣食父母，而不是高高在上，做官当老爷。要少说空话，多干实事。

其三，正确的权力观念。作为青年干部，必须树立正确的权力观、人生观、价值观，时刻牢记当官为什么、在位时做了些什么、不在位后给人留下什么，时刻保持清醒的头脑，严格要求自己，以身作则，办事公道，为政清廉，自觉地接受群众的监督，真正做到"权为民所用"。

其四，宽广的容人胸怀。青年干部要有宽容的美德，善于容人、容言、容事，既要学会与能力比自己低的人相处，更要学会与德才超过自己的人相处。生活中不仅要看到别人的长处，也要包容别人的短处，即使受了委屈，也不能负气一生。生活中没有永远不被理解的事，有时不是世界容不下你，而是因为你个人的心胸和气量狭小，而容不下周围的事物，导致个人不能融入社会。与其在心中留着怨恨，倒不如把心胸放宽，让自己有更多的包容力来面对人生。俗话说："宰相肚里能撑船。"这就是成功人士的修养。对青年干部来说，宽阔的胸怀，是豁达宽容性格的完美表现。倘若胸怀狭隘，没有容人容物的肚量，看到他人成功，给予对方的不是掌声和鲜花，而是嫉妒、落井下石、诬告诽谤，这往往就破坏了良好的人际环境，破坏了自我成长的条件，不仅难以成就大事业，恐怕也难以与人和睦相处，自己的内心也会感到孤单和痛苦。心胸宽广不仅能让我们很好地与他人互助互爱，也可以让自己心态平稳，头脑清晰，见识、胆识也会随之拓展，为来日谋求更好的发展打下基础。气度狭小的人只会让焦虑越来越多，这样的人只能贻误了自己的事业，并最终贻误党的事业。

2. **具备扎实的知识素质**。干部知识化是干部队伍建设的基本指导方针，一方面要求干部逐步建立起与时代发展和岗位变化所需的知识结构，另一方面也要求干部掌握获取知识的方法，不断进行知识更新。知识素质应该包括坚实的文化知识、精深的专业知识、广博的社会知识三个方面。现在的青年干部绝大多数受到过良好的专业教育，文化素质和专业知识并不缺乏，短缺的是社会知识。应该明白，社会就是一个大课堂，遨游其间可以学到许多书本上学不到的知识。更何况，现在的知识更新非常快，知识量呈几何级数增长。按照流行的说法，一个人的知识每年要缩水30%。所以，要在竞争激烈的社会中立于不败之地，还要掌握获取知识的方法，切不可"坐吃山空"，当一个现代"文盲"。

　　3. **具备完善的道德素质**。一个人道德素质的好坏，往往决定着一个人走什么路、做什么人的问题。中国自古以来重视官员的道德素质。司马光在《资治通鉴》中说："是故才德全尽谓之'圣人'，才德兼亡谓之'愚人'，德胜才谓之'君子'，才胜德谓之'小人'。凡取人之术，苟不得圣人、君子而与之，与其得小人，不若得愚人，何则？君子挟才以为善，小人挟才以为恶。挟才以为善者，善无不至矣；挟才以为恶者，恶亦无不至矣。愚者虽欲为不善，智不能周，力不能胜，譬如乳狗搏人，人得而制之。小人智足以遂其奸，勇足以决其暴，是虎而翼者也，其为害岂不多哉！"司马光的用人之道，非常清楚地告诫我们对那些道德品质低下的干部要坚决不用。

　　党的十八大以来，以习近平同志为核心的党中央高度重视公民道德建设，立根塑魂、正本清源，做出一系列重要部署，推动思想道德建设取得显著成效。我们党始终坚持"德才兼备、以德为先"的选人用人标准。具体来说就是：有德有才破格重用，有德无才培养使用，有才无德限制录用，无德无才坚决不用。作为青年干部要崇尚对党忠诚的大德。对党忠诚，是共产党人首要的政治品质，是检验党性的第一标准。我们党自成立之日起就特别强调忠诚，并将"对党忠诚、永不叛党"作为党员义务写入党章、写入入党誓词，使之成为党的坚定立场和铁的纪律，从未更改过。中国共产党100多年光辉历程，经历了无数艰险和磨难，但任何困难都压不垮，任何敌人都打不倒，靠的就是千千万万党员的忠诚。对党忠诚，早已融入我们党的精神血脉，代代相传、永不变色。对党忠诚，必须一心一意、一以贯之，必须表里如一、知行合一，永远不忘入党时对党忠诚、永不叛党的誓言，做到始终忠于党、忠于党的事业，做到铁心跟党走、九死而不悔。对党忠诚，不是抽象的而是具体的，不是有条件的而是无条件的，必须体现到对党的信仰的忠诚上、对党组织的忠诚上、对党的理论和路线方针政策的忠诚上，体现在增强"四个意识"、坚定"四个自信"、做到"两个维护"上。要崇尚造福人民的公德。要站稳人民立场，始终同人民风雨同舟、生死与共，勇于担当、积极作为，切实把造福人民作为最根本的职责。要崇尚严于律己的品德。共产党人拥有这样的人格力量，才能无愧于自己的称号，才能赢得人民的赞誉。青年干部要自觉遵守公民道德基本规范、社会公德规范、职业道德规范和家庭美德规范，经常自重、自省、自警、自励，做到"三严三实"，树立高尚品德。

4. **具备良好的性格素质**。性格素质是心理素质的重要组成部分。性格作为个性的核心，是一个人思想、品德、知识、情操等的综合体现，是影响其事业成败及其程度大小的重要因素之一。科学家爱因斯坦说过：智力上的成就很大程度上依赖性格的伟大，这一点往往超出人们通常的认识。一个人的性格影响着个人的目标选择、人际环境的和谐、采取对策的果断、受挫后意志的坚定等。因此，一个伟大的人物、一个事业的成功者，往往都是气度恢宏、勇敢坚毅、豁达自信、冷静沉着、处变不惊、多谋善断之辈，反之只有屡遭挫折、走向失败这条路可走。一般来讲，轻率武断、固执自负、骄傲自大、刚愎自用、意气用事、优柔寡断、犹豫不决、急躁鲁莽、胆小怕事、多疑猜忌等不良性格会不同程度地影响决策的效率和成败，给青年干部带来决策上的失误。那么，作为一名青年干部，我们需要培养什么样的性格？一是要培养严谨求实的性格。要有严谨的科学态度，重科学、重实效、不唯书、不唯上，敢于坚持真理，勇于实践。二是要培养谦虚求教的性格。谦虚使人进步，骄傲使人落后。要尊重科学，尊重行家、专家，充分利用行家、专家的信息资料和方案，决不能只凭自己的经验和听到的一点汇报就擅自决策。三是要培养宽容兼听的性格。要善于听取不同的意见甚至反面意见，兼听则明，偏听则暗，反面意见可以帮助决策者全面考虑问题，并能掌握各种进退应变的办法。四是要培养沉着应变的性格。决不能从自己的喜怒感情出发去行事。古语有"主不可以怒而兴师，将不可以愠而致战"，遇到紧急情况，不慌乱，沉着思考再做决策。五是要培养勇敢无畏的性格。决策体现了好坏两种可能性的竞赛，具有成败难定的风险性，要树立高度的责任感和事业心，不要患得患失、畏葸不前或者不计工本、盲目冒进。六是要培养自信果断的性格。决策中要有自己的独立见解和判断力，要相信自己，在各种预选方案中果断做出决策。犹豫不决，多谋不断，就会错失良机，甚至带来不堪设想的后果。七是要培养好学进取的性格。要有一种"知识恐慌"意识，自觉确立学而不厌的态度，强化学习的主动性和紧迫感，养成在工作生活中学习的习惯，坚持不懂就学，向书本学、向实践学、向同志学、向部属学，不断锤炼勤奋刻苦的精神和持之以恒的毅力。八是要培养乐观开朗的性格。在心境上要乐观、开朗、随和，保持良好积极的心境，工作充满生气，奋发向上，在工作不顺心和困难的情况下，能克服或者调节、控制不良的消极情绪，没有热情就没有对事业的追求，越是艰苦的工作越需要热情，越需要积极向上的良好心境。

5. **具备较强的能力素质**。青年干部的能力，主要是指完成其工作职能所需要的基本能力构成。综合起来讲，作为一名青年干部就要在工作中努力提升下面这几种能力：一是科学决策能力。思路准确打胜仗，思路错误打败仗，没有思路打乱仗。决策是青年干部主要职责。面对错综复杂的局面和瞬息万变的形势，要善于及时做出正确抉择。抉择不及时就会贻误战机，影响事业发展。因此，要有决策的魄力，通过科学的比较，全面的分析，进行权衡利弊得失，做出正确的决策。二是落实执行能力。没有执行力，一切都是空谈。行政执行就是执行上级下达的政策、决策、指令及工作任务。青年干部要善于贯彻执行国家法律法规和上级的决议和决定。要把上级的精神和意图根据本部门实际制定行之有效的方案和计划贯彻下去，并做到全面准确，得当有力。三是依法行政的能力。依法行政能力包括：较强的法律意识、规则意识、法治观念；忠实遵守宪法、法律和法规，按照法定的职责权限和程序履行职责、执行公务；准确运用与工作相关的法律、法规和有关政策；依法办事，准确执法，公正执法，文明执法，不以权代法；敢于同违法行为做斗争，维护宪法、法律尊严。四是沟通协调能力。过去有人说，管理就是开会，服务就是收费，协调就是喝醉。沟通协调的实质就是影响他人。为什么同样的一个建议，从你的口中说出来与从他人的口中说出来所产生的是截然不同的两种效果呢？这是因为你身上缺乏影响他人的素质，或者说你缺少沟通协调能力。其实，一名管理者，每天 70% 以上的时间和精力都用在了沟通协调上，沟通是常态，不沟通就是例外。五是媒体应对能力。在新的时代条件和国际国内舆论格局下，如何提高同媒体打交道的能力，已成为提高党的执政能力、建设高素质干部队伍的一个重要课题，青年干部应该努力补好这一课，善用媒体、善管媒体、善待媒体，让媒体成为推动各项工作的重要力量。六是调查研究能力。调查研究是一种科学的认识方法和工作方法，是正确决策的前提。"注意提高发现问题的能力，提高分析问题的能力，提高解决问题的能力，做一些去粗取精、去伪存真、由此及彼、由表及里的工作，把握事情发展的规律，找到解决问题的手段和方法。七是言语表达能力。语言是交流的工具。青年干部是党的路线方针政策的学习者、宣传者、实践者，要让党的路线方针政策"飞入寻常百姓家"，就需要提高自己的语言表达能力。作为干部，要做大量的沟通协调工作，这就需要通过得体的语言引起听者注意，赢得听者信任。在讲话时要注意自己的身份，通常来讲，对下级讲话，通常用"强调几点"，对同级讲话，通常用"补充几点"，对领导讲话，通常用"体会几点"。如果我们不顾场合混用"强调""补充""体会"，就可能会闹笑话。有人说，到不同的山头唱不同的歌，同样，讲话也要注意时机和场合，不要信口开河，不要不管对象，通常表扬的话当面说，批评的话择机说，侮辱的话不能说，礼节的话恰当说。有一个宣讲家说过一个有趣的观点：有些场合说话有如美女的裙子越短越好！言下之意是，在一些特殊场合讲话越短越好，言简意赅，反而能够收到奇效。如果你的讲话冗长乏味，那必然影响到自己的形象，影响到讲话的效果。曾经有一个儿子问父亲："什么是成熟？"父亲这样对儿子解释："你觉得保守一个秘密比传播一个秘密更有价值时，你就成熟了！"这句话的意思是告诉我们有的时候不说比说更好，因为言多必失。除了会讲话外，还要注意提高自己的写作能力。执行公务离不开公文这一媒介，公文、材料的质量高低与一个人的素质和能力有密切关联，也影响到决策水平的高低。因此，青年干部要努力提高自己的写作能力，特别是材料写作能力。八是心理调节能力。青年干部在工作和生活过程中总是处于一定的心理状态。由于接触大量纷杂的人和事，必然会出现愉快、兴奋、惊奇、消沉、紧张、愤怒等心理活动。大量实践证明，积极的心态对工作有促进作用，而消极的心理状态，则会对工作带来不利影响。所以，我们必须在任何情况下都要保持良好情绪，得意的时候不要太张狂，否则就会乐极生悲；反之，失意的时候不要太消沉，否则就会错过机遇。据相关资料显示，中国有超过 2600 万人患有抑郁症，但只有不到 10% 的患者接受药物治疗，且男女抑郁症患者比例 1∶2，约有 10%—15% 可能最终自杀。（"新华网" 2015 年 9 月 11 日）青年干部在工作中一旦出现了心理疾病就要积极应对，要学会心理调适。心理调适的办法有以下几种：一是合理变通。学点阿 Q 精神，学点狐狸的狡猾和自满，狐狸吃不到葡萄，就说葡萄是酸的，只能得到柠檬，就说柠檬是甜的，于是便不感到苦恼和失落。二是换位思考。学会换个角度看问题，横看成岭侧成峰，远近高低各不同，任何事物都有积极和消极的方面。三是成败互换。学会把挫折变成财富，失败乃成功之母，化悲痛为力量，从失败的消极因素中，认识其中蕴含着的积极因素。四是调整目标。人生路上，如果所面对的事物无法改变，那就先改变自己，只有这样，才能最终改变属于自己的世界。儿时很多人都立下宏愿，但走着走着就忘记初心了，慢慢地偏离了正确的航道，这时候就需要调整目标。这其实也是在调整心态，否则人生将何其痛苦，哪还有幸福可言！所谓幸福，完全是一个人的心理体验。有人说，有几个花不完的小钱，有几个志同道合的朋友，有一个健康的身体就是最幸福的事。有一个老者给了年轻人一个忠告：出生一张纸，痛苦一辈子；毕业一张纸，奋斗一辈子；婚姻一张纸，折腾一辈子；做官一张纸，斗争一辈子；金钱一张纸，辛苦一辈子；双规一张纸，后悔一辈子；荣誉一张纸，虚名一辈子；看病一张纸，花钱一辈子；淡化这张纸，明白一辈子；忘了这些纸，快乐一辈子。确实，一个人淡化了功名与利禄，才能够享受属于自己的幸福人生。

（二）具有丰富的实践经历

现在一些单位存在着"四门"干部，即家庭门、学校门、单位门、小车门。说的就是不少干部缺乏基层锻炼的经历，对基层工作一知半解，不接地气，但往往就是这些"不接地气"的干部，常常要参与一些政策的制定，参与对基层工作的指导，导致一些政策无法落地生根，给基层工作带来混乱。也就是说，在上级机关负责政策制定的干部没有基层工作的经历和体念，不了解基层情况，外行领导内行，外行指导内行，这对基层来讲，就会变成瞎忙，穷于应付，无所适从，继而影响基层的各项建设和社会治理。为了改变这些现象，这些年各地出台了相应的政策规定，要求担任正科级干部的应当具有三年以上工龄，提任正科领导职务的，一般应当具有在下一级两个以上职位任职的经历，任职时间累计两年以上。《党政领导干部选拔任用工作条例》第八条规定，提任县处级领导职务的，应当具有 5 年以上工龄和两年以上基层工作经历；提任县处级以上领导职务的，一般应当具有在下一级两个以上职位任职的经历；提任县处级以上领导职务，由副职提任正职的，应当在副职岗位工作两年以上；由下级正职提任上级副职的，应当在下级正职岗位工作 3 年以上。同时，组织部门选拔任用干部也树立了重视实践经历的用人导向，一大批具有丰富的基层工作经历的干部走上了重要领导干部岗位。各地还采取了更加灵活的措施，从基层一线选调干部到机关工作，从机关选拔干部到基层一线锻炼培养。有的地方对公务员考录也进行改革，对学历要求也没有强调必须大专文凭以上，定向从工人、农民、村干部中考录人才到基层岗位工作，实际效果也比较好，这些同志具有丰富的基层一线实践经验，很快能履职尽责。

（三）具有良好的人脉关系

良好的人脉关系是青年干部做好工作、履职尽责的重要条件。20 世纪 80 年代中国文坛上荡漾起一阵朦胧诗风。诗人北岛写了一首诗，题目叫《生活》，这首诗只有一个字："网"。这首诗，是中国文学史中最短的一首诗，也是内涵最丰富的一首诗。"网"给我们带来的是无穷的遐想和思考，它将生活和人生表达得淋漓尽致，围绕在我们身边的亲情、友情、爱情，以及各种关系互相交织成一张无形的网。这个"网"就是关系、就是人脉。美国成功学大师卡耐基得出一个结论：专业知识在一个人成功中的作用只占 15%，而其余的 85% 取决于人际关系。美国斯坦福研究中心发表的一份调查报告显示：一个人赚的钱，12.5% 来自知识、87.5% 来自关系。因而，有人说：人脉是钱脉，人脉是名脉，人脉是命脉，人脉资源是一种潜在的无形资产，是一种潜在的成功条件。也有人说：人脉是事业发展的情报站，是事业成功的助推器，是个人成长的一面镜子。青年干部在成长过程中，随着工作接触和交往面的扩大，必然会建立起各种各样的人脉关系，这些人脉随时都可能在你人生的某个阶段发挥意想不到的作用。这些人脉最重要的有三种：一是领导关系；二是部属关系；三是同级关系。人生在世会遭遇许多难事，但是也有人说：最难提高的是思想，最难改变的是习惯，最难统一的是行动，最难把握的是机遇，最难实现的是理想，最难处理的是关系。那么，有了这些人脉关系，关键的是要自己去巩固、去维护、去利用、去开发。平时注意广结善缘，关键时刻方能左右逢源。在青年干部成长过程中，要特别注意处理好两个关系：一个是与组织人事部门的关系，一个是与直接领导的关系。首先要处理好与组织人事部门的关系。可以客观地讲，如果组织人事部门不认识你、不了解你，想要得到重用或者提拔，那几乎是不可能的，换了你也不可能去用一个完全不认识的人。因为，每一个人都有类似的心理误区：用熟不用生，用亲不用疏，用近不用远。同样的道理，组织人事部门要对选拔对象的德能勤绩廉全面调查了解后，才会做出慎重的决定。当然，想要让组织人事部门对你全面了解后重用你、提拔你，那你就得努力做到德才兼备，以德为先。其次，要处理好与直接领导的关系。一个人是否事业有成，你的领导可以说是至关重要的人物。他可以助你一臂之力，成为你的"梯子"或"助推器"；也可以成为你最大的"拦路虎"或"绊脚石"，让你处处难受，无可奈何，所谓"成也萧何，败也萧何"。可见处理好与领导的关系多么重要。那么，如何处理好与直接领导的关系呢？一是要勤奋工作赢得信任。一个领导要认识一个部属，往往不是从对方的长相、爱好、衣着、谈吐来认识的，而更多是从部属的工作实绩来认识的。你可以把个人的理想、单位的远景讲得天花乱坠，但如果干不出成绩、完不成任务，一切就都是空话。所以，有人说：有才无德毁坏事业，有德无才贻误事业，有才有德开创事业，无才无德难有事业。二是要了解领导加强联络。领导要行使职权，履行职责，需要部属的精诚团结和密切配合，就需要与部属进行广泛、深入的交流和沟通。那么，作为部属，要想得到领导的认可，同样需要主动与领导进行沟通交流，引起领导对你的熟悉和重视。三是要讲求适度不能奢求。万事都要讲究一个"度"，与领导相处也是一样。领导通常掌握一定的财权、物权和人事权，当部属遇到困难的时候，需要领导出手相帮，这也是人之常情，但是不管是大事、小事，公事、私事都去麻烦领导，久而久之，领导就会对你望而生畏、敬而远之。四是要自我克制合理争论。"长江后浪推前浪、一代更比一代强"，这是社会发展的规律。一些青年干部刚刚步入职场，以为自己饱读经书，天下第一，刚愎自用，自以为是，处处显示自己的优越感，甚至得理不饶人，争强好胜，咄咄逼人，不懂张弛有度，最终得罪了领导和同事。我们希望领导都是心胸宽广的谦谦君子，但也不能保证没有心胸狭窄的小人，一旦给你"小鞋"穿，你就事事不顺，处处被动。

当然，与领导相处也要注意细节，通常：出现失误不要直接批评，至上规矩不要轻易侵犯，他人面前不要过于随便，出现理亏不要不给台阶，喜好忌讳不要无礼冲撞，能力平庸不要随意贬损。这个道理的其中要义就是"尊重"二字。现代管理学中有一条"人牛辩证法"，意思是如果你把你的部下当人看，关心他，爱护他，重用他，他就会甘做孺子牛，鞠躬尽瘁；反之，如果你把你的部下当牛看，只管他干活，不管他死活，到头来他就要反抗你、为难你，让你陷入尴尬之境。因此有人说：尊重客人是常识，尊重同事是本分，尊重他人是教养，尊重对手是风度，尊重下级是美德，尊重领导是天职。中华文化五千年，源远流长，其中的官场文化博大精深，官场文化的精华部分值得我们借鉴和弘扬，譬如：有功归上、善举无声。就是说当你取得成绩、取得成功时，要善于把这一功劳归结于领导和同事，归结于那些帮助过你的人，千万不要认为是自己个人奋斗的结果。我们看到一个普遍现象，我国的运动员在国际大赛中取得了优秀成绩，夺得了冠军，总会在第一时间感谢党的关怀、国家的培养、团队的合作、亲人的支持等等。另外，如果为他人做了一些好事、献了一点爱心，也不要大声张扬，到处吹嘘，否则就暴露了自己的动机不纯，会受到他人的鄙视。做到这八个字确实不容易，需要有很宽广的胸怀和智慧。在现实生活中，有这样的抱怨的人不在少数："活是我们干的，受到表扬的却是组长，最后的成果又都变成科长、局长的了，不公平。"其实，生活中有一个铁律：我们在看手表时往往是先看时针，再看分针，可是运转最多、最劳累的秒针基本不看。时针、分针好比局长、科长，而秒针却是最辛苦的普通员工。如果感到不公平就要付出努力做时针、做分针，抱怨是没有用的。而许许多多的领导者最初都是从秒针做起的。

总而言之，关系对一个人的成长会产生意想不到的成效，这是有目共睹的，但是如何运用、维系好关系，也是一门学问，应该做到：依靠而不依赖，服从而不盲从，团结而不巴结。当别人有人脉时，别生气；自己没人脉时，别丧气；自己有人脉时，别客气。人脉该用还是要用，而且要用好它，古代的举贤不避亲就是一个精准的诠释。最后，我们要有这样的共识：没有人脉，只能是一分耕耘一分收获，但若加上人脉，我们将是一分耕耘，数倍收获。

（四）具有逢时的机遇运气

俗话讲："机不可失，时不再来。"机遇虽属偶然，但偶然又常常寓于必然之中，偶然只会惠顾于常常有心准备的人。适当的时机、相逢的机遇对青年干部成长能够起到意想不到的作用。首先要时刻准备。2018 年 5 月 2 日，习近平总书记在北京大学师生座谈会上强调："每一项事业，不论大小，都是靠脚踏实地、一点一滴干出来的。'道虽远，不行不至；事虽小，不为不成。'这是永恒的道理。""做人做事，最怕的就是只说不做，眼高手低。不论学习还是工作，都要面向实际、深入实践，实践出真知；都要严谨务实，一分耕耘一分收获，苦干实干。广大青年要努力成为有理想、有学问、有才干的实干家，在新时代干出一番事业。我在长期工作中最深切的体会就是：社会主义是干出来的。"走进干部队伍的行列，不等于"金饭碗"端定了，可以坐吃山空、坐享其成了。事实上，官场也是一个竞争十分激烈的行业，稍有懈怠就可能掉队甚至被淘汰。可以说竞争无处不在、无时不有，需要始终保持一颗进取心，找到自己的短板，并及时发挥优点、克服缺点、补齐短板。经历不够的，要主动与组织、与领导沟通，到一线去、到基层去挂职锻炼，接地气，现在乡村振兴需要更多有志青年的拼搏与奉献，广阔农村大有作为；学历不够的，要处理好工学矛盾，在职学习，提升学历；等等。其次要选准时机。在工作中展现自己的能力和水平的机会比比皆是，关键是要有一个良好的心态，把每一项工作都作为锻炼提高的机会，对每一项工作都要用十二分精力去做，切不可挑肥拣瘦、投机取巧。所谓群众的眼睛是雪亮的，只要你尽心去做了，哪怕失败，也一定能够赢得大家的掌声和鲜花。再次要抓住机遇。根据哈佛大学的调查报告显示：许多人平均一辈子只有 7 次决定人生走向的机会，两次机会之间相隔约 7 年，大概 25 岁后开始出现机会，75 岁以后就不会有什么机会了。这 50 年里的 7 次机会，第一次不易抓到，因为太年轻，最后一次也不易抓到，因为年纪太大，心有余而力不足，这样只剩下 5 次了，这 5 次机会中又有两次机会不小心错过。所以，实际上只有 3 次机会。（"宣讲家网" 2019 年 5 月 14 日）这个报告告诉我们，人的一生属于自己的机遇并不多，如果我们不善于抓住它，可能一辈子一事无成，而属于我们的机遇一旦抓住了，就会让我们的人生道路更加顺畅，就会创造辉煌的人生。有哲人说：抓住机遇是二等的人才，坐等机遇是三等的庸才，坐失机遇是四等的蠢材，只有那些能够创造机遇的人，才是高人一等的天才。青年干部在成长的过程中，要想抓住稍纵即逝的机遇，必须培养一个"有准备的头脑"，即锻炼自己敏锐的观察能力、深刻的分析能力、准确的判断能力、丰富的想象能力和科学的预测能力；要在正确的成长动机指导下，要在主观条件与客观条件相一致的前提下，善于为自己"造势"，为自己"做广告"，自己推销自己，自己宣传自己，让更多的部属支持你、同事肯定你、领导赏识你、组织人事部门关注你，自然就会有成长进步提升的更多机会，就一定能创造自己的辉煌人生。

和青年干部谈"官德"

何为"德"？汉字意思是指人们共同生活及行为的准则和规范，也指恩惠、品行、信念等。

有学者曾经这样解释"德"：如果将德字拆开，左边是双人旁，表示德是协调人际关系的；右边可以拆分成十、四、一和心四个字，依次表示做人十分不容易，要反复地经历春、夏、秋、冬四季的风霜雨雪和雷电的洗礼，还要面临来自四面八方的诱惑，但是，只要你具有一颗德行的心，就可以通达天下。

何为"道"？"道"的概念是老子首先提出来的："道生一，一生二，二生三，三生万物。"道家的"道"，哲学含义丰富而复杂，在不同情况下所说的道的含义往往不同。道字的最初意义是道路，后来引申为做事的途径、方法、本源、本体、规律、原理、境界、终极真理和原则等。而"德"是"道"所衍生的万物一切，是事物的存在规律。

那么道德又是指什么呢？

道德，指衡量行为的观念标准。不同的对错标准是在特定生产能力、生产关系和生活形态下自然形成的。道德是引导人们追求至善的良师。它教导人们认识自己对家庭、对他人、对社会、对国家应负的责任和应尽的义务，教导人们正确地认识社会道德生活的规律和原则，从而正确地选择自己的生活道路和规范自己的行为。道德是社会矛盾的调节器。人生活在社会中总要和自己的同类发生这样那样的关系，因此，不可避免地要发生各种矛盾。这就需要通过社会舆论、风俗习惯、内心信念等特有形式，以自己的善恶标准去调节社会上人们的行为，指导和纠正人们的行为，使人与人之间、个人与社会之间的关系臻于完善与和谐。道德是催人奋进的引路人。它培养人们良好的道德意识、道德品质和道德行为，树立正确的义务、荣誉、正义和幸福等观念，使受教育者成为道德纯洁、理想高尚的人。道德是公正的法官。道德评价是一种巨大的社会力量和人们内在的意志力量。道德是人以"善""恶"来评价社会现象来把握现实世界的一种方式。道德不仅调节人与人之间的关系，而且平衡人与自然之间的关系。它要求人们端正对自然的态度，调节自身的行为。环境道德是当代社会公德之一，它教育人们应当以造福而不是贻祸子孙后代的高度责任感，从社会的全局利益和长远利益出发，开发自然资源发展社会生产，维持生态平衡，积极治理和防止对自然环境的人为性的破坏，平衡人与自然之间的正常关系。人类拟定道德原则的目的是调节利益关系，实现本阶级（社会或团体）利益最大化。

"人无德不立，国无德不兴。"所以，自古以来人们都将"道德"视为一个人为人立世之本。

如果说，道德是人们共同生活及其行为的准则和规范，而"官德"则是青年干部为官从政之本。

"官德"是从道德派生出来的。所谓"官德"，也就是从政道德，是为官当政者从政德行的综合反映，包括思想政治和品德作风等方面的素养。"官德"是衡量为官从政者的优劣、好坏，思想道德水准的高低的重要的标准。

"官德"的内涵是多层次的。第一，"官德"是一种角色道德。官员在社会中扮演的角色是表现性角色。表现性角色，指不以获得经济上的效益或报酬为目的，而是以表现社会制度与秩序，表现社会行为规范、价值观念、思想道德等为目的的社会角色。它在社会中起着表现社会公平和社会正义的作用，在各种社会角色中具有示范性、导向性。因此，角色道德就处于道德体系的最高层次，在社会中起着楷模作用，代表了社会的形象。第二，"官德"是一种身份道德。"官德"也是基于官员的身份关系而形成的约束官员行为的规范。官员身份按照我国法律规定是为人民服务的，即官员是人民的公仆，所以，对其的道德要求就是要尽公仆的本分，以民为本，为民服务，体现党的宗旨和政府形象。第三，"官德"是一种权力道德。官员因其特殊的社会角色和身份决定，他的主要职责是代表国家进行社会公共事务管理，其管理的基础就是公共权力。所以，他的工作从某种意义上讲就是对国家权力的行使。这样一来，如何规范官员的职务权力行为也就构成了"官德"的核心。"官德"出问题，往往都是在权力使用上出问题，如权钱交易、以权谋私等。因此就要把权力关进制度的笼子里，让权力在阳光下运行。第四，"官德"是一种职业道德。"官德"还是约束官员职务行为的规范。官员是一种身份，但是行政管理却是一种职业，行政管理作为职业使得各级官员处于社会管理者的地位，因此，"官德"在道德体系中也就有了层次高、要求高等特点。特别是近现代以来，国家政治的发展使得执政党政治权力和政府行政权力在社会发展中的作用越来越突出，因此，"官德"不能被视为普通的职业道德，而应是一种比普通职业道德要求更高的行政道德。可见，"官德"是和官员的社会角色、社会身份、职务权力和职业行为交织在一起的，具有多元化的特点，"官德"的固定行为模式就构成了政府作风，所以，"官德"与政府作风具有密切联系。

追古溯源，古代"官德"在我们传统文化中占有重要的地位，在漫长的中国古代社会中（主要指封建社会），由历代思想家和政治家创立的"官德"，涵盖了"重视道德修养、重视修身正己、重视慎独律己、重视道德人格"等方面，这是中国传统文化的精髓，也正是我们今天的社会尤其是青年干部最缺乏最需要的东西，值得我们青年干部研究、学习和借鉴。

一、古代"官德"考源

中国儒家的经典著作有"四书五经"："四书"指的是《大学》《中庸》《论语》《孟子》；而"五经"指的是《诗经》《尚书》《礼记》《周易》和《春秋》，简称为"诗、书、礼、易、春秋"。"四书五经"是南宋以后儒学的基本书目，儒生学子的必读之书。《大学》系儒家的政治道德的最经典的代表作，中国古代"官德"的理论渊源于儒家，而《大学》恰恰是表达儒家政治道德的，其中最主要的政治道德观念大都由《诗经》而发，因此，可以说《诗经》为古代"官德"之源。

古代"官德"分为10种规范和16条准则。

（一）古代"官德"的10种规范

1. 公。即"居家无私""秉公办事"。《傅子·问政》："政在去私，私不去则公道亡。"公正无私者，必至正无邪，为国为民，正大光明，胸怀坦荡。"公"，要求处理政事公平合理。荀子说："凡古今天下之所谓善者，正理平治也；所谓恶者，偏险悖乱也。"只有公平合理地治理社会，才能断事正直而无冤枉；才能避免社会陷入偏激、无序状态。清初朱舜水在《伯养说》中说："公则生明，廉则生威。"说明为政必须用心公，持身廉。

2. 仁。从人从二即为仁，原意表达人与人之间的亲密关系。但从治道上看"仁"字，恰是关乎于民的。孔子的"仁"中就包含有政治含义，《论语·雍也》："博施于民而能济众。"孟子有倡"仁政"，主张应把爱人之心推及于政治，"为政施仁""保民""得民""取民"。《孟子·尽心上》："亲亲而仁民，仁民而爱物。"西汉以后，"仁政"被奉为正统，也成为中国古代"官德"的核心思想。

3. **清**。清白，清廉。清正廉明，为政之本。《晏子春秋·内篇杂下》："廉者，政之本也。"《说苑·政理》："临官莫如平，临财莫如廉。"《读通鉴论》卷十一："清也，慎也，勤也。而清其本矣。"古人坚信"至廉而威"，最清廉的官员和政府才能有权威。《春秋繁露·五行相生》："吏不畏吾严而畏吾廉，民不服吾威而服吾公。公则民不敢慢，廉则吏不敢欺。公生明，廉生威。"

4. **慎**。谨慎，慎重。儒家经典《礼记·大学》篇云："一人偾事，一人定国。"意谓国君说一句错话就可以使事业失败，谨慎处事就可以使国家安定，说明治国者必须谨言慎行。北宋王禹偁《待漏院记》中说："一国之政，万人之命，悬于宰相，可不慎欤。"意思是说，一个国家的大政，数以万计的人的性命，掌握在宰相一个人的手里，说话办事，不谨慎行吗？上述各论，讲的都是慎言慎行。

5. **勤**。勤政。《为官须知》设"莅事以勤"："当官者一日不勤，下必有受其弊者。"古人相信，"业精于勤荒于嬉，则为士者不可以不勤"。

6. **忠**。忠诚、忠厚、忠实、忠贞，简言之，忠诚可靠，坚定不移。对于权力和职责，是尽忠于国、于民。古代治德观视"忠"为官之常德，有忠臣之美誉，意为忠于君主的官吏。

7. **孝**。孝为诸德目之本，是一切道德心、感恩心、善心、爱心的源头，是一个人塑造其道德人格的起点。"人不孝其亲，不如禽与兽""乌鸦有反哺之恩，羊羔有跪乳之德"。孝敬父母，敬养双亲，乃是天经地义的法则。孝敬父母不能仅停留在物质层面上，更重要的是做好精神心理层面。儒家告诫我们，对那些"不爱其亲而爱他人者""不敬其亲而敬他人者"，一定要提高警觉性。古人坚信，在内在家有孝，在外在国则有忠。

8. **信**。诚信、守信、信任。中国古代"官德"推崇"信"，"德礼诚信，国之大纲，在于君臣父子，不可斯须而费也"。具体讲，"信"为"官德"标准之尺度：第一，"信"为治国之道、为政之本。第二，取民之信。贵信，是取民之信，讲信，总是关乎于民的，没有得到人民的信任，是无国安宁、无官可信的。第三，于民有信。君子先有诚信道德后有使民以信。

9. **节**。节制，节俭。古代治道观不仅仅视"节"为一般的道德规范，更重要的是注重"节"的政治意义。"历览前贤国与家，成由勤俭败由奢""人君能俭，则百官化之，庶民化之；于是官不扰民，民不伤财"。

10. **直**。《官箴》："当官之法，直道为先。"这"直道""官德"，一含正义、公正之意，二含直性、直爽、直言之意。《坤卦·文言》："直其正也，方其义也。君子敬以直内，义以方外，敬义立，而德不孤。""直"是正，"方"是义。君子内以敬义正直内心，外以公正规范行为，天道和义务相结合，就有伟大的德性和德行，所以，保持正直、存在义务、弘扬德性，德行就不会孤立无援。

（二）古代"官德"的16条准则

1. **明**。明理，明大事，明行动。明是一种德性张扬，更是一种智慧象征。《从政录》："处大事贵乎明而能断，不明固无以知事之当断，然明而不断，亦不免于后跟矣。"明大事归乎于明德，于细微之处也见此精神。

2. **备**。准备，防备，装备，具备。备，有物质的和精神的，"备"有治道价值，并被古人一再申辩："居安思危，思则有备，有备无患。"（《左传·襄公十一年》）"备"之"官德"，在外，备灾备荒备难，为民而备；在内，心中树立备之心，常存此心而自戒，是以立于不败之地。

3. **宽**。所谓"宽"，即宽宏大量，无所不容之气度。古人坚信："能宽容，因求以成天下之大事矣。"《老子·十六章》说："宽乃公，公乃王。"宽容大度，才会坦然为公；坦然为公者，才会得天下。

4. **忍**。《官箴》："忍之一事，众妙之门。当官处事，尤是先务。若能清、慎、勤之外，更行一忍，何事不办？"《从政录》："迁怒为居官最易错事。"

5. **谦**。《周易·乾》："居上位而不骄。"《战国策·赵策二》："贤者任重而行恭，知者功大而辞顺，故民不恶其尊，而世不妒其业。"意思是：贤明的官员职务很重要，但举止却恭敬有礼；有智慧的官员功劳很大，但言论却谦和温顺，所以民间不憎恨官员的地位，不嫉妒官员的功业。《尚书·大禹谟》："满招损，谦受益，时乃天道。"

6. **勇**。古代"官德"崇尚"勇"是居于道义的立场，意在应该做的就要去做。如《从政录》："胆欲大，见义勇为""义然后取"，才是勇。积极含义：第一，勇是智仁的结合。"知者不惑，仁者不优，勇者不惧"。第二，有勇，但勇中有礼，而不至于鲁莽猛乱。第三，为政有勇，具有改过认错之勇。

7. **悔**。所谓"悔"，指有须臾不离心身言行的悔恨、反省，觉悟自身之不当之处。《为吏之道》："悔过勿重。"《省心录》："有过知悔者，不失为君子。"

8. **熟**。熟，是儒家君子论的精义。熟什么？熟仁。"处事最当熟思缓处。熟思则得其情，缓处则得其当""凡国家礼文制度法律条例之类，皆能熟观而深观之，则有酬应世务而不庾乎时宜"。

9. **舍**。所谓"舍"，有放弃、牺牲、减损诸意。在为官之道中有三层基本含义：第一是舍利。舍生取义。第二是舍己从公，舍己从人。第三是减满持平。

10. **止**。"止"为儒家治道。止为处，言行各有所当止之处，即至善之所在也。《礼记·大学》有"止于至善"。"止于至善"谓处于最善的境地和标准。其含义有，第一，各级官吏为政达纲常而至善恰好。第二，官员办事要适得有理、恰到好处。第三，"止于至善"。

11. **重贤**。重贤（尚贤、举贤、任贤、用贤），一向是中国古代治道的基本理念。第一，重贤系一国政治之本。古人常有如是辩："尚贤者，政之本也""治道之要有三，曰立志、责任、求贤"。第二，重贤系为官之责。"士贤而不能用，有国者之耻"。第三，重贤有个先后之辩。理想的重贤是德才兼备，《读通鉴论》卷三十有"才德兼优为佳"的说法。司马光《论选举状》："取士之道，当以德行为先，其次经术，其次政事，其次艺能。"并在《资治通鉴》中说："才者，德之资也；德者，才之帅也……是故才德全尽谓之'圣人'，才德兼亡谓之'愚人'，德胜才谓之'君子'，才胜德谓之'小人'。凡取人之术，苟不得圣人、君子而与之，与其得小人，不若得愚人，何则？君子挟才以为善，小人挟才以为恶。"

12. **中道**。儒家的政治道德理念。中道准则与"中庸""中行""止中""中正""中则正""平正"，是同一层次的概念，最终的价值目标是达到中和之美境或状态。中道用在治国平天下上，则内有谐调心状，外有良好善政。如《潜书·取善》："与人当宽，自处当严。"

13. **戒巫**。当官戒巫，戒什么？戒巫者之术，戒官巫合流。戒巫道戒巫术，是古代中国主流政治意识，也是中国古代治道的基本准则。"巫"一类早就列入各代"王法"严厉惩治的罪名。《官箴》："当官者，凡异色人不宜与之接触，巫祝尼媪之类，尤宜蔬绝。"

14. **范家**。范家，用现在的话讲，就是管好自己家的人、管好自己身边的人。古人以为，治国如治家，治家有道则治国有方。居官先在家模范，而后在国成为天下榜样。

15. **修身**。修身齐家治国平天下，是儒家治国的基本理念。居官修身而治，关键在修身是养出德性的内圣功夫，一切的为政之道都源于此。《史记·郑世家》："为政必以德，毋忘所以立。"

16. **全节**。全节是守终、保终、克终，是自始至终的人格完善。元代《牧民忠告》："为政者不难于始，而难于克终也。""全节"作为古代"官德"准则，在中国古代"官德"中，是占有重要一席的。

二、当下"官德"缺失的现象分析

曾经一段时间，"官德"缺失现象引起社会各界广泛关注。

老百姓的话很具代表性，他们评价某些官员："大目标越来越小，小目标越来越大，生活水平越来越高，政治觉悟越来越低，为人意识越来越淡，为己意识越来越浓。"这段话反映的就是某一个时段一些官员理想信念缺失，道德品质低劣，享乐思想浓厚，社会责任下降，为民意识淡薄的现象，遭到了老百姓的诟病和抨击。特别是一些腐败分子所表现出的素质和品行，已经完全背离了共产党员的标准，背离了人民公仆的品行，背离了一个正常人的素质，毫无道德人品可言，为人民所不齿，为党纪国法所不容。记者周伟、李兴文、伍晓阳、戴劲松等在 2010 年 8 月 27 日出版的《半月谈》（2010 年第 16 期）上刊发了《透视官德缺失七大怪现状》，历数腐败分子"官德"缺失的"七大"现象：

（一）趣味低级，生活腐化

低级趣味，往往用于形容人的品味很庸俗，喜欢做一些无法登上大雅之堂的行径，带有贬义的色彩。近些年被查的官员腐败案件中，低级趣味、生活腐化是一个带有共性的问题。"生活作风"问题一直是官员的"高压线"。然而，由于一些时候对干部考核大多"唯政绩论英雄"，而对官员"私生活"却缺乏有效监督，以致一些官员流连于声色犬马，包养情人、"二奶"，甚至嫖娼狎妓、共用情妇等，到了厚颜无耻的地步。

（二）滥用权力，法为私器

《中国青年报》报道，中国青年报社会调查中心与新浪网联合进行的一项有 11219 人参与的调查显示，根据个人观察与自身生活体验，94.8% 的受访者确认日常生活中，普通人滥用权力的现象普遍存在。其中，68.3% 的人认为日常生活中权力滥用现象"非常多"，26.5% 的人表示"较多"。（《中国青年报》2010 年 9 月 28 日）

在法治社会不断进步的同时，一些官员的法治观念不但没有增强，权力意识反而恣意膨胀。近几年来，民众因散发短信批评地方领导，或者散发材料检举地方官员，结果因言获罪的事例不在少数，发生了福建莆田林国奋"诽谤"领导案、安徽五河"诽谤"领导案等，甚至一些地方还出现了"西西里化"现象。掌权者把自己的治理区域视为私产或封建领地，任意使用其权力，不受任何制度与规则的约束。

（三）官气熏天，横行霸道

有的官员自以为当了领导，就可以为所欲为、呼风唤雨，在工作上不愿做艰苦深入的调查研究，满足于空泛的号召，到基层也仅仅是听汇报、看"典型"，而且前呼后拥，蜻蜓点水，浮光掠影，热衷于哗众取宠，做表面文章；生活上好逸恶劳，贪图享受，精神空虚，日夜沉湎于灯红酒绿之中，平时根本不读书、不看报、不学习，不愿与群众打成一片。身居要位，握有大权，见财起意，见色动心，不能自持，遇事不同群众商量，听不进不同意见，不讲科学、胡乱决策、盲目蛮干，群众形容他们是"先拍脑袋决策，再拍胸脯保证，后拍屁股走人"。在重大决策和领导工作中搞"一言堂"，独断专行，家长作风严重，不按民主集中制原则办事，不能自觉地接受监督；把群众当成工具，任意摆布，动辄训斥，甚至打骂体罚；政策法制观念差，决策主观武断，工作方法简单，作风粗暴，作威作福，横行霸道，欺压百姓，无恶不作。在选人用人问题上任人唯亲，拉帮结伙，以权谋私，徇私舞弊，欺上瞒下，处事不公，甚至公开索要和收受群众的礼品、礼金。对群众的困难疾苦、身心健康麻木不仁，不闻不问，漠不关心。

（四）贪婪疯狂，欲壑难填

有的官员掌权为己，贪婪无度，从收受礼物发展到大笔受贿、索贿甚至敲诈，最终"官德"尽丧，落得个身败名裂的下场。历数党的十八大以来被惩治的贪官，少则数千元，动辄上亿元，金银珠宝、名人字画更是不可胜数。贪欲是人性的最大弱点，是滋生腐败的根本动因。这些贪官，他们已经不是为了现实的需要而贪，是为了满足贪欲而贪，而人的贪欲是没有止境的。许多官员贪婪疯狂、欲壑难填，最后走上了犯罪之路。

（五）胆大妄为，不择手段

有的官员听不得反对声音，容不得不同意见，为一己私利，逞一时之气，竟然是非不分，置法律于不顾，动用黑恶势力加害同僚。

（六）信念丧失，求神拜佛

在官场里，官员迷信算命看相秘术，迷信风水改运改命的人数不在少数；不少问题官员还在"边贪腐、边烧香"中寻求心理慰藉，乞求消灾解难。不少官员患上了"权力依赖症"，对权力既崇拜，又缺乏安全感；既渴望拥有权力，又害怕失去权力。为了让仕途顺利，一些官员开始讲风水、寻大师、求神拜佛。2007 年，国家行政学院综合教研部研究员程萍完成的《中国县处级公务员科学素质调查报告》显示，在接受调查的 900 多名县处级公务员中，有半数以上存在相信"相面""周公解梦""星座预测"和"求签"等迷信现象的情况，对其中一些迷信现象的相信程度相当或高于一般公众。（《民主与法制时报》2007 年 6 月 10 日）

（七）欺上瞒下，谎报虚夸

现实中经常看到这样的情景：一些官员面对群众的质疑，张口说谎，故意夸大、编造或者隐瞒事实真相。一些急需政绩的官员，将升迁希望寄托在政绩工程和数字游戏中。一些官员出于现实利益考量，欺上瞒下竟然成为他们工作中的一种常规手法、生存秘籍。

除此以外，还有第八种。

（八）阳奉阴违，自由主义

一段时间来，一些人受历史虚无主义错误思潮影响，任意丑化历史，任意丑化英雄模范人物，到了丧心病狂的地步，产生了恶劣的影响。作为理论思潮的历史虚无主义出现在 20 世纪 80 年代，后来随着新媒体的发展，历史虚无主义沉渣泛起，肆意曲解历史，造成了不良影响。历史虚无主义对自己的历史、民族的文化乃至自己的民族，采取轻蔑的、否定的态度，把伟大的中华历史说得一无是处。在网络虚拟空间，"用无端的想象去描写历史"，甚至刻意虚无历史，根本无视逻辑，毫无底线可言；某些所谓颠覆传统道德的

"洞见"，恶搞英雄人物的"揭秘"，编造材料，罔顾事实，在调侃崇高和颠覆传统方面，可谓是无所不用其极。肆意扭曲历史人物形象，挑战三观，影响恶劣。

历史就是永恒，历史就是先辈。这是一个民族的尊严，一个人的气节。其实侮辱自己的民族，也是在侮辱自己，一个连自己的民族都不热爱、连自己的先辈都能出口肆意谩骂的人，谁会看得起呢？

三、当代"官德"缺失的原因分析

习近平总书记在《之江新语·做人与做官》中讲道："不患位之不尊，而患德之不崇。"

"官德"缺失已成为腐败屡禁不止的重要诱因，极大地损害了执政党在老百姓心目中的形象。要加强党的绝对领导，维护党的形象，夯实党的执政根基，就必须高度重视"官德"缺失问题。

（一）宗旨意识淡薄，"三观"严重扭曲，权力失控

"世界观、人生观、价值观"是人生的总坐标、总阀门、总开关、总支柱，只有在这方面立住了、把牢了，才可能经受住种种考验。很多案例表明，官员出现腐败往往是从政治上放松要求、从党性上放弃修养、从作风上放弃修为开始的，理想丧失、信念淡薄、作风飘忽，必然导致经济贪婪、生活腐化、以权谋私。

（二）忽视党性修养，理想信念动摇，教育失效

各级官员手中握有权力，各种各样的诱惑围绕在身边，就看你动心不动心，这样的功夫说到底还是来自官员本身的修养。我们平时没少讲党性修养，没少讲理想信念，但轻视的人仍然很多。究其原因，就是一些官员认为理想信念是空的、是虚的，看不见摸不着。殊不知，人的思想行为，归根到底是受理想信念影响的。所谓思想是行动的先导。理想信念动摇了，人就会丧失精神支柱，就会丧失党性，迟早要出问题。

（三）选拔"暗箱操作"，官员"带病提拔"，"官德"失范

2013 年 6 月 28 日，习近平总书记出席全国组织工作会议并做重要讲话，他强调："要坚持德才兼备、以德为先用人标准，坚持五湖四海、任人唯贤，切实把政治坚定、实绩突出、作风过硬、群众公认的干部选拔上来。"

但有的官员认为，当前一些地方、部门在选人用人方面，官员的生活作

风和思想情趣、在群众中的口碑等"官德"内容，还未真正成为提拔使用的"硬杠杠"。一些地方出于加快发展的迫切需要，在干部选拔任用上往往过于强调"有本事""有政绩""有闯劲"，唯分数、唯票数、唯指数论，而忽视或相对放松了对官员个人品德的考察和严格要求，致使少数有才无德的官员"带病"走上领导岗位。

选人用人轻视"官德"以及用人腐败，对干部队伍产生了严重的破坏性，加剧了"官德"丧失，加剧了官员在经济上的腐败，同时挫伤了一大批真正想干事能干事干成事不出事的优秀干部的积极性。此外，"官德"丧失，还从源头上污染了道德之源，寒了百姓求善之心，毁坏社会道德风尚。

（四）制度不够健全，管理疏于严格，监督失位

现行的监督体制不到位，给许多"一把手"有了可乘之机，得以大权独揽，以权谋私。江西省某县是一个国家级贫困县，2010 年全县地方财政收入 4.1 亿元，却在数年间被人套取转移了 9000 多万财政资金。（《法制日报》2011 年 2 月 23 日）一个假公章，越过 7 个资金管理环节，持续数年的套取转移资金过程中，财政局和农信社虽有严格的制度，却没有人发现，管理严重失位。

一些专家指出，通过对违法违纪案件的分析，不难看出，凡是发生贪污受贿、渎职失职等问题的地方和单位，都不同程度地存在着制度不健全、管理不严格、监督不到位的问题。加强对权力的制约和监督，成为遏制"官德"堕落、落实执政为民理念的关键所在。

（五）标本难以兼治，惩治预防脱节，惩处失宽

标本难以兼治，惩治预防脱节，惩处失宽的现象一定程度存在，使腐败成本太低，让一些人铤而走险。如果我们对腐败分子惩处从严，加大腐败的成本，一些人就不敢铤而走险。

四、当代"官德"的基本要求

早在 2004 年 10 月，习近平同志就在《求是》杂志上登载了一篇文章《用权讲"官德"，交往有原则》（"人民网" 2014 年 6 月 30 日），全面论述了道德的作用和共产党人的道德观。习近平同志认为，德不仅是"立身"之本，而且是"立国"之基。习近平同志指出，共产党人的"官德"，内容十分丰富，可以概括为 6 个字，就是"为民、务实、清廉"。

2011 年 11 月，国家公务员局发布《公务员职业道德培训大纲》，把公务员的职业道德高度概括为 4 句话 16 个字："忠于国家、服务人民、恪尽职守、公正廉洁"。

2014 年 12 月，中共中央办公厅印发的《2014—2018 年全国党政领导班子建设规划纲要》提出，要以坚定理想信念、增强党性观念、保持高尚道德情操为重点，围绕解决一些领导干部道德失范等问题，大力加强党政领导班子建设。

2015 年 1 月 12 日，习近平总书记同中央党校第一期县委书记研修班学员座谈时强调领导干部要做到"四有"：心中有党、心中有民、心中有责、心中有戒。

2015 年 10 月，中共中央办公厅印发《中国共产党廉洁自律准则》，强调中国共产党全体党员和各级党员领导干部必须坚定共产主义理想和中国特色社会主义信念，必须坚持全心全意为人民服务根本宗旨，必须继承发扬党的优良传统和作风，必须自觉培养高尚道德情操，努力弘扬中华民族传统美德，廉洁自律，接受监督，永葆党的先进性和纯洁性。全体党员要坚持公私分明，先公后私，克己奉公；坚持崇廉拒腐，清白做人，干净做事；坚持尚俭戒奢，艰苦朴素，勤俭节约；坚持吃苦在前，享受在后，甘于奉献。党员领导干部要廉洁从政，自觉保持人民公仆本色；廉洁用权，自觉维护人民根本利益；廉洁修身，自觉提升思想道德境界；廉洁齐家，自觉带头树立良好家风。

"人无德不立、官无德不为"，德乃立国之基、齐家之要、立身之本。为官之道，德在其首。《"官德"修养"八要"》中说："官德"不仅是检验官员素质高低的"试金石"，更是党风政风的"风向标"，是整个社会道德风尚的"导向仪"。"官德"不是小节问题，而是关系党的事业兴衰成败的大是大非问题。各级领导干部必须自觉加强"官德"修养，时时刻刻以德修身、以德立信、以德立威、以德服众。

（一）对党忠诚

对党忠诚，是共产党人首要的政治品质，是党的事业顺利发展的坚强政治保证。衡量干部是否有理想信念，关键看是否对党忠诚。习近平总书记强调："对党绝对忠诚要害在'绝对'两个字，就是唯一的、彻底的、无条件的、不掺任何杂质的、没有任何水分的忠诚。"加入中国共产党，面对鲜红的党旗庄严宣誓，便意味着做出了坚定共产主义信仰的政治选择，做出了铁心跟党走、九死而不悔的郑重承诺。背着金条乞讨数年、千辛万苦寻找党组织的刘启耀；"断肠明志"的红三十四师师长陈树湘；满腹草根棉絮、孤身奋战到死不变节的杨靖宇；竹签钉入十指、意志坚如钢铁而宁死不屈的江竹筠……革命战争年代，无数中国共产党人视死如归、英勇奋斗，用对党忠诚、永不叛党的誓言诠释了坚定执着的理想信念。今天，像战争年代那种血与火的生死考验少了，但具有新的历史特点的伟大斗争仍然在继续，青年干部必须发自内心、坚定不移、不讲条件地对党忠诚，一心一意、一以贯之，表里如一、知行合一，任何时候任何情况下都不改其心、不移其志、不毁其节。坚持对党绝对忠诚，必须坚定理想信念。马克思主义是指导我们思想的理论基础，中国特色社会主义是我们党开创和领导的伟大事业。习近平总书记指出："忠诚不是自然而然产生的，对党要有朴素的感情，更要有理性的自觉。"对党忠诚的理性自觉来自对马克思主义信仰、对共产主义远大理想、对中国特色社会主义共同理想的坚定。当前，世界百年未有之大变局加速演进，中华民族伟大复兴进入关键时期，我们面临的风险挑战明显增多，我们遇到的困难更加艰巨，党员干部面对忠诚的考验越发凸显和直接。只有对马克思主义信仰坚定了，对共产主义远大理想坚定了，对中国特色社会主义共同理想坚定了，对党忠诚才能有牢靠的基础，才能做到"千磨万击还坚劲，任尔东西南北风"。新形势下，青年干部必须学习好马克思主义理论特别是新时代党的创新理论，增强自觉学习贯彻落实习近平新时代中国特色社会主义思想的坚定性，不断筑牢信仰之基、补足精神之钙、把稳思想之舵，以坚定的理想信念砥砺对党的赤诚忠心，使对党绝对忠诚在思想上政治上行动上坚如磐石、不可动摇。忠诚和信仰是具体的、实践的。对党忠诚，必须体现到对党的信仰的忠诚上，必须体现到对党组织的忠诚上，必须体现到对党的理论和路线方针政策的忠诚上。检验党员干部是不是对党忠诚，在革命年代就要看能不能为党和人民事业冲锋陷阵、舍生忘死。在和平时期也有明确的检验标准，比如，能不能坚持党的领导，坚决维护党中央权威和集中统一领导，自觉在思想上政治上行动上同党中央保持高度一致；能不能坚决贯彻执行党的理论和路线方针政策，不折不扣把党中央决策部署落到实处；能不能严守党的政治纪律和政治规矩，做政治上的明白人、老实人；能不能坚持党和人民事业高于一切，自觉执行组织决定，服从组织安排；等等。这些都是对党忠诚的直接检验。放弃大城市工作机会，回乡奉献的驻村第一书记黄文秀；戍守边疆、誓死捍卫祖国领土主权的新时代卫国英雄陈红军……这些年轻党员干部都是信仰坚定、对党忠诚，经得住检验的践行者。（"求是网"2021年9月3日）组织上安排青年干部去艰苦边远地区工作，是信任更是培养，青年干部应该以此为荣、争先恐后。刀要在石上磨、人要在事上练，不经风雨、不见世面是难以成大器的。青年干部要成为可堪大用、能担重任的栋梁之材，就要自觉加强政治历练，接受严格的党内政治生活淬炼，不断增强"四个意识"、坚定"四个自信"、做到"两个维护"，立志为党分忧、为国尽责、为民奉献，勇于担苦、担难、担重、担险，以实际行动诠释对党的忠诚。

（二）信念坚定

政治上的清醒和坚定，是青年干部的立身之本，也是"官德"修养的基石。值得始终坚守的，才是信念；令人永远铭记的，才是誓言。崇高的理想信念，永远是激励党员干部不断前进的力量源泉和精神支柱。特别是在面临长期执政、改革开放、市场经济和外部环境"四大考验"，面临精神懈怠、能力不足、脱离群众、消极腐败"四大危险"的严峻形势下，青年干部更要有一种政治上的"定力"。青年干部如果政治信念淡薄、政治嗅觉迟钝、政治立场动摇，就会失去灵魂、失去精神支柱；就会在纷繁复杂的现实中迷失方向，甚至误入歧途、蜕化变质。腐败止于正气，名节源于觉悟。政治上的坚定源于理论上的清醒。理论素养是青年干部素养的核心，理论上的成熟是青年干部政治上成熟的重要标志。青年干部一定要加强学习，自我完善、自我提高，用中国特色社会主义理论体系、用习近平新时代中国特色社会主义思想武装头脑、指导行动，不断增强政治敏锐性和坚定性，增强政治鉴别力和"免疫力"，解决"信仰模糊"的问题，在瞬息万变的形势和严峻的考验面前，决不能动摇甚至丧失共产党人的崇高信仰；解决"信念动摇"的问题，在理想信念这个方向、灵魂问题上，决不能出半点差错；解决"信心不足"的问题，坚定走中国特色社会主义道路的信心，坚守共产党人的精神家园，始终挺立于时代的风口浪尖，做到"不管风吹浪打，我自岿然不动"。

（三）依法用权

牢固树立正确的权力观，是青年干部"官德"修养的核心内容。古人讲："君子不患位之不尊，而患德之不崇。"意思是说，君子不忧虑地位不尊荣，忧虑的是德行不高尚。"官"是为人民服务的岗位，"权"是为人民服务的工具。权力用在为民服务上是天职，用在立党为公上是尽职，用在碌碌无为上是失职，用在谋取私利上是渎职。以权谋私与共产党人的道德本质是格格不入的。一些官员之所以蜕化为腐败分子，很重要的一点，就是没有树立起正确的权力观，没有解决好"谁让掌权、为谁掌权、怎样掌权"这个根本问题。权力是一把双刃剑，有权看似"风光"，但用权则有"风险"。权力的"风光"与"风险"并存。青年干部必须敬畏权力，以如履薄冰、如临深渊之感谨慎用权，端正权力观念，自觉接受监督，做到为民用权，真心实意为人民谋利益；秉公用权，为官不移公仆之志，用权不谋一己之私，处事不循庸俗之情；依法用权，经得起政策、法规和历史的检验。

（四）求真务实

"真"是一种态度、一种作风，更是一种价值观。对青年干部来讲，"真"同样是修德之基、执政之本。"官从何来，因事才设官；官何以显，因做事才可以见。无事设官，则是混官；有官不做事，则形同虚设。"青年干部必须树立强烈的事业心和责任感，以真才实学出真知灼见，以真心真意促真抓实干，做到用心谋事、潜心干事、恒心成事，不当太平官，不做糊涂官，不做平庸官，把心思和精力用在造福一方百姓上，踏踏实实办实事、兢兢业业办好事、尽心竭力办大事。正如孙中山所言："要立志做大事，不要立志做大官。"如果对本职工作无所用心，责任意识淡漠，费尽心机图"升官"，一门心思谋"发财"，置群众利益于不顾，千方百计以权谋私，把"权力"变成"特权"，把"公权"变成"私权"，那就根本不具备从政道德。权似一条河，清浊看"官德"；绩是一杆秤，民心量轻重。青年干部一定要时刻绷紧"为政以德"这根弦，以加快发展为己任，责无旁贷，无私奉献，用智慧、心血和汗水把政绩写在老百姓的心坎上，做一个有德有才，敢干事、会干事、干成事、不出事，组织放心、群众满意的好领导、好干部。"实"，就是要实事求是，说实话、重实情、出实招、干实事。能否做到实事求是，既是思想路线问题，也是道德品质问题。青年干部的威信在于实干，政绩也源于实干。邓小平同志在改革之初曾告诫全党："世界上的事情都是干出来的，不干，半点马克思主义也没有。"一个实际行动胜过一打纲领。思想作风实，精神境界高；工作作风实，发展有依靠。只有把嘴上说的、纸上写的、会上定的，都变为具体的行动、实际的效果、人民的利益，我们的工作才算做到了位、做到了家。文过饰非、阳奉阴违、弄虚作假、欺上瞒下，是人格低下的表现。青年干部一定要切实转变作风，说老实话、办老实事、做老实人，脚踏实地，真抓实干，务求实效，决不能说口是心非之话、干贪功求荣之事、做投机钻营之官。要敢于直面现实，坚持真理，善于察实情、勤于干实事、敢于出实招、勇于创实绩，扎扎实实、兢兢业业多为群众办实事、办好事，办得民心、顺民意的事。

（五）胸怀全局

就是要讲大局、讲团结，不拘泥于一些细枝末节，而是聚焦于中华民族伟大复兴的战略全局，聚焦于本地区的社会经济发展大局。讲大局、讲团结，既是一条重要的党性原则，也是"官德"修养的基本要求。孔子讲："君子周而不比，小人比而不周。"团结体现的是一种宽大的雅量、一种宽广的气度、一种宽阔的胸怀、一种宽厚的境界；团结出生产力、出凝聚力、出战斗力。青年干部必须始终坚持党的民主集中制原则，善于充分发挥班子的集体智慧；能容言、容事、容人，树立起互相信任、互相谅解、互相帮助、互相支持的风气，以亲和的人格魅力产生整体效能，使广大干部心往一处想，想党和人民的事业；劲往一处使，使在维护改革发展稳定上；力往一处用，用在干事创业上。每个青年干部都应从党和人民的利益出发，不争权力大小，不计个人得失，不拉帮结派，不偏听偏信，不搞个人小圈子，以纯洁的党性、宽广的胸襟和高尚的道德求得思想上的团结统一，以恪守党的规章、严守党的纪律求得组织上的团结统一，从而形成向心力，增强凝聚力，发挥战斗力。

（六）崇俭戒奢

"德以俭出，恶以奢始。""俭，德之共也；侈，恶之大也。"腐败官员的腐化堕落大都是从贪图享乐、挥霍无度开始的。一个时期以来，极少数党员干部受拜金主义、享乐主义和极端个人主义的影响，滋长了一种贪图享乐的奢靡颓废之风，甚至产生了"羡腐心态"，热衷和别人比职位、比待遇、比房子、比阔气、比排场、比享受，缺乏艰苦创业的精神。这是一种必须警惕和遏制的歪风。"忧劳可以兴国，逸豫可以亡身。"实践证明，艰苦创业是防治腐败的一剂良药。青年干部应始终牢记"两个务必"，始终保持艰苦奋斗的政治本色，坚决克服和防止醉心于灯红酒绿的奢靡颓废之风，做艰苦创业的典范。越是发展市场经济，越是改革开放，越要大力弘扬艰苦创业精神，这种精神过去是、现在是，将来也永远是我们发展、振兴的重要保证。正如邓小平所言："我们的国家越发展，越要抓艰苦创业。提倡艰苦创业精神，也有助于克服腐败现象。"

（七）廉洁自律

"轻财足以聚人，律己足以服人，量宽足以得人，身先足以率人。"廉洁自律是青年干部的立身之本，也是执政能力赖以存在的基础。"在官惟明，莅事惟平，立身惟清""诗堪入画方称妙，官到能贫乃是清"，青年干部要把人格看得高于一切，把清白看得重于一切，做到清正廉洁，克己奉公。孟子提出："养心莫善于寡欲。"有人认为吃一点、拿一点、捞一点、玩一点，是人之常情，不足挂齿。其实，这是大恶的开始。小节不管，慢慢地，嘴更馋了、手更长了、心更贪了、胆更大了，就容易酿成大错。青年干部在工作上要多一些踏实，少一些斤斤计较；多一些敬业有为的奉献，少一些蝇头小利的索取。要把权势、金钱、名位看得轻一些、淡一些，不能为一事一利断送前程、断送幸福。守住了党纪法规的准绳，就守住了做事的快乐，守住了做人的幸福。青年干部必须身正行直，一身正气，两袖清风，以公生明，以廉生威，自觉养成"奉公为德，谋私为耻；清廉为荣，利己为羞"的人格风范。

（八）责任担当

"官位"就是"岗位"，"权力"就是"责任"。"责任"是肩上的千钧重担，是一种责无旁贷的义务，更是一种义不容辞的良知。王安石有言："任重者其忧不可以不深，位高者其责不可以不厚。"现实生活中，有的官员瞻前顾后，患得患失，不愿担当；有的怕事躲事，畏首畏尾，不敢担当；有的浑浑噩噩，安于现状，不肯担当；有的争功诿过、文过饰非，拒绝担当。为官避事平生耻，大事难事看担当。担当就是义务，担当展现能力；担当就是责任，担当体现素质。特别是在当前改革和发展进入"深水区"，面临的机遇前所未有，面对的挑战也前所未有，更需要广大青年干部敢于"亮剑"，勇于担当。不仅要担负起抓好业务工作的责任，也要自觉履行"一岗双责"，担负起党风廉政建设的政治责任，要有"功成不必在我、功成必定有我的"担当意识，管好班子，带好队伍，做好示范，确保干部健康成长、事业持续发展。

五、加强"官德"建设的路径

加强"官德"建设主要有三条路径，简单概括就是"内心修德，外在促德，实践立德"。

（一）加强自我道德修养，把紧私欲膨胀之门

道德修养是一个历久弥新的话题。所谓久，意指历史长、时间久，它是人类思想的恒远的主题，是个人终生思量的主题。如，《论语·为政》中孔子曰："为政以德。譬如北辰，居其所而众星共之。"《论语·颜渊》中孔子又曰："政者，正也。子帅以正，孰敢不正？"所谓新，是说时代变迁内容常新。因此，培育"官德"，首先要注重自我道德修养，不仅重"久"更要重"新"。

1. 正确处理监督与自律的关系，做到以德律己。作为一名青年干部必须要增强自律意识，切实做到以德律己。一要自重。加强自我约束。二要自省。常思入党做什么，身后留什么。三要自警。经常解剖自我、审视自我、警醒自我。切实做到慎权、慎独、慎欲。四要自励。居官不自骄、得意不忘形、受挫不自弃、失意不失志。模范履行干部职责，使自己成为一个高尚的人、一个纯粹的人、一个有道德的人、一个脱离了低级趣味的人、一个有益于人民的人。

2. 正确处理品德与才学的关系，做到以德育才。作为一名青年干部，应该始终牢记德才兼备的准则，做到德才"并育"：一要以德修才。本着为党和人民的事业鞠躬尽瘁、死而后已的崇高理想，努力学习，不断增长才华，增强综合素质和服务本领。二要以德纳才。知人善任，任人唯贤，大胆创新改革干部人事制度，以德取位广开进贤之路、广招各类贤德之才，决不提拔那些"缺德""损德"的干部。

3. 正确处理为人与做官的关系，做到以德用权。做人是做官的基础，做人是一辈子的事情，做官是几十年的经历。很难想象，一个劣迹斑斑的人，能够成为一名优秀干部。青年干部要始终坚持以德用权，不搞以权谋私；坚持用权为民，不搞权为我用。一求清正廉洁，做到两袖清风。不利用职权之便收受贿赂、贪污挪用公款和从事任何非法活动。不搞权钱交易、权色交易。二求公道正派，做到一身正气。坚持原则，秉公办事，不徇私情，光明磊落。三求科学民主，做到依法用权，要在法律范围内用权，提高用权的民主程度和透明度，自觉接受监督，不独断专行、唯我独尊、以权压人。

4. 正确处理责任与权力的关系，做到以德施政。正确处理责任与权力

的关系，关键是要自觉实践全心全意为人民服务的宗旨。要做到以德施政，必须用正确的导向，激励青年干部干事创业。一要确立拼搏进取的导向，把青年干部干事创业作为"上""下"的重要依据，使不干工作、干不好工作、政绩平平、一事无成的干部没有市场。二要确立求真务实的导向。三要确立以人民为中心的导向。把爱民、安民、富民作为工作的落脚点，切实减轻人民群众的负担，既要尽力而为，又要量力而行，不图为自己捞取政绩，只求真正能为群众谋利造福。四是确立团结奋进的导向。团结是做好一切工作的前提，要提高维护班子团结的自觉性，做到班子成员之间无顶牛、无扯皮、无内耗，精诚团结，协调运转，使各项工作能够有效地运行。

（二）加强制度机制建设，强化监督约束功能

重视"官德"培养，是我们党的光荣传统，是干部队伍建设的重要举措。但在一个时期，在"官德"培育问题上，理论宣传多，道德实践少，精神动员多，制度设计少，褒扬典型多，惩戒警示少，"官德"培育的力度和方法有待加大和改进。"官德"的培育需要一定的技术支撑，就像栋梁的成长离不开园丁一样。这里的技术支撑，主要是指刚性的规章制度。事实上，古今中外在加强道德建设的种种做法中，制度设计是相当重要的一环。我国古代对于"官德"的规定是详尽而又具体的。比如，西周时期的"六德"和"六行"；秦朝时期的"五善"与"五失"；汉朝时期的"四科取士"和"光禄四行"；唐朝时期的"四善"与"六察"；等等。国外的现行做法是将"官德"的内容加以层层分解，并通过各种专门的规章制度加以规定，如日本、德国、法国、奥地利、瑞士等国的《公务员法》，英国和印度等国的《文官守则》，芬兰的《公务刑法》，加拿大的《利益冲突章程》，新西兰的《国家部门法》，都将"官德"具体化并加以规范，包括财产申报制度，公开办事制度，禁止经商制度，限制接受馈赠制度，贪污、贿赂惩戒制度，舆论监督制度等。

一要重视宣传，营造舆论氛围。搞好"官德"建设，树立良好的道德风尚，宣传和教育是不可忽视的重要方面。它明确表达着社会的道德取向，影响和改变着人们的道德观念。影视、广播、报刊、网络等大众传播媒介是社会舆论形成和扩散的重要工具。要通过这些工具，大力宣传正面典型人物和典型事迹，旗帜鲜明地批评极端个人主义、拜金主义倾向，揭露腐败现象，反对"四风"。同时，要加强社会主义核心价值观教育，为"官德"建设营造良好的舆论环境。

二要加强学习，提高理论水平。"玉不琢，不成器；人不学，不知义。"高尚的"官德"绝不会自发地产生和保持，必须不断地灌输和学习，要用科学理论武装自己，才能在错综复杂的形势面前辨明方向，站稳立场，驾驭全局，经受住各种考验。如果说，党性信念是根本的话，道德品行就是重要的基础。一个道德上有斑点的人不可能公正执纪、公正执法，所以，我们要为政以德，要注重德行的修养。要提高情趣，提高修养，很重要的一环是我们要多学习。

三要强化监督，修正"官德"之路。加强监督，请人民评判，是促进"官德"建设的必要条件。因此，要不断完善监督体系，强化监督的实效。一般来说，各级官员在场面上的表现都不会差，说起工作头头是道。但"私下"里，官员要吃喝拉撒，其家人要出门购物。这样，群众就会对官员的"八小时以外"的表现了如指掌：哪个官员有什么爱好，哪个官员有几个情人，哪个官员走正道或是邪道。俗话说："家有黄金，外有斗秤。"事实上，查处的官员"出事"之前，民间的议论都不少，有的还被编了新民谣。

各级党委和组织部门在选任干部时，要既重政绩又重政德，既要看奖杯又要听群众的口碑，要充分了解群众对干部的意见、要求和期望，杜绝"带病提拔""带病上岗"现象，确保党委意图与人民意愿相统一。

面对纷繁复杂的社会环境和各种腐朽思想文化的侵蚀影响，青年干部要有自我约束、自我控制的意识和能力，自觉接受监督，在各种诱惑面前不动心，在"生活圈""交际圈""娱乐圈"中，过好名利关、金钱关、美色关；特别是在无人监督时，应该自觉地慎微、慎独、慎欲、慎终，不能降低做人做官的标准。

四要健全机制，强化"官德"建设。"官德"的核心问题就是用权，"官德"缺失就会造成权力滥用、腐败滋生，那些被绳之以法的贪官污吏哪一个不是先失了"官德"底线？因此，只有从制度上筑牢堤坝，建立一套规范、一个体系，包括选拔机制、养成机制、监督机制、评价机制等，才能使道德"软约束"获得制度"硬杠杠"的威力，让官员不想贪、不敢贪、不能贪。党的十九大报告强调：要健全党和国家监督体系。增强党自我净化能力，根本靠强化党的自我监督和群众监督。强化自上而下的组织监督，改进自下而上的民主监督，发挥同级相互监督作用，加强对党员领导干部的日常管理监督。深化政治巡视，坚持发现问题、形成震慑不动摇，建立巡视巡察上下联动的监督网。

（三）加强社会道德实践，养成拒腐防变自觉

古今中外先哲们的研究表明，道德教化从道德实践而来，是理性教育导致的道德习惯。青年干部既是道德的倡导者又是道德的实践者，在道德建设中，担负着不可推卸的责任。同时，要通过道德实践，升华自己的"官德"素养。

一是要明确责任，做道德实践的策划者。青年干部是干部队伍的主力军，是社会道德实践的重要力量，青年干部应该充分履行道德实践的职责，动员本行业、本单位的力量和资源，利用好本地的红色资源、廉政资源、道德榜样，创新社会道德实践平台，精心策划社会道德实践活动，引导各界人士参与道德实践。

二是要身体力行，做道德实践的推动者。青年干部要身体力行，参与社会各界组织的社会道德实践活动，要在本级组织的社会道德实践中，亲力亲为，献计献策，推动社会道德实践的常态化。

三是现身说法，做道德实践的示范者。"喊破嗓子，不如做出样子"。干部干部，先干一步。青年干部要深入社会、深入民众、深入基层，通过自己所思、所想、所学、所行，讲好道德故事、做好道德榜样。

四是见微知著，做道德实践的引领者。青年干部的"官德"表现，影响着社会道德实践，是社会道德的引领者。青年干部要在社会道德实践中不断完善自己，通过自身高尚的"官德"素养，影响社会道德的养成。

五是与时俱进，做道德载体的创新者。要不断改革创新、推陈出新，在利用好传统的社会道德实践载体、方式的基础上，充分利用互联网、多媒体等技术，创新更实用、更接地气、效果更好的社会道德实践载体，让社会道德实践之树结出美丽的道德之花。

总而言之，"官德"建设是一项系统的社会工程。发挥党员干部的自觉能动性，加强自我道德修养，是"官德"培育的内在动力，将"官德"具体化，并配套道德惩戒政策是"官德"培育的制度保证，社会道德实践的充分开展是"官德"培育的现实土壤。也就是说，只有各级领导干部、党与政府、社会形成了"官德"培育的合力，才能从"官德"崇拜的理想状态过渡到"官德"培育的实践状态。

和青年干部谈廉洁

1958年4月15日，毛泽东在《介绍一个合作社》一文中讲道：一张白纸，没有负担，好写最新最美的文字，好画最新最美的画图。其实，青年干部刚刚进入干部队伍，也好比一张白纸，没有负担，好写最新最美的文字，好画最新最美的画图。但是，如何确保自己的人生之路走得健康顺畅，善始善终，在人生的白纸上写好最新最美的文字，画好最新最美的画图，可能大家心中都没有多少底，而对诸多的诱惑如何抵制也没有多少经验和信心。因此，拒腐防变、清正廉洁，就成为大家必须面对的重要课题。

什么是廉洁？

"廉洁"一词最早出现在战国时期伟大的诗人屈原的《楚辞·招魂》中："朕幼清以廉洁兮，身服义而未沫。"意思是"我年幼时秉持清廉的德行，献身于道义而不稍微减轻"。东汉著名学者王逸在《楚辞·章句》中注释说："不受曰廉，不污曰洁。"也就是说，不接受他人馈赠的钱财礼物，不让自己清白的人品受到玷污，就是廉洁。廉是清廉，就是不贪取不应得的钱财；洁是洁白，就是指人生光明磊落的态度。更具体一点说，廉洁就是我们做人要有清清白白的行为、光明磊落的态度。历史反复证明，清正廉洁盛行之日，则国家昌盛；贪污腐败猖獗之时，则国势衰微。历来清官受人颂扬，污吏遭人唾骂。贪腐之人都不会有好的结果，轻则名声扫地，重则身陷囹圄。

廉洁的对立面就是腐败。所谓腐败，一般指由经济社会发展而引起的公职人员在职位上作风不正、行为不正而引起的政治和社会问题。那么，腐败有什么危害呢？腐败会严重破坏国家安全，导致社会风气腐化、人际关系冷漠，导致官场产生官官相护、官僚主义、浮夸风气等现象。社会层面上，腐败会导致社会矛盾激化，贫富悬殊，社会问题暴露。腐败会孕育由作风不正而产生的结党营私、漠视或侵害弱势群体最基本的生存利益和违背立法原始精神内涵、徇私枉法、过度暴力执法、颠倒黑白等各种犯罪，也可使官员利用出身背景、政治地位、经济权力、熟人关系进行贪污枉法、吃喝享乐。腐败会严重侵蚀国家和人民的基本利益、危害国家政治安全、破坏党的声誉、影响社会稳定，并最终导致社会退化。具体来讲包括下面几个方面：

一是在经济层面，腐败会动摇我国社会主义经济基础。经济基础是任何社会赖以存在和发展的最重要的基础，生产资料所有制在社会经济基础中处于核心地位、具有决定性作用。在我国社会主义初级阶段，我国经济基础的核心，是以公有制为主体的多种所有制经济共同发展的社会主义市场经济制度。许多腐败的事实都已经证明，任何形式的腐败行为，最终都会落脚到经济问题上。从经济的角度看，腐败造成了大量资金的严重浪费。

二是在政治方面，腐败会削弱乃至破坏党执政的政治基础。中国共产党执政的政治基础，从根本上说是广大人民群众的支持和拥护。然而，腐败是腐败分子对人民利益的非法占有，是离间党与人民群众鱼水关系的焦点问题。尽管腐败分子为极少数，但其所作所为让广大人民群众深恶痛绝。腐败的滋长和蔓延，必然会使党的形象扭曲，威信下降，直到被人民群众所抛弃。再有，巩固党的执政地位，必须有一个良好的社会氛围，而良好的社会是自由、平等、公正、法治的社会。腐败因其是以权谋私的违法犯罪行为，从各个方面严重破坏了社会主义社会建设，破坏了社会主义法治制度，破坏了公平正义的法治保障。因此，腐败在本质上作为一种权力腐败，是涣散党心、离间党群干群关系、损害党的形象、降低党的威望的催化剂，严重破坏着党执政的政治基础。

三是在思想文化方面，腐败严重毒害人们的思想和社会风气。腐败将造成整个中华民族道德、文化素质的下降，它对社会主义精神文明的危害，比造成的物质损失更为严重。从一定意义上讲，腐败的盛行是以一种腐败文化为基础的。

所谓腐败文化，就是指权力和利益相交换的现象已不是偶发的孤立事件，而是成为一种习惯势力，带有一定的普遍性。这种文化一旦形成，就会渗透到一些人的思维习惯和日常行为模式之中，渗透到当今社会生活深处，对社会风气和人们生活方式产生潜移默化的影响。因此，反腐败不仅仅是一场严重的政治斗争，也是一场严肃的文化角力。一方面，要贯彻落实习近平总书记关于"老虎苍蝇一起打"的指示精神，坚决打击腐败分子的猖狂气焰；另一方面，对潜规则形态的腐败文化也决不能轻视，决不能手软。必须旗帜鲜明地伸张正气，打击邪气，使干部群众从思想上澄清各种模糊认识，树立廉洁光荣、腐败可耻、执政为民的坚强政治信念，净化灵魂，彻底铲除各种潜规则滋生蔓延的土壤。

四是在党的建设方面，腐败侵蚀党的先进性，削弱党的战斗力。 在党的思想建设上，少数人的腐败行为是对共产党人崇高理想和革命精神的亵渎，严重毒害党内风气和党员思想，造成一些党员是非、善恶、美丑、荣辱观念的颠倒，思想混乱，灵魂空虚，不能发挥党员应有的先锋模范作用。在党的组织建设上，腐败导致党的民主集中制原则的削弱，一些党组织内歪风邪气盛行，组织涣散，派性发作，纪律松弛。凡是不正之风和腐败现象严重滋长的地方和单位，党组织的先进性和战斗力就受到严重损害。

一、青年干部面临的考验

青年干部是我们党和国家干部队伍的中流砥柱，是我们党治国理政的重要骨干。始终对党忠诚、对人民负责、拒腐防变，这既是青年干部自身成长进步的需要，也是党和国家事业发展的需要。青年干部如何才能在实现中华民族伟大复兴中做到对党忠诚、对人民负责、拒腐防变呢？要经受住"四大考验"。

（一）"权"的考验

我们党是执政党，长期执政就回避不了掌权的考验。习近平总书记提出"三严三实"中"严以用权"的要求，其旨在于为民用权、秉公用权、依法用权、廉洁用权，为各级干部正确用权指明了方向、提供了遵循。应该说，绝大多数干部对权力能够心存敬畏、秉公用权，但也有极少数人对权力爱惜不够而任性有余，最终身败名裂，其原因就在于忘记了党的宗旨，放松了人民公仆应有的道德追求。青年干部要明白权力来之不易，是组织上多年教育培养加之事业需要和个人努力获得的。只有倍加爱惜，才能有为民服务、实现人生价值的机会，才能不辜负组织信任和人民的期待。爱惜权力要有敬畏之心，对权力的敬畏体现了共产党人的一种责任和自律。这就要求我们要自省自警自励，树立正确权力观、地位观、价值观，保持"如临深渊、如履薄冰"的谨慎，进一步明确权力界限、划清权力红线、守住权力底线。爱惜权力就是要秉公用权，秉公用权能造福一方，胡作非为将权倾人亡。要牢记权为民不为己，姓公不姓私，要守好公与私的分界线，通过补精神之"钙"，坚定理想信念，自觉磨亮大公无私的公仆本色，解决好"为了谁、依靠谁、我是谁"问题，决不能把公共权力异化成谋取私利的工具。所以说，官本位的陷阱，青年干部一定要时刻提防，坚决做到"权为民所谋"。有人为此做了一个总结：权力是把双刃剑，多少贪官鲜血溅。难耐清贫莫做官，难拒贿赂莫当权。

（二）"利"的考验

利的考验主要是发展社会主义市场经济带来的考验。我们共产党人不简单否定个人利益，包括不否定党员干部个人的利益，但要求党员干部追求公利、约束私利，绝不能用公权谋取私利。中国共产党是为人民谋利益的政党，共产党人从不因为自己是社会的优秀分子，而要求成为社会中占有利益最多的群体，特别是党的领导干部绝不能成为社会的最高利益群体。否则，我们党就会脱离人民群众，就会丧失最基本的执政基础。所以说，追求私利、损害公利的陷阱，青年干部一定要时刻提防，践行宗旨，争做密切联系群众的表率。正所谓：廉洁是修身良药，贪欲是穿肠毒酒。

（三）"名"的考验

名声是他人对你的评价，自豪感和羞耻心是你对这种评价的态度。重视名声是中国人的传统。干部要求好名而不是求大名，求实名而不务虚名，求百姓口碑而不争风头功名。正如马克思所说："我们的事业不显赫一时，但将永远存在，在我们的墓碑前，高尚的人们会洒下热泪。"因此，每个干部都要像焦裕禄、王伯祥、杨善洲他们那样，不求个人之名，不图个人之利，做一个有利于人民的人。所以说，图个人之利、求个人之名的陷阱，青年干部必须时刻提防，保持务实作风，争做干事创业的表率。有道是：为官不图名，从政莫图利。为官莫做私心事，从政还需公道人。

（四）"情"的考验

讲人情也是中国的传统。中国共产党人是重感情的，不仅讲人民之情、同志之情、战友之情，而且讲亲人之情、朋友之情、家庭之情。但情不可越法、情不可越规、情不可越德。从已查处的腐败案件看，为亲情、人情、私情所累，是导致干部腐败的一个重要原因。组织上对干部要严格要求、严格教育、严格管理、严格监督，干部自己更要自重自省自警自励。没有个人严格自律，仅凭外在的纪律和制度约束，是很难经得起考验的。所以说，亲情、友情、家情的陷阱，青年干部必须时刻提防，培养政德，争做讲政德、重品行的表率。

二、青年干部职务犯罪的特点

这些年，随着干部任用制度的不断改革，干部队伍呈现出年轻化的发展趋势，越来越多的青年干部走上了领导岗位。但同时，职务犯罪也出现了年轻化的趋势，40岁以下青年干部职务犯罪比例比较高。青年干部职务犯罪现象高发，已经引起有关部门的高度重视。青年干部大多是从家门到校门、校门到机关门，处于事业、生活起步期，社会阅历、实践历练相对不足，面对形形色色的诱惑和干扰，价值观容易受影响，甚至扭曲变质。有的单位"上梁不正"，青年干部"跟风随大流"走上歪路；有的贪图享乐、盲目攀比，把金钱作为人生追求；有的不能正确对待房贷、育儿等生活压力，利用职权谋取私利；有的在仕途升迁上妄图走捷径，一旦走上领导岗位后，便迫不及待地将职权"变现"。这些违法犯罪的青年干部大多35岁左右，正是事业稳定并渐入佳境的时期，有的刚刚走上重要的领导岗位，是组织上重点培养的人才，被党组织、社会和家庭寄予厚望，他们的犯罪堕落，对整个社会来说都是极大的损失。分析青年干部职务犯罪的情况，青年干部职务犯罪呈现出如下特点：

（一）犯罪分子"三观不正"，低龄现象日趋明显

大量的优秀青年进入干部队伍，给干部队伍注入了新鲜活力，往往因为这些青年干部学历高，被等同于"能力高"，得到各级党组织的重视和重用，在许多关键的部门、重要的岗位展示他们青春的身影。但是，他们在求学的过程中往往一帆风顺，一些高校忽视学生的思想政治教育，"德、智、体、美"全面教育的方针贯彻落实不到位，整体的大背景仍是成绩优先，只追求好的成绩而忽视综合能力和道德素质培养，导致一些学子没有形成正确的世界观、人生观、价值观，也就是"第一粒扣子扣错了"。进入干部队伍后，手中有了权力，私心杂念丛生，缺乏为党为国为人民的公心，把权力当作谋取私利的筹码，面对各种利益诱惑，就失去了对法律的敬畏，铤而走险，走向犯罪深渊。且年龄现象日趋明显，过去有"59岁现象"，到"49岁现象"，后来又出现了"35岁现象""26岁现象"，甚至出现刚出校园门，就进监狱门的现象，也就是说"剩余的扣子都扣错了"。

（二）涉案金额数目巨大，大案要案急剧增多

过去职务犯罪万元可称为大案，而现在青年干部职务犯罪涉案金额在几十万元、几百万元甚至上千万元的情况屡屡出现。

张某原是安徽省滁州市不动产登记中心的一名工作人员，在 2016 年到 2019 年 3 年多的时间里，他采取收款不入账、伪造收款事实等方式，陆续侵吞公款竟达 6900 多万元。遗憾的是，滁州市从市房产交易主管部门，到市不动产登记中心、交易管理科，都失职失责失察。（"中央纪委国家监委网站"2022 年 2 月 17 日）

（三）犯罪分子学历趋高，犯罪手段先进新颖

据统计，高学历犯罪，远远超过 45 岁职务犯罪的学历比例。从违纪违法的手段来看，青年干部的贪腐行为呈现出专业性较强、与信息技术密切相关的特点。海口市检察院检察官郭某说，犯罪分子的学历大多是本科或研究生，作案手段更加"智能化"，截留货款、公款私存、虚填报销单等许多新作案方法层出不穷。

（四）腐败形式花样翻新，受贿挪用最具普遍

从青年干部职务犯罪看，主要集中于贪污罪和挪用公款罪两个罪名。但近年来，因为赌博欠债，然后受贿的现象值得高度重视。而且，受贿方式出现多样化趋势，以往受贿人受贿的对象以现金和购物卡居多，现在已发展到信用卡、银行借记卡、房产、股份等多种形式，受贿数额也从一次百元、千元、万元上升到数万元甚至是数十万元、数百万元、上千万元。

（五）行政部门高发区域，"清水衙门"屡见不鲜

据北京市检察院统计显示，国企青年干部职务犯罪有上升趋势。国有企业是"26 岁现象"高发区。（《北京青年报》2014 年 1 月 21 日）随着管理制度的不断完善，监督作用的不断发挥，行政执法部门的乱象有了根本改变，犯罪率出现下降趋势。但引人注意的是，在文化、科技、教育、司法等传统中被认为是"清水衙门"的部门中职务犯罪也在不断出现。

三、青年干部职务犯罪的原因

青年干部职务犯罪现象如此严重，其产生和发展的原因是多方面的，有微观层次上个人素质方面的，也有宏观层次上制度结构方面的，亦即权力的失控，还有社会层次上综合因素方面等等。

（一）观念因素——利己思想影响严重

影响青年干部职务犯罪动机产生的观念因素主要有两个："吃喝玩乐"，为了实现这一目标，一些青年干部不择手段；"自我实现"，一部分青年干部

满怀抱负，急于实现自我，但没有资本又不甘逐步积累，于是就做"蛀虫"、蚀公款。

（二）社会因素——典型宣传负面作用

多年、多项社会调查结果表明，近年来发生的一些腐败现象尤其是高官腐败给一些刚刚参加工作的青年干部树立了"腐败榜样"，引诱他们走上了犯罪道路。

（三）教育因素——法制教育顾此失彼

忽视思想品德方面教育的倾向，大学里重点讲授的是法律理论和法律条文，而忽视了廉政、预防腐败方面的法律教育。而在工作单位，多数单位对青年干部侧重于业务培养，而忽视廉政警示教育和法律教育。

（四）家庭因素——家庭教育多数缺位

廉政、守法教育几乎是家庭教育的空白。据对一些犯罪嫌疑人的调查显示，没有一个家庭对子女郑重进行过廉政教育、守法教育。

（五）制度因素——监督机制漏洞明显

如用人上暗箱操作，工作管理制度不健全，财务管理不严格，会计审核马虎，年度审计走过场。上述管理制度上的漏洞，为职务犯罪提供了机会。

四、青年干部职务犯罪的心理透视

青年干部走上违法犯罪道路的心理过程虽然千变万化，但其心理特征也有共性，主要包括以下几种心理：

（一）生怕吃亏的心理

有些青年干部认为自己虽然有比较好的工作，经济条件并不差，但和社会上的"大款"相比，没有人家潇洒，不趁现在手中有权，抓紧多攒一些钱，就没有机会了。在犯罪最初阶段，他们是处于消极、被动的状态；当陷入犯罪的泥潭时，错误地认为这是对自己工作多年的补偿，不捞白不捞，导致其名节不保。

（二）贪图虚荣的心理

拥有实权的某些青年干部爱慕虚荣，一心追求个人享乐，被金钱、人情和关系所包围，深感以前的日子过得清苦，现在应该潇洒走一回了，因而在位高权重之时，挥金如土，生活奢侈糜烂，甚至染上黄、赌、毒恶习，入不敷出后，便从接受一般礼品到收受巨额钱财，断送前程。

（三）盲目从众的心理

这部分人主观片面地认为，这些年虽然加大了反腐败力度，但社会上贿赂之风没有得到有效遏制，现在社会上腐败现象普遍存在，很多干部都在利用手中的权力捞取好处，与他们相比，自己这点小问题算不了什么。

（四）投机自欺的心理

一些误入歧途的青年干部侥幸地认为，自己的文化水平、智商较高，身份特殊，见多识广，保护伞厚，且行为隐蔽、方法巧妙、手段高明、赃证匿藏天衣无缝，或相信朋友不会出卖自己，在自信能侥幸过关的情况下走上犯罪道路。

（五）钱权互易的心理

一些青年干部为别人办了事，帮了忙，内心总希望"投桃报李""按劳取酬"，甚至自认为"用我的权换你的钱，天经地义"，于是，什么党性原则、荣誉尊严、道德良心乃至自由生命都可以置之脑后。没有钱不办事，有了钱乱办事。

（六）欲罢不能的心理

少数意志薄弱的青年干部，在所谓的"人情往来"中不知不觉收受他人好处，或想继续贪图，或受到威胁，欲罢不能，明知早晚要翻船，仍如飞蛾扑火，"不见棺材不落泪"，自毁前程。特别是那些经济状况差，工作时间较短的青年干部尤为突出。

（七）攀比摆阔的心理

一些青年干部认为虽然自己不奢侈，不沾嫖赌，不上歌舞厅，可是每当看到人家住着装饰豪华的别墅式住宅、开着高级小轿车，腰缠万贯、挥金如土，就有了"我不比别人差，为什么该受穷""别人有的我也要有"的攀比心态，于是就摆架子，讲阔气，大肆收受贿赂。

（八）小打小闹的心理

这种人，"大贪没胆、小腐不断"，靠零打碎敲的"小腐败"敛财。用混同于日常的人情往来逃过反腐监督的视野，送者敢送，收者敢收，分开看不起眼，累积的后果却相当惊人。结果在"出不了大娄子"的心理中越陷越深。

五、青年干部职务犯罪的预防

青年干部职务犯罪的预防，概括起来就是守住"三条线"：把握廉政

"生命线"，立党为公守信念；落实教育"保障线"，预防为主是关键；远离行风"高压线"，抵御诱惑保清廉。

（一）加强制度建设，建立机制防线

法国思想家查理·路易·孟德斯鸠说过："一切有权力的人都会滥用权力，这是万古不易的经验。要防止滥用权力，就必须以权力约束权力。"

清朝最大的贪官和珅在临刑前大发感慨："那么多人给我送钱送物，让我不收太难了！我官居一品，位在首辅，贪了没人管，不贪白不贪，你们有谁处于我的位置能不贪啊？"和珅的感慨道出了清朝的腐败现实，在一个充斥着腐败，缺乏制度约束，缺乏监督的社会里，任何有权力的人都可能走向腐败。同时也警示我们，要加强对权力运行的制约和监督，把权力关进制度的笼子里，让权力在阳光下运行，防止滥用职权，防范以权谋私。

因此，预防青年干部职务犯罪，要将预防机制建设纳入法治轨道，堵上现行监督体制和立法上的漏洞，按照廉政机制建设和廉政文化的需要，建立完备的法律体系，实现对权力监督制约过程的法律化、制度化。

坚持用制度管权，让权力在阳光下运行。腐败的本质是权力出轨、越轨，许多腐败问题都与权力配置不科学、使用不规范、监督不到位有关。没有健全的制度，权力没有被关进制度的笼子里，腐败现象就难以被完全控制住。只有运用法治和制度加强对权力的制约和监督，才能实现权力运行的法治化、规范化，才能更加有效地预防腐败。要加强权力运行相关法规制度建设，形成一套内容科学、程序严密、配套完备、有效管用的制度体系，进一步限定权力范围、厘清权力边界、划定权力清单，科学设定权力的运行程序和工作流程，减少自由裁量，最大限度地压缩权力寻租空间。要进一步健全决策机制和程序，加强决策的论证、听证，不断提高科学决策、民主决策、依法决策水平，特别是要建立健全决策问责和纠错机制，凡是涉及群众切身利益的决策都要充分听取群众意见，凡是损害群众利益的做法都要坚决防止和纠正。要加强对权力的监督，构建完善的监督体系，充分发挥党内监督、行政监察、审计监督、人大法律监督和司法监督、巡视监督、舆论监督等各方面监督的作用，凝聚监督合力，使监督覆盖到权力运行的各环节和各方面。要深入推进党务公开、政务公开、财政预决算公开，推进行政决策、行政审批、行政执法公开，让人民监督权力，让权力在阳光下运行。

坚持用制度管人，防止选人用人的不正之风。党要管党，首先是管好干部、管好人才；从严治党，关键是从严治吏。只有坚持用制度选好干部、用好干部、管好干部，才能建成一支政治坚定、能力过硬、作风优良、奋发有为的执政骨干队伍，才能真正实现政治清明。要从严选拔干部，按照好干部标准，坚持德才兼备、以德为先，坚持注重实绩、群众认可，严把干部选任动议提名关、考核考察关、程序步骤关，严明组织人事纪律，坚决防止"带病提拔""带病上岗"，坚决杜绝任人唯亲、任人唯利、营私舞弊。要树立正确用人导向，对那些政治上不守规矩、廉洁上不干净、工作上不作为不担当或能力不够、作风上不实在的干部坚决进行组织调整，让那些忠于党、忠于人民，勇于担当、奋发有为的干部得到褒奖重用。要加强对干部的监督管理，严格执行领导干部个人有关事项报告制度，用好提醒函询诫勉的组织制度，落实谈心谈话制度，对干部身上的小毛病、小问题，多做扯袖子、咬耳朵的工作，做到抓早抓小、防微杜渐，防止小毛病演化成大问题。

坚持用制度管事，加强对重点领域关键环节的监管。随着党风廉政建设和反腐败斗争的深入推进，一些重点领域和关键环节体制机制方面的缺陷和漏洞逐渐显现。从查处的腐败案件来看，无论是部门还是企业，容易滋生腐败现象和不正之风的大多集中在重点领域和关键环节。推进反腐倡廉制度建设，要紧紧抓住这些领域和环节，针对不同特点、不同阶段、不同层面，健全完善体制机制。要深化行政审批制度改革，继续大力削减行政审批事项，最大限度地减少政府对微观事务的管理；对保留的审批事项，要推行权力清单和责任清单制度，公开审批流程，提高审批透明度；对审批权力集中的部门和岗位要分事行权、分岗设权、分级授权、定期轮岗，强化内部流程控制。要深化对公共资源管理的改革，对工程项目招投标、土地出让、政府采购等，要加强平台建设，使各类公共资源交易更加规范统一、公开透明。要完善国有企业监管制度，完善重大决策、重要人事任免、重大事项安排、大额资金运作方面的决策监督机制；强化对国有企业改制重组、产权交易、投资并购等重点环节的监督，加强境外国有资产监管，切实防止国有资产流失，实现国有资产保值增值。（《人民日报》2016年11月21日）

（二）加强预防惩治，建立威慑防线

加强预防惩治，建立威慑防线，关键是制度的执行，而制度的生命力恰恰就在于执行。"天下之事，不难于立法，而难于法之必行。"制度一旦建立，就必须采取有力措施，确保制度不折不扣地落实到位。要强化制度意识，坚

持制度面前人人平等、遵守制度没有特权、执行制度没有例外，形成尊崇制度、遵守制度、捍卫制度的良好氛围。要加强对制度执行情况的监督检查，突出督查重点，完善督查途径，创新督查方式，用督查传导压力，用压力推动落实；同时要通过督查，及时发现制度可能存在的问题或缺陷，对制度进行修订完善。要健全问责机制，坚持有责必问、问责必严，对不认真学习制度、执行制度搞变通的，甚至把制度当摆设、破坏制度、违法违规违纪的，要严肃追究责任，做到"不以权势大而破规、不以问题小而姑息、不以违者众而放任"，坚决纠正有令不行、有禁不止现象，切实维护制度的严肃性和权威性，不断增强制度的执行力。

（三）加强法治教育，建立思想防线

在完善监督体系基础上，应该强化青年干部预防职务犯罪的教育，这样使他们既充实了预防职务犯罪的法律知识，又巩固加强了清正廉洁的工作作风，还增强了预防职务犯罪的自律意识，并且提高了拒腐防变的能力，将对提高青年干部抵御职务风险，增强免疫能力起到积极的作用。

一是要增强党性修养，坚定理想信念。理想信念是人生的总坐标、总阀门、总开关、总支柱，只有在这方面立住了、把牢了，才可能经受住种种考验。很多案例表明，领导干部出现腐败往往是从政治上放松要求开始的，理想丧失、信念淡薄，必然导致经济贪婪、生活腐化。

二是要锤炼思想品质，提高道德修养。2018年1月5日，习近平总书记在新进中央委员会的委员、候补委员和省部级主要领导干部学习贯彻习近平新时代中国特色社会主义思想和党的十九大精神研讨班上强调："作风问题本质上是党性问题。领导干部的作风直接关系党内风气和政治生态，关系民心向背，决定着党的群众基础。领导干部作风不过关，不过硬，党风社会风气就不可能好。人们认为习以为常的一些作风问题，往往就是对党的公信力、党的形象带来致命破坏的问题。"所以，我们要为政以德，要注重德行的修养，要提高情趣，提高修养，这是很重要的一环，我们要多学习。

三是要加强自我约束，模范遵纪守法。首先要知法懂法，知道哪些能干，哪些不能干，干后需要承担什么样的后果。有一名干部到一个公司当了总经理，一个朋友给他介绍了一个人，这个人是做房地产的。这个干部帮助这个房地产老板，给他支持帮他渡过了难关，后来这个房地产老板送给了这个干部20万元作为回报。这个干部不要，他说："你这不是害我吗？"最终

没有要。后来两个人越走越近，生意也做得挺好。这个干部后来不在国有企业干了，自己下海创办了一家公司，自己当老板了。后来他小孩结婚，原来那个房地产老板就送给了他小孩一套房子，他还是不想要。那个房地产老板说："你现在和我一样是个体户，我们朋友往来没有关系。"他就要了。后来这个房地产老板出事了，就把自己送给他房子这件事讲了出来，法院最后以受贿罪判处他徒刑。（"宣讲家网"2012年3月31日）按照刑法规定，你利用你的权力给人家办事，不管你什么时候接受这个利益，都构成受贿。不要以为你现在是个体户了就不受约束了，你给人家办事时是掌权的。所以，要知法懂法。其次要带头遵纪守法。在党纪面前人人平等，党内决不允许有腐败分子藏身之地。所以，不要有侥幸的心理，要认真遵纪守法，不管你是在那个部门，甚至你是法院院长，纪委书记，都要受到法律的追究。

四是要坚持原则底线，把握交友尺度。有句话这样讲："老乡老乡，背后一枪。"很多领导干部出问题都是栽在了所谓的好朋友手上。大量案例表明，面对生人送来的一捆钱，没有几个领导干部敢要，所以，这些不法分子会做迂回、做铺垫、做情感的投入，取得你的信任，相交日深，防范日浅，成为朋友，甚至成为利益体，他才一步一步实施他的目的。就像温水煮青蛙，如果是滚烫的水，青蛙的本能可能是夺路而逃，而当温水慢慢加热后，青蛙会因为察觉不到危险而最终被煮死。因此，青年干部要多与人民群众交朋友，多与劳动模范交朋友，多与专家学者交朋友，可以得到很多的养料，取长补短，相得益彰。不能乱交朋友，不能傍"大款"，不然人格也会变得低下。但交友一定要讲原则，因为不交友不可能，但是碰到原则上的问题丝毫不能让步。在原则问题上今日不翻脸，明日就翻船，来不得半点客气的。

五是要做到防备如墙，力戒贪欲之念。防备如墙，要像城墙一样坚固，不能有贪欲之念。许多事情的发生都与这种贪欲有关。贵阳市原有一个市长助理受贿很多钱，分藏在五个大保险柜里，后来案发被起获出来，他苦笑着对检察官说："这些钱对我没有用，我一分钱都没有动过，现在对你们很有用，你们可以定我的罪。"（"宣讲家网"2012年3月31日）贪欲是人性的最大弱点，是滋生腐败的根本动因。这些贪官，他们已经不是为了现实的需要而贪，是为了满足贪欲而贪，而人的贪欲是没有止境的。所以说：腐败皆因贪欲起，自律方能守廉洁。

六是要切实慎独慎初，坚持操守如一。慎，就是谨慎，初，就是你的第一次。独自一个人面对事情，要始终如此，不能有任何侥幸的心理。只有守住了第一次，才能守住无数次，你有了第一次也会发生无数次。明代信阳知州胡守安离任时写了一首诗，回顾自己的任职历程："一官来此几经春，不愧苍天不负民。神道有灵应识我，去时还似来时贫。"

刘少奇同志在《论共产党员的修养》里面有一句话，他说一个党员领导干部，在没有人监管的情况下，有可能干坏事而没有干，他就做到了慎独。

东汉有一个叫杨震的人，是个颇受称赞的清官。他做过荆州刺史，后调任为东莱太守。当他去东莱上任的时候，路过冒邑。冒邑县令王密是杨震在荆州刺史任内荐举的官员，听到杨震到来，晚上悄悄去拜访杨震，并带金条十斤作为礼物。王密送这样的重礼，一是对杨震过去的荐举表示感谢，二是想通过贿赂请这位老上司以后再多加关照。可是杨震当场拒绝了这份礼物，他说："故人知君，君不知故人，何也？"王密以为杨震假装客气，便说："幕夜无知者。"意思是说晚上又有谁能知道呢？杨震立即生气了，说："天知、地知、你知、我知，怎说无知？"王密十分羞愧，只得带着礼物，狼狈而回。

所以，讲君子慎其独也，做到了慎独才能做到君子。很多时候就是你一个人面对，没有人监管的情况，自己要常常提醒，这种第一次太重要了。

七是要自觉接受监督，保持廉洁自律。首先要正确地认识权力。权力是一把双刃剑，用好了为党和人民建功立业，用不好就会产生悲剧。青年干部要有监督意识，自觉接受监督，要落实党内监督与加强群众民主监督、舆论监督和法律监督等结合起来，增强监督合力和实效。积极推进权力阳光运行，实行党务公开，完善各类公开办事制度，提高党委、政府工作的透明度和公信力。其次要正确使用权力。要按照党章和廉政准则来规范自己的行为，为人民谋利，不能谋小团体的利益。

八是要严格管好家人，合力共筑防线。家庭是社会的细胞，在筑牢思想道德防线、廉洁从政上意义重大。俗话说："妻贤夫祸少。"一个贤惠的妻子可以帮丈夫挡去很多风雨，所以枕旁要常吹清廉风，互相提醒。因为，家庭成员知根摸底，他有什么特长，他有什么弱点，他有什么毛病，妻子都知道，要经常提醒。某市建设局原局长因受贿400余万元落马后，痛定思痛，后悔不已，在"班房"里细算了"七笔账"。"七笔账"是这样算的：一算"政治账"，自毁前程。她从一个铁路工人的女儿成长为一个领导干部，直到戴上手铐，多年的辛勤努力毁于一旦。二算"经济账"，倾家荡产。聚敛那么多钱财，如今身无分文，钱给她带来的只是牢狱之灾。三算"名誉账"，身败名裂。曾拥有过鲜花和掌声，如今，一切荣誉为人唾弃，成为耻辱。四算"家庭账"，夫离女散。当听说丈夫几次想自杀后，她几乎哭瞎了眼睛，更不知道刚走向社会的女儿怎样面对残酷的现实和世人的冷眼。五算"亲情账"，众叛亲离。她进了监狱之后，亲戚朋友再没到家里去过，成了一只断线的风筝，无依无靠。六算"自由账"，身陷牢笼。渴望自由的感觉也许只有失去自由的人才能真正体味到。七算"健康账"，身心交瘁，疲惫不堪。

习近平总书记曾经语重心长地告诫党员干部：用权要讲"官德"，交往要讲原则。每一位领导干部要算好"三笔账"：一是算一算"经济账"。现在领导干部都有一份稳定的收入，从工作考虑组织上还会给许多必要的待遇，退休时又可以享受医疗、养老等保障。细细算起来，奉献与得到相比，得到的已经是很多了。如果贪赃枉法，到头来锒铛入狱，一辈子毁掉了，这值得吗？二是算一算"法纪账"。领导干部在张口的时候要想一想这句话该不该说，迈腿的时候要想一想这个地方该不该去，伸手的时候要想一想这些东西该不该拿。千万不要以为吃一点、玩一下、拿一些没关系。千里之堤，溃于蚁穴。事物发展总是从量变到质变的。若要人不知，除非己莫为，天网恢恢，疏而不漏。全国反腐倡廉的规章制度3400多个，可以管到我们社会生活、工作、经商、当官等各个领域和方面。所以，不管是谁，都不能乱来，纪检部门随时都在监视着你，只要你犯罪，终将要受到法律的制裁。三是算一算"良心账"。组织上培养一个干部很不容易，结果你却自己把自己打倒了，这怎么对得起组织，对得起人民，对得起家人？有的腐败分子即便隐藏一时，没有暴露，但做贼终究心虚，提心吊胆，惶惶不可终日，每时每刻受道德和良心的审判，这样活着有什么意义？如果不能廉洁自律，伤心的不只是你一个人！

最后，引用一个市委书记编写的廉政顺口溜作为结束语：发财之事千万别想，诱惑出现不要跟上。一步走错难逃法网，牢记教训树立榜样。单位问题常思常想，大会小会常说常讲。权力运行确保阳光，出现问题紧追不放。你我共勉神清气爽，凝心聚力为国争光。

和青年干部谈家风

家庭不仅是人的生活场所，也是人生的第一所学校，更是人的修身殿堂，父母就是我们的第一任教师。我们不仅传承了父母血脉里的DNA，同时也传承了父母的文化基因、精神基因。对一个人而言，"善不积，不足以成名；恶不积，不足以灭身"（《周易·系辞下》）。好的家风，能够春风化雨般滋养人的心灵，使每一个家庭成员浸润其中，明白为人处世之道，习得规矩方圆之理。家是最小国，国是千万家。家风好，则族风好、民风好、国风好。正所谓"一家仁，一国兴仁；一家让，一国兴让"。

优良家风是中华文明的重要组成部分。"家之兴替，在于礼义，不在于富贵贫贱。"中华民族是一个特别重视血缘关系的民族，家庭伦理和家风问题，历来受到社会和思想家们的重视。中国伦理思想史上的大量家教、家训、家范、家规，以及治家格言中所论述的内容，都与家庭伦理和家风有密切的关系；或者说，它们都是从不同的方面，反映着家庭伦理和家风的内容。在中国历史上，很多著名的思想家、政治家、教育家、军事家，都是在良好的家风培育中成长起来的。总结、继承和发扬中华民族优秀传统家风，在今天仍有很重要的现实意义。

一、何谓家风

家风，又称"门风"。"家风"是一种由父母（或祖辈）所提倡并能身体力行和言传身教，用以约束和规范家庭成员的一种风尚和作风，代表着一个家庭的社会形象，是一家之名片。家风，如同一个人有气质、一个国家有性格一样，一个家庭在长期的延续过程中，会形成自己独特的风习和风貌。这样一种看不见的精神风貌，摸不着的风尚习气，以一种隐性的形态，存在于特定家庭的日常生活之中，家庭成员的一举手、一投足，无不体现出这样一种习性，这就是家风。也可以将家风理解为家庭的风气，将它看作一个家庭的传统，一个家庭的文化。"家风"一经形成，就能不断地继承发展，并有着日积月累、潜移默化、前后相继、陶冶家庭成员性情的作用。一个家庭能否做到薪火相传、源远流长，关键就在于这个家庭的家风相传。在家风传承上，家训、家规和家教起着至关重要的作用。

中华民族最注重家风的建设和传承，其大多以家规、家训、家范等形式流传至今。据清朝康熙时期编撰的《古今图书集成》记载，历史上我国的《家范典》多达116卷，分31部，各又再分5类，辑录了先秦至清初的大量家训资料，真可谓浩如烟海。其中，流传的比较经典的有：司马谈《命子迁》、诸葛亮《诫子书》、颜之推《颜氏家训》、李世民《帝范》、袁采《袁氏世范》、朱柏庐《朱子家训》、朱熹《朱熹家训》、范仲淹《告诸子及弟侄》、吕本中《童蒙训》、司马光《温公家范》、陆游《放翁家训》、林则徐《林则徐家训》、曾国藩《曾国藩家训》等。

中国现存最早有记录的家风，可以追溯到尧舜禹时代。尧为天下帝君，不把天下传给自己的儿子丹朱，却传给了贤明又能干的舜，这种公正无私、以天下为重的精神就是廉洁家风之起源；而舜"以孝立身，以国为重"的行为正是忠孝家风之源头；禹"克勤于邦、克俭于家""三过家门而不入"的勤勉作风则是勤俭家风的开始。（《北京日报》2015年12月30日）

春秋战国时期，是中华文化大发展的时期，百花齐放，百家争鸣，各种文化流派、风格传承，以及社会文化都全面发展，儒家、道家、墨家、医家、农家、名家、阴阳家……百家学说林立，光华万丈，文化发展空前繁荣。在这些社会文化的推动下，家风也初步成形，并越来越受到社会的推崇和重视。在《论语》《管子》《孟子》《韩非子》《春秋》等经典著作中，都可以看到有关家风的记载。如《孟子·公孙丑上》载："纣之去武丁未久也，其故家遗俗，流风善政，犹有存者。"意思是说商纣离武丁时代不远，商朝世家大族遗留下来的传统习俗、流传的良好风尚、优良的政策，都还有留存。这里的"流风"指的就是一直流传到当时的商王室的家风家纪。在《论语》中，也有对孔子家教训子的专门记述：孔子有一子，名鲤，孔子对他管教很严，让他和自己的弟子一起读书。《论语·季氏》中记载：孔鲤两次从庭中走过时被父亲叫住，吩咐他学习《诗》和《礼》（《诗经》和《礼记》），并且训斥他，不学习《诗》，就不会说话，不学习《礼》，就不能立身处世。诗是立言之本，礼是立身之本，这就是孔子传承给儿子的家风。"诗礼传家"是孔氏家风的重要内容，一直延续至今。

及至魏晋南北朝，社会对家风建设的重视有增无减，出现了集中记载家庭教育经验的读本——"家训"，如诸葛亮的《诫子书》、颜之推的《颜氏家训》等都非常有名。《诫子书》是三国时期著名政治家诸葛亮临终前写给8岁儿子诸葛瞻的一封家书，成为后世历代学子修身立志的名篇。强调：品德高尚、德才兼备的人，用静来修善自身，用俭朴来淳养品德。《颜氏家训》对后世有重要影响，特别是宋代以后，影响更大。宋代朱熹之《小学》，清代陈宏谋之《养正遗规》，都曾取材于《颜氏家训》。不唯朱陈二人，唐代以后出现的数十种家训，莫不直接或间接地受到《颜氏家训》的影响，所以，王三聘说"古今家训，以此为祖"。从《颜氏家训》之多次重刻，虽历千余年而不佚，更可见其影响深远。

唐宋以后，家风建设已经成为家庭道德建设的必备内容，专门的家规、家训大量涌现。如唐代李世民传给子孙的《帝范》、宋若莘给女儿写的《女论语》、李恕给儿子的《诫子拾遗》；宋代司马光给儿子司马康的《训俭示康》、陆游的《放翁家训》、袁采的《袁氏世范》、陆九韶的《居家正本制用篇》，都是齐家教子的典范之作。这一时期的家风也更趋严厉，治家犹如治国一般，一旦犯了家规，就会有家法处置，绝不容半丝情面。很多大族之家都对子孙的行为有明确的规定，譬如北宋包拯立下遗训："后世子孙仕宦，有犯赃滥者，不得放归本家，亡殁之后，不得葬于大茔之中。不从吾志，非吾子孙。"包拯的这则家训是他生前对子孙的告诫，并让其子包珙刊石，竖于堂屋东壁，以照后世。这寥寥三十七字，凝聚着包公的一身正气、两袖清风，虽千载之下，亦足为世人风范。包拯的家训，既是他对后人的训诫，也是他一生的品格写照。由此框定了包家的家风以清廉为主。（"人民资讯"2022年1月18日）司马光定下的《温公家范》，不仅全面系统地论述了封建家庭伦理关系、治家方法、子弟的身心修养和为人处世之道，还告诫族人，一定要"以德业遗子孙"，而他的另一部家训《训俭示康》则给司马家的家风定下了"俭朴"的基调。

明清以后，家训家规更加普遍，不仅皇室贵胄有严格的家范，普通百姓家庭也都有自己的家训和家规，流传后世的家范家规也更加丰富。在民间百姓千家万户当中，那些文字或口头上的《诫子书》《训子令》《谕子规》《教子经》《示儿贴》等家风家规更是五花八门、形形色色、数不胜数，以公开或秘密的方式在各个家庭、家族、宗族中世代流传。据《中国丛书综录》所列书目记载，中国古代公开印行的家训共有120多种，而且以明清最多。

中国共产党百年征程，留下了宝贵的红色资源，特别是革命前辈留下的红色家风，给我们加强家庭家教家风建设提供了丰富的营养。如，毛泽东的家风：不经商、不赚钱，低调做人、清廉。刘少奇的家风：做自立、诚实和正直的人。邓小平的家风：守法，低调。陈云的家训：家财不为子孙谋。董必武的家风：大家胸怀，长者风范。万里的家风：淡泊名利，知足常乐。李先念的家训：不允许子女经商赚钱。刘伯承的家风：奉行勤俭节约家风、不沾国家便宜。朱德的家风家训：怀抱理想、艰苦朴素、遵纪守法。任弼时的家风家训：把自己当成一个普通的人。罗荣桓的家风家训：生活不要特殊化。张闻天家风家训："苛待"自己最亲爱的人。周恩来的"十条家规"等。

在中国家庭文明体系中，家风、家教、家训三者密不可分，相互影响。一方面，可以说由家风而成家教，由家教而成家训，另一方面也可以说由家训而成家教，由家教而成家风，还可以说由家教而成家风，由家风而成家训。如果一定要分清三者之间的区别，那么可以说，家训是家风的理论支撑，家教是家训的具体实践，家风既是家教的体现方式，亦是家训的外化与落实。正如社会风气是社会道德水平的一个重要体现一样，家风也是一个家庭成员的道德水平的体现。

家风作为一种精神力量，它既能在思想道德上约束其成员，又能促使家庭成员在一种文明、和谐、健康、向上的氛围中不断发展。人们常说，一个人什么都可以坏，但良心不能坏。同理，一个家什么都可以坏，但家风不能坏。家风坏了，就是"名头"坏了，一定会上辱祖宗、下累子孙，这是家门最大的不幸！

家风同社会风气有着相互渗透、相互制约的关系。家风一方面要受社会风气的影响，同时，它又能反过来对社会风气的形成、变化，发挥强有力的作用。良好的社会风气有助于良好家风的形成。在社会风气不好的情况下，如果能重视家风的建设，那么，良好的家风也能够对社会上的污浊空气起到很好的净化作用，有利于整个社会风气的改善。

二、传统家风的内涵和特点

在社会发展进步中，中华优秀传统文化总是不断延续传承，不断发展进步的。现代家庭的家风更讲究与时俱进，不仅继承了传统家风的优秀内容，如诚实守信、谦虚谨慎、勤劳节俭、知书达理、孝敬父母、忠于国家等，还增添了许多新的价值观，如自由民主、团结友爱、善良感恩、自尊自信、自立自强等。许多名人的家风家训也为我们树立了新时期的榜样，《傅雷家书》这样深深地影响和感动了几代人。

那么，传统文化中的家风包含有哪些内容呢？

（一）传统家风的核心内涵

中国传统家风的内涵非常丰富，主要有：

1. **忠孝立家**。孝于父母，忠于国家民族，一直是中华民族的重要核心价值观之一，也是中华民族家国情怀的主要内涵。儒家经典《孝经》说：夫孝，德之本也，夫孝，天之经、地之义、民之行也。在中国人的心目中，孝，是发自内心地对父母长辈的敬，孝是道德的根本，是天经地义、应该做到的。没有孝，家难以为继，没有忠，国不能自保。孝是做人的根本，也是兴家的根本。《了凡四训》中有这样的总结：忠孝之家，子孙未有不绵远而昌盛者。事实上，我国历史上出现过许多传承兴旺达几百年甚至上千年的名门望族，其奥秘无不以忠孝为首要。忠孝是一种家风，也是中国人的信仰。孝是忠的基础，忠是孝的延伸，其核心就是一个敬字。东汉马融的《忠经》就有"天下至德，莫过于忠""善莫大于忠，恶莫大于不忠"的说法。从大舜、屈原，到岳飞、林则徐，以及湘江战役中的易荡平和陈树湘，再到抗日战场上的左权，抗美援朝上甘岭战役中的黄继光等，近代以来，无数为保家卫国而光荣牺牲的中华民族英雄，都是把忠孝作为自己的人生大义，他们舍生取义的英雄壮举体现的就是忠孝精神。当代中国核潜艇之父黄旭华，几十年隐姓埋名，为中国核潜艇事业埋头苦干，为国家做出了巨大的贡献。有人曾问他如何理解忠孝不能两全时，他坚定地回答："对国家的忠，就是对父母最大的孝""我们的这一生都奉献给国家、给核潜艇事业，我们此生无悔"。中国人相信忠孝传家远，信奉天下兴亡匹夫有责，由忠孝家风，而又家国情怀，国人从来不缺信仰。

2. **耕读传家**。耕读传家，一直是传统中国家庭稳定的生存模式，耕田务农，事稼穑，以立性命，读圣贤书，知书达礼，修身养性，以立高德，古人对耕读传家的认识是非常透彻的，读而废耕，饥寒交迫，耕而废读，礼仪渐亡，耕读并举，家国遂昌。纪晓岚有一副对联："一等人忠臣孝子，两件事读书耕田。"曾国藩也把一耕一读，作为儿孙的人生正道。这些都表明，崇尚耕读，早已是中国家庭普遍的一种风尚，也是中国人世代传家，持久兴旺的又一秘籍。在这种家风的熏陶下，穷则独善其身，达则兼济天下，成为士大夫家庭子弟的共识和理念。在他们的门户上，往往贴着这样的对联：耕读传家久，诗书继世长。这些都反映了古人的价值判断和人生理想，也体现了他们的高尚的人格追求和高洁的生活情趣。

3. **勤俭持家**。勤俭二字，是传统中国家庭普遍秉承的价值观念，也是家庭生活的基本准则。作为一种家风，它深深地扎根于人们的日常生活之中。大家熟悉的《朱子家训》，基本是以勤俭持家作为全篇的主调。其中的：黎明即起，洒扫庭除，要内外整洁，一粥一饭，当思来之不易，半丝半缕，恒念物力维艰，等等，都是围绕勤俭二字。为了教育儿子司马康，司马光特意写了《训俭示康》，要求儿子：朴素节俭，戒除豪华奢靡。曾国藩告诫家人："家俭则兴，人勤则健，能勤能俭，永不贫贱。"在曾氏家族的持续兴旺中，勤俭一直是最重要法宝。晚唐诗人李商隐在《咏史》中写道："历览前贤国与家，成由勤俭破由奢。"纵观古今历史，大到邦国，小到家庭，无不是兴于勤俭，亡于奢靡。清代徐荣曾说："街头庙脚褴褛身，半是当年奢靡人。"我们相信人们对勤俭价值的彻底认同，完全是从无数血淋淋的家国破败的教训中，总结出来的。其实，早在儒家十三经之一的《左传》，就已经把节俭上升到了道德高度，指出："俭，德之共也；侈，恶之大也。"意思是，节俭是善行中的大德，奢侈是邪恶中的大恶。诸葛亮则以"静以修身，俭以养德"来告诫儿子。唐宰相房玄龄更是认为"奢侈之费，甚于天灾，必须立戒"。与古代中国比较，今天的中国社会已经发生了翻天覆地的变化，但是现代家庭要健康前行，传统的好家风，一定是不能丢的，不忘本来才能更好地走向未来。

4. **廉洁齐家**。廉洁，汉语词语，最早出现在战国时期伟大的诗人屈原的《楚辞·招魂》中："朕幼清以廉洁兮，身服义尔未沫。"东汉著名学者王逸在《楚辞·章句》中注释说："不受曰廉，不污曰洁。"也就是说，不接受他人馈赠的钱财礼物，不让自己清白的人品受到玷污，就是廉洁。中国历史上，历朝历代都十分重视对高官重臣进行廉政教育，并留下了很多政训、官箴。其中，最为今人熟知的，当属明代的三十六字做官格言——"官箴"："吏不畏吾严而畏吾廉，民不服吾能而服吾公。廉则吏不敢慢，公则民不敢欺。公生明，廉生威。"清代颜希深在做泰安知府时，在旧科房的残壁中发现了这篇碑文，受到了很大启发，便在碑文后面写了跋文，把它当作自己和后继做官者的座右铭，以鞭策自己、训诫僚属及子孙后代。许多官吏纷纷效仿，故而这一官箴对整顿吏治、提倡廉政起到了很好的训导作用。在历代高官重臣教育子孙的家训中，以廉洁为核心的为官之道尤多。北宋包拯，他为官清正廉洁是妇孺皆知的，老百姓称之为"包青天"。包拯一生，身居高位，大公无私，痛恨贪官污吏，到了晚年，担心后人会出不肖之徒，于是就在家中立了一块石碑，上面镌刻着著名的《诫廉家训》以警戒后人。明朝时，嘉兴知府杨继宗清廉自守，深得民心。一次，一名太监经过这里，向他索要贿赂，他打开府库，说："钱都在这儿，随你来拿，不过你要给我领取库金的官府印券。"太监怏怏走了，回京后，在明英宗面前中伤他。英宗问道："你说的莫非是不私一钱的太守杨继宗吗？"太监听后，再也不敢说杨继宗的坏话了。清朝"父子宰相"张英、张廷玉在家训中多次强调为官清廉的重要性。张英要求子弟做到："使我为州县官，决不用官银媚上官。"许多清正廉明的地方官员，因为有了张英的保护和举荐，不但免遭不测之祸，而且得到了重用。张廷玉认为："为官第一要'廉'……居官清廉乃分内之事。"他要求子孙后人做官"拼命强忍，不受非分之财"。明代"东林七君子"之一的缪昌期，曾为其族人立下"一切事不可贪小利而忘大害，不可贪小胜而忘大败""清、慎、勤三字，不惟是居官之法，兼是居家之法"的家训。古代先贤们留下的家风、家训至今仍有很现实的指导与教化意义。

（二）传统家风的特点

传统家风有下面 3 个特点：

1. **榜样性**。家风作为一个家庭或家族共同认可的价值观，它的提出必须具有权威性和典范作用，亦即"榜样性"。中国古代传统家庭往往不是孤立的，它存在于宗族之中，日常行为受到族约的限制。族约的制定通常是由族内德高望重的长辈总结先贤的德行、家声并经反复的商议约定而成，里面蕴含了这些长辈日久经年的为人处世哲学，也兼顾了社会风潮和公平正义。这样的族约无论是否以文字的形式出现，都有很强的"法规"性，家族内部成员出于对长辈的尊重和信任，会无条件地执行并延续下去。然而，族约制定后，并不是一成不变的，它可能因为族内优秀成员的诞生而改变；抑或是家族优秀成员诞生后再丰富、完善传世的家规、家训。

2. **社会性**。家庭是社会的细胞，家风的存在必须是与社会风潮相适应的。自汉武帝起，"罢黜百家、独尊儒术"，儒家格外推崇孝、悌、忠、信、礼、义、廉、耻，是为"八德"。"八德"作为封建社会人们的行为规范，普遍存在于家风之中。在宋代，程朱理学兴起、社会的变革动荡，以及北方少数民族文化的入侵并未动摇百姓对封建思想的信仰，反而受到程朱理学的影响，在"八德"的基础上延伸出"烈"这一品格。故而有"饿死事小，失节事大""人生自古谁无死，留取丹心照汗青"等这样的家风在社会上普及。到了明代，阳明心学引领风气之先，"知行合一"的思想影响深远，直至今日依然有指导意义。由此可见，家风具有很强的社会性，在社会主流思潮的影响下，家风可能被重新厘定。

3. **传承性**。"世代相传"和"生活作风"是家风的两个重要标签，家风的传承性很大程度体现在生活作风上。生活作风可以分为价值认同与生活方式两个方面，这两个方面并不能完全割裂开。价值认同是生活方式的思想指引，生活方式是价值认同的表现形式。价值认同是家风得以传承的基础，家族的世世代代都认同祖先的价值观，才会践行那样的生活方式。比如，清正廉洁是一种价值观，而勤俭持家便是这种价值观在生活方式上的体现。当然，许多家风、家训并不会将价值观与生活方式区分得非常清楚，因为简单明确的表达更利于流传，如贫贱之知不可忘，糟糠之妻不下堂；无情未必真豪杰，怜子如何不丈夫；君子和而不同，小人同而不和；由俭入奢易，由奢入俭难；勿以恶小而为之，勿以善小而不为；人背信则名不达；少年不知勤学苦，老来方悔读书迟；儿孙自有儿孙福，勿为儿孙做马牛；妻贤夫祸少，子孝父心宽。这种简单明确还体现在对典籍的高度概括上，往往几个字就浓缩了一个思想或一种道理；同时又必须是接地气的表达，因为家族中文化程度不同，若写得艰深拗口，则不易流传。

三、当代家风的文化内涵

从古代优良的传统道德和古代的家训、家风中，特别是从许许多多的革命前辈的红色家风中，结合当代社会生活和家庭美德的要求，我们可以认识到，一个文明、和谐、健康、向上的家风，一般来说要包括以下几个方面的内容：

（一）尊老爱幼的风尚

尊重老人，是中国传统家庭美德中的一个重要内容。从古代的夏、商、周开始，直到中华人民共和国成立，尊老和敬老，一直是中华民族所重视的一种道德风尚。孟子就一再提倡要使"七十者衣帛、食肉"，要使"颁白者不负载于道路"。中国古代的《礼记》还规定"九十者，天子欲有所问，则就其室，以珍从"等。这就是说，如果国家的最高统治者要向九十岁的老人请教问题，必须要亲临其家，还要带上时鲜珍品作为礼物。《孟子·梁惠王上》提出："老吾老，以及人之老；幼吾幼，以及人之幼。"意思是：敬爱自己家的老人，也敬爱别的老人；呵护自己的孩子，也呵护别人的孩子。在传统家庭美德中，不但对老人尊敬，而且在"长"和"幼"之间，也有先后的次序。《礼记·曲礼上》中说："年长以倍，则父辈事之，十年以长，则兄事之，五年以长，则肩随之。"这就是说，比自己年长一倍的人就应当像对待自己的父辈一样来对待；比自己年长十岁的人，就应当像对待自己的兄长一样来对待；比自己年长五岁的人，在同他并行时，一定要跟随在他的后面。按照这样的要求，在家庭中，不仅要孝敬父母，还要尊敬兄长；在社会上，不仅要尊敬老人，还要尊敬所有比自己年龄大的人。当然，在尊老的同时，也要强调爱幼。爱幼就是要正确地关心、爱护和教育子女，要爱子有道，反对宠爱、溺爱和放纵失教。历史进入新时代，批判地继承中国的这一优良道德传统，提倡新的尊老爱幼的美德，仍然有重要的意义。

雷锋乐于助人，在学校是人所共知的。有一天下大雨，河水淹没了小桥，一群一二年级的小同学，上学时不敢过桥，雷锋就一个个地把他们背过了桥去。同班有个同学患了重病不能上学，他就组织队员前去慰问，还经常到她家里给她补课。同学小朱上课不专心，作业做得马虎，字写得歪歪扭扭。雷锋为了帮助他，放学后，情愿多绕点路，也陪着他一同回家，给他讲要努力学习的道理，教给他写字方法。经过多次帮忙，小朱的进步还是不大。有一次，雷锋悄悄地把小朱的作业本拿来，用纸蒙着他的作业本中写得歪歪扭扭的字，一个一个地描下来。第二天，雷锋拿出描的字给小朱看，问他可认得是什么字。小朱认了半天也认不出来，便噘着嘴说：

"这是鬼画桃符，哪像字呀。"

"这些字就是你自己写的呀！"

小朱听了，不禁吃了一惊，心里感到十分惭愧。雷锋又耐心地劝他必须要好好学习。这件事对小朱的教育可大了。从此，他学习认真了，字也写得规矩了，成了班里的一个好学生。

有一天，雷锋看见一位双目失明的老人在山上摸索着砍柴，脚突然踩空了，摔倒在地上。他急忙赶上前去，扶起了老人。雷锋很关心这位没儿没女的贫农老人，经常用课余时间帮老人砍柴、挑水、打猪草。乡亲们看到雷锋这样尊老爱幼，都夸他是个热心的孩子。（"中国文明网"2018年3月3日）

（二）孝敬父母的风尚

中国传统道德和家风，特别重视对父母的孝敬。对一个人的成长来说，在从儿童、少年到青年的很长时期内，都是在父母的抚养、教育和关怀下成长的。父母对子女的爱，是纯真的。在很多情况下，父母为了关心和照顾自己的子女，往往要做出很大的牺牲。正是在这个意义上，中国的思想家们认为，孝敬自己的父母，也是子女的一种起码的义务和责任，是一个人有没有"道德良心"的重要体现。如果一个人对抚养、关心、教育他的父母都没有"爱心"，又怎么能希望他去爱别人、爱人民、爱国家、爱社会呢？中国的思想家们强调，孝为诸德目之本，是一切道德心、感恩心、善心、爱心的源头，是一个人塑造其道德人格的起点。"人不孝其亲，不如禽与兽""乌鸦有反哺之恩，羊羔有跪乳之德"。孝敬父母，敬养双亲，乃是天经地义的法则。孔子及后世的儒家，对"孝"做了极其详细地阐述。"孝"，不但是赡养，而且要"敬"；不但要养体，而且要"养心"，等等。宋明以后的儒家，把"孝"变成了"愚孝"是错误的。但正确地理解孝敬父母的内容和要求，形成新的"孝敬父母"的风尚，对于当代社会，仍然是必要的。我们今天提倡要孝敬父母，绝不是要回到家长制的等级关系中，而是要提倡一种文明、平等的新关系。如果父母的言行是错误的，是不符合我国社会的法律和道德的要求的，子女不但不能顺从，而且应当提出自己的正确意见，来加以纠正。

古代《二十四孝》记载，黄香9岁的时候，母亲早故，黄香跟他的父亲相依为命。家里很穷，根本用不起铺褥。黄香对父亲十分的孝顺。怎样孝顺呢？炎炎夏日，他怕父亲睡不着，那时候又没空调，所以，他就用扇子把父亲睡的席子和枕头给扇凉快了，伺候父亲安寝。在寒冬腊月，天寒地冻，黄香就自己先睡下，用自己的体温去温暖席子，温暖枕头，让父亲能够安寝。所以，这个故事又叫"黄香扇枕"，也就是黄香这个孩子把枕头给扇凉快了。另外也叫"黄香温席"，即黄香把席子给弄暖和了。后来，黄香被称为天下至孝之人。所以，传统中国老百姓之所以明白黄香，乃是因为他是个大孝子。（百度百科"黄香孝行故事"）

（三）勤俭持家的风尚

一般来说，能不能勤俭持家，是一个家庭能否保持兴旺发达的重要因素。一个经济上贫困的家庭，如果能够勤俭持家，就能够逐渐由贫困转入富裕；一个经济上比较富裕的家庭，只有厉行勤俭持家的家风，才能保持长盛不衰。"勤俭"主要包括两个方面的内容：一个是勤劳，就是要勤勤恳恳、热爱劳动，不但把劳动看作谋生的方式和获得财富的手段，而且把劳动视为一种高尚的道德品质，以勤劳为光荣。古人相信："业精于勤荒于嬉，则为士者不可以不勤。"另一个是俭朴，即不奢侈、不浪费、不挥霍、不铺张，不贪图安逸、不追求享乐，即便经济上非常富裕，也仍然以俭朴为荣。勤俭不是一种管理家庭的方法，而是一种崇高的道德品质，这两个方面是相互为用和相辅相成的。历史经验证明，一个家庭如果不能养成艰苦朴素、勤俭持家的家风，子女就必然奢侈浪费，不但不能培养出有作为的子女，而且一个家庭也会很快地走向衰落。

勤俭持家，是朱德家的美德。朱德年幼时，家境十分艰难。但"由于母亲的聪明能干，也勉强过得下去"。这种"聪明能干"，就是精打细算、勤俭节约。1944年，朱德在回忆母亲时还深情地说道："母亲那种勤劳俭朴的习惯，母亲那种宽厚仁慈的态度，至今还在我心中留有深刻的印象"，是母亲"教给我生产的知识和革命的意志""教给我与困难作斗争的经验"。受此影响，朱德始终保持艰苦朴素的作风。战争年代，他是普通一兵，是忠厚随和的伙夫头，是朴素浑如田舍翁的老农民。和平时期，他虽然身居高位，但依然克勤克俭，保持着劳动人民的本色。

同样，朱德也把这一良好的作风传承了下来。他一直要求孩子们艰苦朴素，勤俭节约。他严格控制家庭日常开销，每月的伙食费、水电费、书报费、衣物费、杂支等项目非常细致清楚，孩子们就连添置必要的衣服和用具都要征得他的同意，并一一记账。朱德还会亲自检查这些开支。在他的要求下，孩子们的生活也极其简朴。衣服总是大孩子穿了后再留给小的穿，破了缝缝补补继续穿；鞋子通常是从军队后勤部门买来的战士上缴的旧鞋。而每当孩子们回到家中，朱德都要他们接替服务人员的工作，还经常带孩子们到地里劳动，学习刨地、下种、施肥和管理。他说："你们是劳动人民的子弟，不热爱劳动，不艰苦奋斗，怎么能够为人民服务呢?"1963年12月26日，朱德还给儿子儿媳题词："勤俭建国，勤俭持家，勤俭办一切事业。"（《学习

（四）诚实守信的风尚

诚实是一个人的立身处世的根本，也是家风的重要组成。在家庭教育中，应当特别注意培养子女从小树立诚实守信的品德。如果没有良好家风的培育和陶冶，一个学会了说谎和欺骗的儿童，长大以后，就很难成为一个能够诚实守信的人。中国古代思想家十分重视"诚信"在家庭生活和社会生活中的重要地位。"人而无信，不知其可也""民无信不立"，家庭也是一样。在中国古代的家风中，流传着"曾父烹豚，以教诚信"的故事，充分说明诚信在家风中的重要意义。从一定意义上说，有了诚信的家风，就能够培养和陶冶具有诚信品德的人才。诚信写入社会主义核心价值观之中，成为我们品德修养的基本遵循。诚实守信是市场经济正常运行的最基本、最重要的条件，也是每一个人都应当遵守的一个基本原则。如果不遵守诚实守信这一市场经济的基本原则，伪劣假冒和坑蒙拐骗就会盛行，市场经济也就无法正常运转。因而，诚实守信也是一个重要的社会公德，强调诚实守信的家风的培育，能够对社会公德发生积极的促进作用，有利于全社会道德水平的提高。

曾看到过这么一个故事，清代乾隆年间，南昌城有一家点心店主李沙庚，最初，以货真价实赢得顾客盈门。但其赚钱后便掺杂使假，对顾客也怠慢起来，生意日渐冷落。一日，书画名家郑板桥来店进餐，李沙庚惊喜万分，恭请题写店名。郑板桥挥毫题定"李沙庚点心店"六字，墨宝苍劲有力，引来众人观看，但还是无人进餐。原来"心"字少写了一点，李沙庚请求补写一点。但郑板桥却说："没有错啊，你以前生意兴隆，是因为有了这一点，而今生意清淡，正因为少了这一点。"李沙庚感悟，才知道经营人生的重要。从此以后，痛改前非，又一次赢得了人心，赢得了市场。

李苦禅是我国当代著名画家，他为人爽直，凡答应给人作画，从不食言。有一次，有位老朋友请他作一幅画，李苦禅因有事在身，未能及时完成。不久，当他接到老友病故的讣告后，面有愧色，即趋作画，画了幅"百莲图"，并郑重其事题上老友的名字，盖上印章，随即携至后院，将画烧毁。事后，对儿子说："今后再有老友要画，及时催我，不可失信啊！"（《创新作文》2006 年 5 月 17 日）

革命烈士李才莲与妻子池煜华的故事非常感人：池煜华是江西省兴国县人，因为家贫，在 9 岁时就做了别人的童养媳。而抚养她的那家人，便是李才莲的父母。彼时的李才莲只有 6 岁，只知道家里来了一个小姐姐，却不知道对他意味着什么。14 岁从清源小学毕业后，李才莲于 1928 年参加秘密农会，开始走上革命的道路。同年冬，他加入了中国共产党。

尽管，李才莲自幼与池煜华一起长大，却严守组织和党的纪律性，并未告知她自己真正的事业。直到新婚之夜，李才莲才告知妻子池煜华自己共产党员的身份。1929 年大年初二一早，新婚的第三天，池煜华天不亮便起床，悄悄将上前线的李才莲送到了村口。李才莲告诉池煜华："守好家，等我回来。"池煜华牢记丈夫的话，替他守了一辈子家。

而在与妻子分别后，李才莲就带着一些乡亲加入了红军的队伍。1930 年，因工作需要，李才莲调离兴国，到驻信丰的赣南行委办事处做青年工作。随着思想的日渐成熟，李才莲又跟随中共西河分委书记陈致中调到上崇苏区，担任少共上犹中心县委书记兼少共营前区委书记。因为年纪不大，所以李才莲很能带动青少年的革命气氛。

1932 年，红三军围攻赣州，李才莲率上崇苏区少先队参战。少先队员年龄小，不能上前线。李才莲便带着他们组成运输队，为红军运送粮食和弹药，配合正规部队作战。而池煜华在李才莲走后，也担任了区苏维埃妇女部长，像丈夫嘱咐的那样，在守好家、多识字的同时，多为红军做事，等着丈夫凯旋。

1933 年，李才莲由于在少共工作中表现出色，调任中共江西省委儿童局书记。同年，中共中央发出扩大红军的号召，李才莲利用儿童对他们的父亲和兄长进行宣传，短短一段时间，李才莲就扩到了几千名红军战士。1934 年 9 月，李才莲回兴国老家动员少先队补充红军。由于太忙，他没时间回家看望妻子，只好写信让妻子到县城见面。

但是等池煜华接到信时，已经错过了二人约定的时间，两人只有自慰"以待来年"。但谁能想到，他们此生却再也见不到彼此了。1934 年 10 月，中央红军主力长征。苏区仅留下由项英、陈毅等直接领导的中央机关和地方党政机关，以及少数武装坚持游击战争。李才莲任少共中央分局书记，并任中共中央分局委员。

1935 年 5 月的一天，李才莲在带领战友们突围时，被队伍中的警卫班副班长出卖，遭开枪射杀，死时年仅 22 岁。而池煜华此后一直打听丈夫的消息，却杳无音信。有人告诉她："李才莲死了！"她却想起丈夫说的："不要轻信谣言！"但她找遍了整个赣南山区，都没找到丈夫的踪迹。1949年兴国县城解放后，她连夜跑到县城去找丈夫，也没能找到。

就这样，池煜华一直守着家，等着丈夫回来。直到1983年，民政部才查实李才莲已牺牲，池煜华收到了一张烈士证。但她依然每天起床后都要到门口张望一下，等几分钟。然后再慢慢转身回家洗脸，摸索出丈夫给她的小镜子细细梳头……（《解放军报》2016年6月12日）

（五）勤奋好学的风尚

"励志勉学""诗礼传家"，是中国家风中的一个更重要的要求。不但在知识分子的家庭中，而且在广大劳动人民的家庭中，"知书识礼"也是人们所追求的一个高尚目标。"孟母三迁，断机教子"，就是说的孟轲的母亲如何为了给他营造一个好的学习环境而多次搬家，并因为他中断学习而割断了织机的故事。欧阳修的《诲学说》："玉不琢，不成器；人不学，不知道。然玉之为物，有不变之常德，虽不琢以为器，而犹不害为玉也。人之性，因物则迁，不学，则舍君子而为小人，可不念哉？"强调了学习的重要性。一个养成了勤奋好学家风的家庭，就能使所有的家庭成员，将一切可能利用的时间和精力，用在对知识的追求上，就能使每一个人在勤奋好学中不断得到提高。在家风中，"勤奋好学"，一般有两个方面的内容：一是学习文化和科学技术知识，二是学习有关思想道德修养方面的知识。在中国传统道德的家风中，尤其重视道德品质的陶冶，认为要在子女幼小时，及时地加强思想品德方面的教育，以家长自身的言传身教为示范，在家庭生活的潜移默化中，陶冶儿童的性情，塑造儿童良好的道德品质。

古代流传至今的"头悬梁、锥刺股"的故事就非常感人：东汉时，有一个叫孙敬的年轻人，孜孜不倦勤奋好学，闭门从早读到晚，很少休息。但是，学到三更半夜的时候很容易打瞌睡，为了不影响学习，孙敬想出了一个办法：他找来一根绳子，一头绑在自己的头发上，另一头绑在房子的房梁上，这样读书疲劳打瞌睡的时候只要头一低，绳子牵住头发扯痛头皮，他就会因疼痛而清醒起来再继续读书。战国时期的苏秦是一个有名的政治家，但是他在年轻的时候学问并不多，到了好多地方都没有人关注，即使有雄心壮志也得不到重用，于是他下定决心发奋图强努力读书。由于他经常读书读到深夜，疲倦到想要打盹的时候就用事先准备好的锥子往大腿上刺一下，这样突然的痛感使他猛然清醒起来，振作精神继续读书。

学习，是影响朱德一辈子的事情。为"培养出一个读书人来'支撑门户'"，朱家节衣缩食送朱德走上了学习的道路，从而改变了他的命运。学习，也是朱德一辈子最为关注的事情。他常用"革命到老，学习到老，改造到老"鞭策自己，并且强调"不学习就会落后，就不能跟社会一道前进"。

他循循善诱地教育子女努力学习。中华人民共和国成立前后，女儿朱敏还在苏联学习，每次回国朱德总要问她是不是学习了毛主席著作。由于朱敏从小生活在国外，中文水平较差，朱德就戴上老花镜，让朱敏坐在他身边，教她一字一句地读。他一边读，一边讲解，每讲完一段就问她懂了没有。如发现她哪些地方还未理解，就一遍又一遍地重新讲解，直到她真正弄懂为止。朱敏结婚时，朱德送给她的礼物也是刚刚出版的《毛泽东选集》。

他亲自教导孩子掌握学习的方法。当孙辈逐渐长大时，朱德开始教他们读毛泽东的书。他不但给孩子们划出学习的篇目，提出思考的问题，而且还指导孩子们写读书笔记。有时，他还检查孩子们写的笔记，哪个孩子没有写，他就严肃地批评说："不写，一是怕写不好，丢面子；二是怕艰苦，贪玩。"

他还组织家庭集体学习，将每次的家庭聚会变成了学习日。朱德对孩子们说："你们平时都有革命工作，凑到一起很不容易，要利用这个机会交流学习体会。"只要他在家，都是他亲自主持学习，从不间断。他还经常让孙辈围坐在他面前，让他们轮流领读毛泽东著作，并让孩子们讲书里的意思，谈自己的体会。（《学习时报》2018 年 8 月 27 日）

四、青年干部要做优良家风的建设者、实践者

党员干部的家风事关党风政风。一个社会的良好民风，是以千千万万家庭的良好家风为基础的；一个执政党的良好党风政风，也与广大党员干部的良好家风密切相关。但要建设优良家风、实践优良家风，我们首先要认识不良家风的危害。

（一）党员干部家风不正的各种表现

"治人者必先自治，责人者必先自责，成人者必先自成。"党员干部要从严管理亲属子女，正家风、正门户，真正做到为党工作、为民掌权。然而，现实中一些党员干部为了"小家"不顾"大家"，为了"亲情"不惜"徇情"，最终因为治家不严、家风不正，在亲情面前丧失了原则和底线，走上

了违纪违法之路。从近几年查处的腐败案件看，"丈夫办事、妻子收钱"之类的家庭式、家族式腐败案例时有发生。反观这些腐败分子的堕落轨迹，大都是从家风开始的。有的对家属的不合理要求百依百顺，不惜铤而走险、贪赃枉法；有的搞子女火箭式升迁、亲属承揽工程捞大钱；有的漠视亲属子女违法乱纪，甚至利用权力干预司法公正；等等。

染于苍则苍，染于黄则黄。一个党员干部的家风如何，对他自己能否廉洁从政、子女能否健康成长、家人能否树立正确的价值观都有着重要影响。作为一名党员干部，一项重要的任务就是像端正党风那样带头树立良好家风，自觉摆正亲情与党性、家风与党风的砝码，对家属和子女不能不闻不问，不能不加约束，不能听之任之。只有这样，才能为自己的家庭筑起一堵结实的"防腐墙"。

有记者统计发现，2021年以来，中央纪委国家监委网站审查调查栏目发布的通报中，有70多名领导干部涉家风问题。其中，中管干部15人，其他领导干部60多人。（"中国青年网"2021年12月14日）

北京大学廉政建设研究中心副主任庄德水说，实际上，从党的十八大以来，很多领导干部的落马，跟领导干部家风不正，对配偶、子女等亲属失管失教有直接关系。可以说，在党员干部腐败的背后，往往存在"贪内助""衙内腐"甚至"全家腐"等问题。从腐败案件的发生情况看，最典型的就是党员干部通过其配偶、子女等经商办企业的形式逃避组织追责，甚至形成一条固定的利益输送通道，危害不小。由此可以看出，家风不仅是党员干部个人家庭的事情，而是事关党风、政风和民风。党员干部家风败坏，就会破坏党风、政风和民风。

党员干部家风不正的表现有："直接操盘"型、"垂帘听政"型、"吹枕边风"型、"人间蒸发"型、"反目成仇"型、"代夫出征"型、"理财助手"型、"疯狂代收"型、"狼狈为奸"型。

因此，必须管好亲属和身边工作人员，加强家教家风，不可放纵，不可"护犊子"，一定要教育督促他们走正道，不走歪门邪道。

（二）党员干部家风建设意义重大

近年来，随着社会对家风家教建设的肯定和重视，特别是习近平总书记对家风家教和家庭建设的极力倡导，家风建设掀起了新的高潮。习近平总书记多次强调家风建设对于党风政风的重要性，2016年12月12日，习近平在会见第一届全国文明家庭代表时的讲话中指出："领导干部的家风，不仅关系自己的家庭，而且关系党风政风。各级领导干部特别是高级干部要继承和弘扬中华优秀传统文化，继承和弘扬革命前辈的红色家风，向焦裕禄、谷文昌、杨善洲等同志学习，做家风建设的表率，把修身、齐家落到实处。各级领导干部要保持高尚道德情操和健康生活情趣，严格要求亲属子女，过好亲情关，教育他们树立遵纪守法、艰苦朴素、自食其力的良好观念，明白见利忘义、贪赃枉法都是不道德的事情，要为全社会做表率。"家是最小国，国是千万家。家庭是社会的基础细胞，是基本社会组织，是每一个人的亲情港湾，也是每一个人的第一所学校，更是中华传统伦理道德文化的起点。家道正，则天下定。重视家风建设，弘扬传统文化，发扬传统道德，对于今天我们弘扬社会主义核心价值观、实现中华民族伟大复兴的"中国梦"，都有重要的意义。

家风是一个家庭的精神内核，也是一个社会的价值缩影，家风的优劣关乎党风政风民风的好坏，关系到党和社会主义事业的大局，党员干部家风建设，是党风政风民风建设的重要基石。传承好家风，树立好作风，是每一位党员干部的"必修课"。

一是党员干部的家风建设是弘扬马克思主义优良学风的时代要求。家风蕴含学风，学风彰显家风。家风和学风都是提高人的境界和素质、促进人的全面健康发展的精神力量，二者互为补充，相辅相成。一个人从家庭走向社会、从起步到成长，是家风和学风相互衔接、共同孕育的结果。我国自古有耕读传家、诗书传家的传统。耕田可以事稼穑，丰五谷，养家糊口，以立性命；读书可以知诗书，达礼义，修身养性，以立高德。"人遗子孙以财，我遗之以清白""遗子黄金满筐，不如一经"，是脍炙人口的家训；"孟母三迁"的故事，反映了优化从学环境的家风；"有子孙有田园，家风半耕半读，但以箕裘承祖泽"的家教，营造的是耕读之家、孝友之家。这些都启示我们，解决学风问题要从家风入手，以优良家风促进良好学风。

党的十八大报告提出，建设学习型、服务型、创新型的马克思主义执政党。党员干部要树立"好学才能上进"的思想，大力弘扬马克思主义优良学风，需要从家风建设中汲取营养。经验表明，家庭是人生的"第一所学校"。党员干部在这所"学校"里的成绩单如何，既是家风的写真，又是学风的写照。一个学习型党员干部，背后往往有一个重视学习的家庭。不学习是家庭建设的软肋，缺少书香浸润的家风难免底气不足。同时，重视学习的家风是价值观养成的"第一粒扣子"。好的家风，往往包含学以明志、学以修身、学以益智、学以致用的优秀元素，是党员干部世界观、人生观、权力观、政绩观形成的"大本营"。把这些元素提炼出来，加以新的阐释、赋予新的意义，内化于心，外化于行，往往会成为党员干部把握理想信念"总开关"、练就服务人民"真本领"的宝贵遗传基因。此外，家园是党员干部终身学习的"第一大课堂"。由于工作性质原因，党员干部不可能都利用工作时间来学习，除了提倡工作学习化、学习工作化外，还要把家庭当成最主要的学习场所，让"白天走干讲，晚上读写想"成为常态，使家园成为自己终身学习的"宁静港湾"。所有这些都说明，坚持以学兴家，养成好学向上的家风，是党员干部树立优良学风的重要源泉。

二是党员干部家风的建设是涵养治国理政、清朗政风的现实需要。家是最小的国，国是最大的家。高度融合的家国情怀是中华民族家风的至善境界。一方面，家风夯实政风的基石。清正的家风能守住从政的本色，向国家注入道德的正能量，带来家风正则政风清、政风清则社稷兴的可喜变化。古人讲："天下之本在国，国之本在家""正家而天下定矣""一屋不扫，何以扫天下？"这些家训显示，在"齐家治国平天下"的从政伦理文化模式中，中华儿女的良好家风是国家走向繁荣昌盛的基础和源泉。另一方面，政风提升家风的境界。从政者必须坚持天下为公，发扬"舍小家，顾大家"的精神。无数仁人志士少小离家，有的三过家门而不入，不是因为没有家的情结，而是把为国建功立业看得更高更重。历史上，不论是岳飞"北虏未灭，何以家为"的抱负，还是陆游"家祭无忘告乃翁"的执着，都是"国家好，民族好，大家才会好"的见证。因此，有作为的执政者历来都会把家风建设作为治国理政的基础环节来抓。

党的十八大以来，以习近平同志为核心的党中央提出了一系列新理念新思想新战略，开辟了治国理政的新境界。以良好家风净化政治生态，能够帮助党员干部树立山清水秀的清朗政风。家风对政风的促进作用主要表现在：好家风能涵养忠诚报国的好政风。忠义传家、精忠报国是中华民族优良家风的精髓，党员干部要把这种家风移植到自己灵魂深处，更加自觉地坚持仰望星空、脚踏实地，把治家与治国统一起来，以对党和人民的绝对忠诚，更好担负实现中华民族伟大复兴的使命。好家风能滋养勤俭建国的好政风。以俭持家、勤俭兴业是中华民族优良家风的基因，领导干部要把这种家风沿袭下去，牢记"凡仕宦之家，由俭入奢易，由奢返俭难"的古训，把节俭持家与勤俭兴业结合起来，不断发扬艰苦奋斗的精神，推动中国特色社会主义事业欣欣向荣。好家风能培养实干兴国的好政风。实干旺家、崇尚实践是中华民族优良家风的特质，党员干部要把这种家风转化为实际行动，发扬"家和万事兴"的传统，牢记"实干兴邦"的道理，坚持在实践中锻炼成长，努力创造经得起人民检验的满意政绩。这些都表明，学习和传承充满家国情怀的好家风，有利于党员干部树立治国理政的好政风。

三是党员干部家风的建设是持续深化党的作风建设的重要抓手。家风反映作风，作风影响家风。一个清廉的家风，能养成廉洁的作风。反之，如果家风不廉，就很容易变成滋生腐败的温床。从大量揭露出来的违纪违法案件来看，很多腐败之祸的起因，"不在颛臾，而在萧墙之内也"。"官本位"的封建意识，"封妻荫子"的特权思想，"一人得道，鸡犬升天"的丑陋规则，使腐败在一些党员干部的家庭中打开了缺口。因家风不廉引来的"家祸"，令心存侥幸者胆战心惊。事实证明，出问题的党员干部普遍家风不正、家教不严。正家风已成为正作风、正党风的紧迫要求。

党的十八届六中全会对推进全面从严治党做了战略部署，要求党员干部注重家庭、家教、家风。推进全面从严治党向纵深发展，必须抓住党的作风建设这个着力点。而清廉的家风，是我们党立党为公、执政为民本质的反映，是党员干部"心中有党、心中有民、心中有责、心中有戒"的外在表现，无疑是抵御腐败的重要防线，是加强作风建设的重要突破口。首先，这是推动作风建设由单打独斗向系统作战转变的必然选择。把作风建设的触角延伸到家庭，说明要把作风建设当成一个系统工程来抓，而家风就是这个系统中环环相扣、不可或缺的重要一环。这也表明，今后的反腐败又有了新思路、新抓手。其次，这是推动作风建设由八小时内向八小时外延伸的必然结果。事实上，大量腐败案件不是发生在八小时之内，而是发生在八小时之外；不是发生在工作单位，而是发生在家庭"后院"；不是由党员干部自己经手，而是由家人"代劳"。对走在危险边沿的党员干部，如果家人拉一把，就会悬崖勒马；如果家人推一把，就会跌入深渊。所以，党员干部要让廉洁守家成为自身为官从政的"护身符"、子女成长进步的"助推器"、家人平安的"保护伞"。再次，这是推动作风建设由关口滞后向关口前置转移的必然要求。党员干部的腐化有个从量变到质变的过程，反腐败不应停留在事后案件的查处，更应把握好影响党员干部变化的过程因素，做到防微杜渐、预防在先。树好家风，管好家人，处好家事，找到了作风建设的病根，标志着反腐败的关口由结果向过程转移。这些都表明，养成廉洁的好家风，是加强党员干部作风建设的重要举措。

四是党员干部家风的建设是促进社会风气根本好转的有效途径。家庭是社会的细胞，社会是家庭的肌体。家庭作为社会风气寓居的小环境，既受大环境影响，又影响大环境。一个社会能否形成好的风气，无形而又无处不在的家风，往往是无言的教诲、无字的典籍、无声的力量。如果一个家庭的家风向上向善，家庭成员在家风约束下具有良好的道德操守，那么在融入社会的过程中，就会自觉或不自觉地影响到他人，进而助推整个社会道德水准提升。因此，好的家风蔚然成风，好的社会风气才会水到渠成。良好的家风是形成优良社会风尚的基础，是建设中华民族共有精神家园的题中之意。

培育和践行社会主义核心价值观，是推进中国特色社会主义伟大事业、实现中华民族伟大复兴中国梦的战略任务，也是全社会的共同责任。2014年5月4日，习近平总书记在北京大学师生座谈会上发表重要讲话时指出："核心价值观，承载着一个民族、一个国家的精神追求，体现着一个社会评判是非曲直的价值标准。核心价值观，其实就是一种德，既是个人的德，也是一种大德，就是国家的德、社会的德。国无德不兴，人无德不立。如果一个民族、一个国家没有共同的核心价值观，莫衷一是，行无依归，那这个民族、这个国家就无法前进。"

可见，践行核心价值观是实现社会风气根本好转的直接推动力量。而家风作为家庭信仰，是一个家庭的精神内核，也是一个社会的价值缩影。家风之所以能通过塑造家庭核心价值，进而潜移默化地影响整个社会风尚，是由多种因素决定的。其一，家风在社会风气的养成中具有价值奠基作用。家庭美德是社会公德的基石。家风既是社会主义核心价值观的微观基础，是核心价值观在社会生活中的直观体现，又是培育和践行社会主义核心价值观的突破口，是坚持落细、落小、落实，促进核心价值观日常化、生活化、社会化的具体举措。其二，家风在社会风气的培育中具有价值规范作用。家庭是锤炼社会道德品行的熔炉。从表面上看，家风规范的是如何做人、做官、做事，但对这些规范的遵守和坚持，其背后追求的是正确的价值取向，目的是培养合格的社会公民。其三，家风在社会风气的变化中具有价值维系作用。家风承载着社会向善的精神之钙。不管社会条件如何改变，不管社会思想如何多元，不管社会人口如何流动，不管社会结构如何变化，家风仍是当代中国人不可或缺的精神血脉，是团结和维系每个成员并能引起共鸣的价值脐带。所有这些都表明，加强党员干部家风建设，既是引领社会风气的"风尚标"，也是净化社会风气的"清新剂"。（参考《经济日报》2017年4月7日《领导干部要带头抓好家风》一文）

（三）加强党员干部家风建设要处理好几个关系

加强党员干部家风建设要处理好如下3个关系。

一是弘扬革命家风与传承民族优秀家风相统一。《大学》云："所谓治国必先齐其家者，其家不可教而能教人者，无之。"习近平总书记在引用这句话后强调指出："领导干部的家风，不仅关系自己的家庭，而且关系党风政风。各级领导干部特别是高级干部要继承和弘扬中华优秀传统文化，继承和弘扬革命前辈的红色家风，向焦裕禄、谷文昌、杨善洲等同志学习，做家风建设的表率，把修身、齐家落到实处。"他还指出，在培育家风方面，老一辈革命家为我们树立了良好的模范，毛泽东、周恩来、朱德等老一辈革命家都高度重视家风。这就鲜明地指出，党员干部的家风建设要从我们民族的前贤时哲汲取家风文化滋养。既要传承和弘扬老一辈革命家不搞特权、清廉自守、生活俭朴、严格要求子女的红色家风，学习焦裕禄、谷文昌、杨善洲这些楷模的优秀家风，也要传承和借鉴我们民族优秀传统家风。

古时，那些子孙多贤达、功业多卓著的名门，无不与其良好家风的传承息息相关。北宋杨家兴隆三代，将帅满门，人人忠肝义胆、战功卓著。究其缘由，不由感叹"杨家儿孙，无论将宦，必以精血肝胆报国"之家风的分量。而山西祁县乔家堪称晋商翘楚，兴旺百年，人才辈出，其原因亦在于以家规家风正人兴业。

近代以来，无数革命先辈功勋卓著，其建功立业的精神品质既来自革命斗争的历练，也得益于优良家风的熏陶。可以说，从古至今，对每一个业有所成者而言，有什么样的家风熏陶，就有什么样的精神境界和价值追求，也就会有什么样的人生格局，某种程度上也决定着其成就大小。

红色家风、时代家风和优秀传统家风共同构成了我们民族的家风文化，更应成为党员干部家风建设的丰富滋养。

二是严以律己与严以教家相统一。2018 年 3 月 10 日，习近平总书记在参加重庆代表团审议时强调："严私德，就是要严格约束自己的操守和行为。所有党员、干部都要戒贪止欲、克己奉公，切实把人民赋予的权力用来造福于人民。要把家风建设摆在重要位置，廉洁修身，廉洁齐家，防止'枕边风'成为贪腐的导火索，防止子女打着自己的旗号非法牟利，防止身边人把自己'拉下水'。"他要求党员干部要加强自我约束，坚决反对特权思想，教育管理好配偶和亲属，共建家庭防线，共筑拒腐屏障，使廉洁家风落在实地。

　　注重家庭家教家风的内容已被写入《民法典》等法律法规。党的十八大以来，新修订的《关于新形势下党内政治生活的若干准则》《中国共产党纪律处分条例》等党内法规，明确要求加强党员干部的家庭教育和家风建设。2021 年 7 月，中宣部、中央文明办、中央纪委机关等联合印发《关于进一步加强家庭家教家风建设的实施意见》，明确指出：要以习近平新时代中国特色社会主义思想为指导，立足新发展阶段、贯彻新发展理念、构建新发展格局，以培育和践行社会主义核心价值观为根本，以建设文明家庭、实施科学家教、传承优良家风为重点，强化党员和领导干部家风建设，突出少年儿童品德教育关键，推动家庭家教家风建设高质量发展。

　　周恩来十分重视家风建设。他没有亲生孩子，但周家是一个大家庭，像普通家庭一样，也有生老病死、就业上学等问题。怎样对待这些问题，建设什么样的家风，是中华人民共和国成立后，周恩来时时在考虑并着力解决的一个问题。他不但用自己的工资资助亲友长辈，以减轻地方政府和社会的负担，还主动担负起教育引导周家年轻一代的责任，在大家庭内部建立起一种良好的家风。

　　在江苏淮安周恩来纪念馆的展板上，醒目地写着"周恩来的 10 条家规"，家规中要求：晚辈不能丢下工作专程进京看望他，只能在出差路过时才可以去看看；外地亲属进京看望他，一律住国务院招待所，住宿费由他支付；一律到国务院机关食堂排队就餐，有工作的自付伙食费，没工作的由他代付；看戏以家属身份购票入场，不得享用招待券；不许请客送礼；不许动用公车；凡个人生活中自己能做的事，不要别人代劳，自我服务；生活要艰苦朴素；在任何场合都不能说出与他的关系，不要炫耀自己；不谋私利，不搞特殊化。这 10 条家规，是周家晚辈根据周恩来平时对他们的教育总结出来的。周恩来没有写在纸上，而是写进了后辈们心中。

从这 10 条家规可以品出，周恩来对亲属晚辈的要求十分严格，也十分具体、细致，细微中透着关怀。周尔均是周恩来的堂侄、国防大学原政治部主任。1953 年，他在部队被批准入党，很兴奋，立即把这个消息写信报告给了周恩来和邓颖超。很快，邓颖超代表周恩来写了回信，在祝贺的同时，提出三个必须："今后你必须加强党性锻炼，克服非无产阶级的思想，不断地为着党员的八条标准而努力，不要辜负了光荣的共产党员的称号，争取如期转为正式党员；你必须注意密切地联系群众，关心群众，向群众学习，才能更好地为人民服务；你自知应不骄不馁，但必须从思想上、行动上不断地实践为要。"周尔均深有体会地说：伯伯对我们的要求"看似无情胜有情""他对我们晚辈的严是一种真正的爱，发自内心的爱"。

周尔均的体会是十分准确的。周恩来虽然对亲属要求很严，但却是一个充满温情、恪守孝道的革命者。他年轻时在海外求学，因曾经照料过自己的八叔父去世悲痛万分。在战争年代，他把父亲接到身边养老送终。装着父亲遗像的皮夹，他贴身带在身边了几十年。在迎接解放的日子里，他想起早已去世的母亲，含着眼泪对记者说："35 年了，我没有回家，母亲墓前想来已白杨萧萧，而我却痛悔着亲恩未报。"（《学习时报》2017 年 2 月 3 日）

三是爱小家与爱大家相统一。党员干部带头发挥崇德教家、修身守正的示范作用，着力培育清廉淳朴的优良家风，必将促进新时代仁爱和美、积极向上的社会风尚的形成。

作为党和国家的领导人，朱德"历来听党安排，派什么做什么，祈无顾虑"。而作为家长，朱德却对后辈有着严格的要求。

他要求孩子们不要有特殊思想。朱德跟家人约法三章：不准搭乘他使用的小汽车；不准亲友相求；不准讲究吃、穿、住、玩。他常说：粗茶淡饭，吃饱就行了；衣服干干净净，穿暖就行了。不然就不能到工农中去了。干部子女往往自以为比别人优越，这是十分要不得的。

他要求孩子们要自力更生，艰苦奋斗。朱德一直强调：生活上你们要自力更生，不要依靠我，也不要靠我去当官，一定要靠自己的才能和实干为国家做出贡献。"要接班，不要接官，接班就是接为人民服务的思想和本领。"儿子朱琦曾在战斗中负伤，转业时朱德叮嘱他：转业到哪里，安排什么工作，要完全听从组织分配；无论做什么，都是革命的需要，都要干好，务求上进。朱琦后来被分配到石家庄铁路机务段，从当练习生干起，再当司炉，而后才当上司机。女儿朱敏一直从事着普通的教师工作。朱德要求她搬到学校住，不要老回家，要好好工作，和群众打成一片。

他要求孩子们守规矩，讲纪律。他在家中既不讲党内和工作上的事情，也从不夸耀自己的过去。孩子们回忆说："他老人家的保密观念极强，有些密级很高的事情他连与他一起战斗一生的奶奶都不讲。很多事情我们也是从解密的资料中了解到的。"他更要求孩子们弄清公私之分。他常说："我是无产阶级的一员。我的东西都是公家的，我死后一律上缴，只有我读过的马列和毛主席著作，你们可以拿去学习""我只有两万元存款，我死后把它交给组织，做我的党费"。（《学习时报》2018 年 8 月 28 日）

和青年干部谈副职

任何一个领导者在其职业生涯当中，都不可能总是处在正职的位置上，一个领导者今天可能是一个单位的正职，过一段时间又可能成为另一个单位的副职，职业生涯总是处在这种正副职不断交替的状态中。如果，职业生涯总是处在正职的岗位上是极其稀罕的。在这个世界上，没有永远的正职，也没有永远的副职。

因此，任何一个领导者都应该学习和掌握当好领导副职的本领。副职是因为正职的存在而存在的，没有正职就没有副职。作为青年干部在个人的成长历程中，可能要多次担任副职，才能担任正职，当好副职是担任正职的必要条件，很少会有人没有担任过副职就担任正职的。副职是正职未来的潜在接班人，这是不争的事实。因为，担任副职的过程就是向正职学习、借鉴的过程，是一个知识和能力积累到升华的过程，一个优秀的副职才可能赢得组织、领导的认可并胜任工作，从而最终走向正职，或者从更高的副职成长为更高的正职。

可能有的人感觉副职的责任轻、压力小，天塌下来还有正职顶着，不需要担当重责，这种看法显然是偏颇的。事实上并不是这样的，更多的人会有这样的感叹："当副手好当，当一个好副手难当。"原因在于副手的"标准难辨，期待难许，角色难演，位置难摆，工作难做，权力有限，责任无限"，副职在领导群体中发挥着承上启下、分工负责和参与决策的重要作用。也就是说当一个合格的或者优秀的副职很难，当一天和尚撞一天钟的副职就容易多了。

领导副职最显著的特征就是配合，其实也就是配角。虽然是配合、配角却是不可或缺的，甚至非常重要的。

古代有一则寓言，说的是有一个姓石的匠人有一手绝活，就是抡起大板斧，砍一个叫作赢的人鼻尖上的灰，他砍下去的时候，能把赢鼻尖上的灰砍掉，而丝毫不会伤到郢。宋元君听说了这件事，就希望姓石的匠人到皇宫里表演一下这手绝活。但是，姓石的匠人说："我已经表演不了这个绝活了。"宋元君问为什么，他说："因为和我配合的那个叫郢的人已经死了，得病死了。"

由此可见，这个配角，或者做配合工作的人，在一个事物发展的过程中是不可缺少的，如果没有这个叫郢的人，石匠的绝活就不能表演了，因为不是一般的人就能替代郢的，对于配合的人，是有一系列特殊的要求的。

也就是说，一个单位的正职就如同姓石的匠人，而副职就如同郢，正职要演好一场戏、要演奏一首乐曲、要实现一个宏伟目标，没有副职的完美配合是不可能达到预期的效果的。

当然，当好配角也是需要讲究艺术的。凡是做得好的副职，有成就的副职，受到人们尊重的副职，都有自己独到的处世艺术。

一个好的副职对正职来讲，是非常重要的。如果一个副职领悟能力、协调能力、沟通能力、执行能力等都很弱，即使正职有再好的想法、再宏伟的计划都无法有效实施，甚至会适得其反。一个单位里正职和副职之间其实并没有多大的利益冲突（除非某一方想以权谋私、想拉帮结派），但往往因为某些时候缺少有效沟通而出现了矛盾，导致一些干部不得不将一些精力放在处理类似问题上，导致一些单位产生内耗。这种现象在一些机关单位具有一定的代表性，如果处理不善，往往会让单位的管理陷入被动之中，甚至会造成单位内部关系的不团结、不和谐。当然，有的是因为正职民主作风不够，大权独揽，搞一言堂，或是正职对副职这个潜在的替代者有防范之心，对副职缺乏必要的尊重，结果造成副职的反感甚至引发矛盾；但更多的则是副职对自己定位不准，有越权、揽权或者懒政、怠政现象，无视正职的存在，从而引发了矛盾。因此，做一个优秀的副职首先要找准自己的定位。

一、领导副职的角色定位

当一个优秀的领导副职，明确角色定位是关键。在各级各类领导班子中，副职是一个人数众多、角色多元、履职权力变化大的特殊、重要的领导群体。副职对自己的角色应这样理解：在职务上是配角，但在对下属部门的管理和协调中就是主角；在班子内的决策上是配角，但在执行的过程中就是主角；在领导集体中的地位是配角，但在相互沟通中就应该是主角；在排忧解难时是主角，但在涉及名利时就是配角；在维护集体领导核心方面是主角，在形成集体领导核心方面就是配角。

总之，到该出手、该出力、该担责的时候副职就是主角。

（一）领导副职是决策的"参谋员"

有人研究过，在一个领导群体中，人们常常花费 70% 左右的时间在做沟通工作，而仅用 30% 的时间用于做决策。科学决策需要科学的参谋活动支持，参谋活动本身又是为科学决策服务的。决策前的准备工作是进行科学决策的基础，也关系到决策的成败与效果。由于职能分工原因，副职接触、了解所分管的业务情况比较全面具体，对相关或相邻的情况，也相应知道多一些，为副职当好正职领导的"参谋员"提供了信息条件。决策过程是一个系统工作，有一套科学的程序，但是在未形成决策之前，正职通常都要征求或者听取副职的意见，希望副职及时出谋献策，提供相关的准确信息，避免盲目决策。因此，副职要履行自己的职责，克服"与己无关""说了也白说"的消极心理，要履职到位，主动开展决策调研，多开动脑筋，多思考问题，勤收集相关的资料，提供相关的正确信息，与正职形成互补思考，多从全局谋划，审时度势，消除思考盲区，及时、主动地建言献策，为正职的最后决策当好称职的参谋员。但是，最忌讳的是副职工作作风不实，有的副职沉湎于办公室的报纸、茶水之中，不愿深入基层，不主动接近一线干部职工，只听取一些简单汇报，没有去伪存真的分析归纳，甚至道听途说，偏听偏信，浅尝辄止，为正职领导决策提供不真实的数据，甚至误导正职领导，导致决策失误，给事业造成重大损失，导致正副职领导都被问责追责。

（二）领导副职是政策的"执行官"

在集体领导分工负责的领导体制下，要将各项政策执行好，副职一般都要承担着一定的执行责任。一个正确的政策能否实现顶层设计的效果，主要看执行如何，而副职的责任心和执行力，无疑影响到效果的落实。副职的政策水平高，责任心强，管理协调工作到位，就能保证各项政策在本单位、本部门的贯彻落实。否则，再正确的政策也是"纸上谈兵"，会在落实中走了样。副职领导要按照班子的分工执行好各项政策，确保政策在自己分管的范围内不变形、不走调，必须强化责任意识、时效意识、全局意识和政治意识，不能拈轻怕重，不能应付了事，不能只考虑自己的"一亩三分地"，要做到接受任务不找借口、执行任务不讲困难、完成任务不搞浮夸，坚决克服"议而不决、决而不行、说而不做、做而不实"的不良风气；要善于处理好影响执行的各种利益关系，坚持原则性，少点灵活性，在个人利益与集体利益发生矛盾之时，坚持集体利益高于个人利益的原则，切忌搞变通，不断探求高效执行的路径和方法；要善于用活其他执行力量，千方百计调动干部职工积极性，发挥好党员、骨干的作用，形成执行的有效合力。

（三）领导副职是协调的"先头兵"

协调是现代领导实践的重要环节，是理顺上下左右各种关系所做的必要工作。凡进行领导活动总离不开协调，协调是副职的领导职能实现的重要条件，要求副职在"上行协调、平行协调、下行协调"等三个层面发挥作用，对各方的利益、思想、权利、目标和信息进行全面协调，力求减少"摩擦"，增加"润滑"，使本单位的活动同步化和和谐化。副职在协调过程中，要有全局观，不能感情用事，避免主观臆断，注意语言艺术，力避轻易许诺，否则，协调工作无法正常进行，甚至还可能把事情搅乱，最后还得请正职出来协调解决。那么，这种协调只能算失败的协调，副职必须尽力避免，否则即使付出多倍的努力也不一定恢复到原来的局面。

（四）领导副职是团结的"黏合剂"

在领导班子中，副职在数量上通常占有多数，但是，为了班子的团结，为了班子的集中统一，同心协力干事业，副职要尊重正职，这种尊重不等于阿谀奉承，不等于吹吹拍拍，不等于唯命是从，而是信赖、支持和维护。从高处讲就是遵守政治纪律和政治规矩的表现，欺上瞒下、拉帮结派是与党性修养的要求背道而驰的。在工作上，副职对正职要配合，生活上要关心，遇到困难要帮忙，不同意见要及时交换，对正职交办的工作不打折扣，不敷衍塞责。副职与副职之间，是一种分工与合作的关系，但客观上存在着既是天然的"合作者"，又是潜在的"竞争者"这种微妙的人际关系，副职应逐步建立一种互相信任、互相支持的团队关系，不要形成追求利益、结党营私的团伙关系，更要避免形成与正职的"思想相异、思路相左、感情相离、目标相远"的矛盾关系。大凡不团结或者拉帮结派的领导班子，是很难培养出优秀的领导干部的，更难以形成具有战斗力的领导班子。良好的工作环境，才会让优秀干部脱颖而出。作为副职，还要善于与部属搞好团结，引导部属强化团队意识、责任意识、配合意识、看齐意识，形成向心力，消除离心力，强化凝聚力。当然与部属之间相处也要掌握一个"度"，切不可因为有些工作需要部属去落实就放任部属的言行，进而牺牲集体的利益，去满足部属的私欲。

（五）领导副职是矛盾的"缓冲闸"

副职在领导群体中，扮演着承上启下的关键角色。向上他要对正职负责，对下他要对群众负责。一个单位的决策过程，其实就是各方利益的调整过程，如果能实现上级满意、本级满意、下级满意的"三赢"结果再好不过了。由于实行集体领导分工负责制，副职领导相对正职领导来讲，能够更快捷地接近矛盾源。副职领导应该履行自己的职责，区分矛盾大小，做好相应的工作，使矛盾在自己职能范围内得到缓冲甚至解决。反之，如果副职领导充当的是甩手掌柜，使用太极推手，在其位不负其责，将矛盾直接上交到正职手里，必然造成矛盾淤积，导致正职工作忙乱，全盘被动，无路可走，最后影响决策与实施。而最忌讳的是一些副职会上不说，会后乱说，明明是集体的决策，却变成了正职的决定，特别是处理一些失职、失责之事，决策过程参与者都应该保守秘密，不要往某个人身上推，集体决策，就应该集体担责。可是有的副职却把决策过程，决策时某个领导的意见私下泄露给当事人，小事情演化为大矛盾，起不到"缓冲闸"的作用，甚至还会成为矛盾的"燃点"。因此，做一名优秀的副职领导，就是要做一堵挡风的墙，不能孩子哭了都抱给娘，不能遇到困难就往正职的身上推。

（六）领导副职是信息的"过滤器"

随着信息时代的到来，信息源空前的丰富和广泛，信息已经成为影响决策的重要因素。与此相适应的是，民众关注国事、参与国事的意识也空前的积极和主动，各种建议或意见会通过各种有效的管道，到达决策层。而副职无疑是一个重要的信息通道。作为副职应该当好信息的"过滤器"，对于群众的建议或意见不能视而不见，也不能照单全收，不能做"传声筒"，更不能做"复印机"。而是要从全局的高度把好关，对于好的建议或意见要及时汇总上报并采纳，对于那些不利于决策、不利于班子团结、有损于干群关系的建议或意见，譬如，在背后议论正职的话，要做好甄别、筛选、过滤，由表及里、去伪存真，并转化为自己的语言或表达形式，形成有效的信息源，避免让信息成为干扰源，影响正职的判断和决策。同时，传达群众的声音也要讲究时机与方法，让领导乐于接受和吸纳。总之，副职领导要有"乐于为副，当好配角"的精神，努力当好"副手"，切忌成为"负手"。对于一名副职领导来讲，甘当配角的精神之所以可贵，就是因为这种精神体现了一种顾全大局、服务大局的意识，体现了一种多讲付出、少求回报的品德。

二、领导副职与正职相处的原则

这个原则是副职与正职处理好关系之魂。所谓原则，就是观察问题处理问题的准绳。副职与正职处理好关系应遵循如下几个原则：

（一）服从原则

所谓服从，就是个体在社会要求、群体规范或他人意志的压力下，被迫产生的符合他人或规范要求的行为。个体服从有两种：一是在群体规范影响下的服从，二是对权威人物命令的服从。我们这里讲的服从更多是指前者，即在群体规范影响下的服从。副职服从正职，就是副职在群体规范影响下对上级的服从，这是上下级关系中最基本的原则，也是古今中外历来通行的原则。中国共产党的组织制度规定：下级服从上级、少数服从多数、个人服从组织、全党服从中央。在一个单位里副职必须服从集体的决定，个人必须服从组织的决定，不得以任何借口拒不执行，也不能随心所欲，选择性执行，这是起码的原则和要求。坚持副职服从正职的原则，首先，因为正职居于领导地位，拥有行政首长的决定权。这个权力是组织通过法定程序所赋予的，受到法律法规的保护，也要求部属给予敬畏和遵从。其次，从正职意见形成来看，一般来说，正职的指示和决议，不是个人的意见，而是经过集体研究做出的决定，是领导集体智慧的结晶。再次，从正职的个体素质来看，根据有关社会心理学家的测试，一般说来，管理者和被管理者，上级领导和下级领导，前者的素质要比后者的好，前者的能力比后者的高。因此，必须坚持副职服从正职的原则。在履职的过程中，有时也会发生副职不服从正职的突发性情况，其原因大致有四个方面：一是副职刚刚受到正职的批评或成为正职的发泄对象，感到气不顺，心不平，可能会情绪化地对待正职的命令，不服从随之而来的新的安排和命令，甚至顶撞领导，发生争执。二是因为正职的原因，常常采用"一竿子插到底"的方式越过副职直接指挥执行人，副职感觉自己被忽视、被排斥，没有面子，就有可能产生抵触情绪，甚至将平时的小意见演变成大矛盾，副职在感情上就会对正职产生排斥感。三是正职的决策与自己的思想有根本性分歧，或交办的事情对自己并无好处且有可能得罪同事或其他人时，不愿执行正职的决定。四是正职在做决策的过程中，排除了副职的参与，副职根本不知道决策的目的和原因，于是拒绝执行正职的指令。对于上述这几种情况，副职可以巧妙地表达自己的不满，但决不可抗拒、抵制，有意见应在贯彻执行中提出来。以自己的宽阔胸怀、坚持服从的原则对待正职，才是聪明之举。否则，如果对正职采取顶顶撞撞的做法，就会使自己与正职的关系在某个特定阶段陷入紧张状态，进入不愉快的氛围之中，接下来的可能是一个比一个尴尬的场面，身处其中还能够享受工作的快乐吗？而要想缓和、改善这种局面，所付出的代价可能比你当初忍辱负重还要大出几倍或几十倍。因此，暂时的忍耐，是一种服从的技巧，是一种妥协的艺术。

（二）尊重原则

尊重是沟通双方感情、建立融洽的人际关系的前提条件。对于正职来讲，被尊重的心理需要更强。因为，被下级尊重是提高领导威望，增强领导控制力和驾驭力，保证工作顺利开展的精神力量。任何一个正职，如果失去了下级对自己的尊重，那就不可能有较高的威望和较强的号召力、凝聚力，因而也就不可能真正发挥领导者的作用。尊重是相互的。下级尊重正职不仅是正职的需要，而且也是下级获得正职尊重的需要。如果副职不尊重领导，当然也就不会赢得正职对副职的尊重。对正职应当尊重，但绝不应该崇拜和人身依附。崇拜是愚昧落后的意识，是缺乏主见的表现。领袖人物和领导干部也是人。尽管，他们相对来说有较高的才能，有过人的胆略，但不是"完人"，缺点和错误在所难免，搞崇拜必然要美化领导，文过饰非，如阿谀奉承、行贿受贿、拉拢投靠、人身依附、结党营私等，这些就是庸俗的人际关系。庸俗的上下级关系是政治腐败、社会腐败的一种表现。在党政部门和事业单位中，同事之间、上下级之间是同志关系，政治上是平等的，只有工作分工，没有高低贵贱，反对任何形式的人身依附。在这些年的反腐倡廉中，有不少人身依附的反面典型，结果树倒猢狲散，自受其辱。

（三）自我强化原则

强化理论，最初是由美国著名心理学家阿尔纳·班杜拉提出来的。人们在运用这一理论时，往往用来强调主体的地位和作用，强调在主体与客体相互关系中，受外在激励和内在激励作用的主体，应该努力使自己产生自觉的、主动的行为，充分发挥自己的积极因素，提高自己的主动性和创造性，以适应客体的需要，达到主体与客体的关系平衡。在现实中有的干部说话无力度、分析无深度、眼界无高度、观察无广度、做事无气度，大事做不了、小事不愿做，凡事看心情、讲待遇，常常遭遇同事的指指戳戳，这样软弱无能的人做了副职，很难与有抱负、想作为的正职达到同频共振、心灵契合的境界。老子曾经说过："知人者智，自知者明；胜人者力，自胜者强。"这句话教育我们，要把认识自己放在首要位置。作为副职领导，更应通过这种方式来了解自己，找准自己的位置和方向，不要自以为是、孤芳自赏。因此，在处理与正职关系的过程中，副职应该清楚自己的差距所在，努力把强化自身、提高自己作为处理与正职关系的一个原则，即副职在处理与正职关系的过程中，切不可忽视了自身建设、自我强化，不可专从上级那里找原因，而是要敢于经常"照镜子"，从提高、加强、完善自我入手，把强化自身作为处理好与正职关系的前提，努力缩小与正职之间的认识差距、能力差距。在新时代，各级组织都非常重视干部的学习，制定了干部教育培训规划，每名干部每年要脱产学习若干天，干部要经常参加党校、行政学院、社会主义学院的培训班、轮训班、提高班的培训，甚至把培训经历作为选贤任能的一个参考依据，也就是在自我强化之外，外加组织强化，目的就是使各级干部适应时代的要求，跟上时代的步伐，避免出现本领恐慌，缩小与上级领导的能力差距，实现同频共振，步调一致。

（四）直接效应原则

所谓直接效应原则，是指副职本身与直接正职的效应。在处理与正职关系的过程中，坚持直接效应原则，就是要把着眼点、注意力投放到直接正职身上，投放到本单位正职身上，要把搞好与身边正职领导的工作关系摆在首位，作为自己追求的首要目标。坚持直接效应原则，一是不能越级请示问题，眼睛专奔"大头、高层"。如反映问题，一般说来应该逐级进行，而不能"越过锅台上炕"，特别是不要指望由第三方从中协调、斡旋达到解决问题的目的。二是不能把注意力和精力投放到需要外单位的正职或朋友来"疏通"上，企图通过外界力量来实现自己的目的。结果在多数情况下都收效甚微，有时不但疏而不通，还会增加新的障碍。毕竟解铃还须系铃人，不管你转到多远、多高，最终还要回到单位、回到现实来，还得面对你的正职领导。而一旦遇到气度狭小的领导，就会认为你轻视他、鄙视他，借势欺人、借势压人，甚至造成更深的隔阂和误解。

（五）非理想原则

非理想原则，是指副职在处理与正职关系的过程中，不要用自己头脑中形成的理想模式，去要求现实中的正职，从而造成对正职的过分苛求，产生一种领导就应该这样的感觉，把正职理想化、完美化。美国管理学家杜拉克说过："谁也不可能十项全能。"这就是说，正职不可能"十全十美"，更不可能一贯正确。"金无赤金，人无完人。"正职因为经历、学历、资历等因素的制约，往往也有软肋、弱项，不可能凡事都懂，凡事都行。副职在实际工作中，不能用理想化的方式去要求正职，更不可能因正职的某一方面的缺陷与不足而蔑视和瞧不起正职。过分苛求只能给自己与正职的关系制造障碍，使自己陷入精神瘫痪和情绪怨恨之中。坚持非理想化原则，首先必须要全面看待正职，既看到优点，也看到缺点，既看到长处，也看到短处，主要还是要看到正职的优点和长处，不要拿自己的长处去比正职的短处。一些老同志，他们年轻时没有机会上大学接受良好的系统的教育，接受新事物、新知识的能力有限，往往凭经验办事，特别是不能熟练运用互联网技术，甚至连简单的电脑打字都不会，往往成为年轻人的谈资、笑话。现在，刚刚进入职场的青年干部，很多都有研究生学历，甚至"海归"背景，但不能以此要求正职同样具有相应的学历和经历，因为这显然就是吹毛求疵。而老同志的阅历与经历，往往是年轻人难以望其项背的。毕竟经历就是财富。所谓尺有所短、寸有所长。其实，学会发现他人的优点本身就是一门艺术。其次，要能够容纳正职，容纳正职的错误和缺点，克服求全责备的思想。与比自己优秀的正职相处是一门艺术，而与比自己有差距的正职相处就需要大智慧了。如果放下自己的架子，携手正职一起进步，就再好不过了。

三、副职的领导方法和艺术

要成为一名优秀的副职领导，要注意掌握好领导艺术和方法。

（一）在管理地位上：定位不越位

一个单位的副职作为单位集体领导班子的一员，在单位领导层中具有相应的政治地位和行政地位，承担着具体的职能。作为副职领导，一定要认清自己的角色，准确把握自己的定位，明确自己的工作职责，有位并有为。有位而不为，是谓失职；在位不缺位，才是尽职。因此，副职要在以下几方面定好位：

1. **思想上要定好"副职"之位。** 在整个单位班子中，正职总揽全局，全面负责，副职领导虽各司其职，但应在正职领导的统一领导、协调下具体展开本职工作，不能擅自行动，另搞一套。如果说，每个单位都是服务为民的舞台，那正职领导就是戏中"主角"，是"领衔主演"，副职则属于"配角"，充其量只能算是"联袂出演"。一个领导班子好比一个乐队，一把手就是乐队的指挥，每一个副职领导都要按照自己担任的角色，根据"总乐谱"的要求，在一把手的指挥下，各司其职、各负其责、默契配合，这样才能演奏出美妙和谐的乐章。所以，副职领导要首先从思想上明确自己的"配角"意识，做到不越位，不"抢戏"，不跑调，甘当配角，当好配角，积极主动配合正职领导做好工作。如果自恃某一个乐器的吹奏水平比乐队指挥或者其他乐手高，一定要显示自己的与众不同，就可能适得其反，把整场音乐会演砸。

这种配角在不同的场合和时段会有几种不同的表现身份：

"替罪羊"。当副职会有分管的工作，一旦出事，就要做好自我牺牲的准备，也就是丢车保帅的准备，为正职领导当"替罪羊"。其实就是要有担当精神，在一个班子工作，正职理应负主要责任，但是作为副职，往往就是主要的执行者，出了问题理所当然要担起责任来，那种邀功诿过的副职，得不到正职的尊重，也必然得不到其他副职或部属的尊重。

"挡箭牌"。即敢于为正职分担责任。一个单位的正职所承担的压力通常是最大的，也是矛盾的集中点，许多事情是因为不可抗拒的原因导致的，或者是无能副职或无能部属造成的，但都可能集中到正职身上，如果这样就会极大地分散正职的精力，影响其他方面的工作，这个时候副职就要敢于站出来，挡住矛盾之"箭"，或者化解矛盾之"箭"，这也是副职领导敢于担当的应有之义。

"出气筒"。工作没做好正职有时会找副职撒气：工作是怎么做的，要你这个副手有什么用？等等，作为副职要理解正职的心情，即使有时候错不在自己，也要先平息自己的怨气，等待正职气消心静后，再进行有效的沟通。切不可硬碰硬，甚至火上浇油，否则，就可能无法收场。

"无名氏"。世界第一高峰是哪个？问十个人十个人都知道。世界第二高峰是哪个？问十个人有三个知道就不错了。世界第三高峰呢？估计一个人也答不上来。就别说第四第五第十高峰了。第一和不是第一的差别就这么大。工作取得了成绩，最后功劳簿上可能根本没有你的名字，而是变成了正职的功劳。这其实是正常的现象，正职负有组织、领导、实施之职，担任的责任重，承担的压力大，取得了成绩，正职应该是首功。正职是一个单位的代表或者法定代表人，正职获得了荣誉、受到了表彰，其实代表的是领导班子，是一个集体，所以，副职要有甘当无名英雄的胸襟与气度。

"黑包公"。一个单位遇到棘手的事情，往往需要"一个唱红脸，一个唱黑脸"，而"黑脸"往往由副职来扮演，这样就起到缓冲的作用，不至于一下子就冲到正职的前面，让正职很被动。所以，在一个单位里，"一个唱红脸，一个唱黑脸"，或以双簧的形式来达到解决问题或说服对方的目的，是一种常用的方式。副职的"黑包公"身份所产生的积极效应无法估量。

2. **职责上要定好"副职"之位。**副职的权力不是很大，但却是班子中的骨干，发挥着承上启下、分工负责的关键作用。副职领导要坚持"职权对称原则"，明确自己的分管工作范围和职责，明白自己分管什么，哪些工作应向正职领导请示汇报，哪些工作应由集体研究决定，哪些工作应与其他副职领导商量，哪些工作应在自己职责范围内解决。既不越俎代庖，也不要什么事情都往正职领导或班子集体推，做到在其位、谋其政、行其权、尽其责。自然，当遇到需要及时答复或解决的事情，而其他副职领导不在现场或其他特殊原因不能做出及时决定时，也需要把握尺度，恰当帮助处理，不能高高挂起，推卸责任，但事后应该与正职领导和其他分管副职领导通气，防止无故侵入他人的"一亩三分地"。副职们在一起虽说分工不分家，但一定要掌握好度，即使你分管的工作涉及另一个副职分管的部门，切不可实施"长臂管辖"，不经过分管领导就直接对其他副职管辖的部门指手画脚，越权指挥，这就犯了官场禁忌，会造成误会甚至矛盾。

3. **职能上要定好"副职"之位。**副职领导往往负责具体的职能部门的分管工作，对分内工作自然要大胆工作，但也要遵循"有职有权，服从全局"的原则，切不可把分管工作当作自己的"势力范围"，搞"独断专行"，也不要"越权管理"，随意插手正职领导的分管工作。当然也不是说对正职领导管辖的部门或者工作一律视而不见、冷眼相待，出现问题避之不及，麻木不仁，这也是职能没有定好"副职"之位的表现。副职在做好分内工作的同时，发现正职或者其他副职的工作出现差错或出现执行偏差，应该及时与正职或其他副职进行沟通，交流意见，传达建议，让单位的各项工作都在一个正确的轨道上运行，实现集体决策的最佳效果。

4. **语言上要定好"副职"之位。**作为副职领导，要注意说话的技巧，言行要符合身份。不要轻易许诺，以免造成正职领导和单位领导集体工作上的被动。切忌不跟正职沟通交流，或没有正职的授权就夸海口、拍胸口、乱许诺，结果会非常被动，无法收拾，可能还会影响自己的形象。副职领导应该时刻清楚：说的话要注意分寸，注意时机，注意对象，注意场合。毕竟你是副职领导，并不是单位的新闻发言人，在正职领导没有授权给你时不要乱表态，在正职领导没有表态之前不要先表态，在正职领导态度不明时不要先表态，在班子意见不统一时不要先表态，越俎代庖的事不要去做。而最忌讳的表态就是你的表态与正职领导、其他副职的表态刚好相悖，那后面要用双倍的时间和精力去消除影响也不一定会取得好效果，暴露了班子的不团结，内部的不和谐，而这也会让你变成孤家寡人，陷入孤立。

5. **行动上要定好"副职"之位**。副职在行动上尤其要谨慎，处理事务，要注意对内和对外、个人和集体、公开和私下、场上和场下的区别，注意维护正职领导的威信和领导集体真诚团结的形象，杜绝损人不利己或损人利己的现象。"步调一致才能得胜利"这是中国共产党取得成功的经验之一。如果步调不一致，甚至政令不畅，就会给党和人民的事业带来损害。步调不一、政令不畅的背后是纪律，尤其是政治纪律没有得到遵守，自由主义是产生违反政治纪律行为的土壤。一个政党，如果纪律不严明，成员想干啥干啥，这个政党就不会有凝聚力和战斗力；一个政府，如果政令不畅通，这个政府就没有公信力和执行力；一个国家，如果缺乏集中统一，这个国家就会一盘散沙、四分五裂；如果一个单位，出现了步调不一、政令不畅，这个单位就难以创造一流的业绩、一流的形象。

（二）在管理策划上：参谋不乱谋

正职领导具有绝对的决策地位和统一的组织指挥权，这是"主官负责制"赋予的法定权力。但管理一个单位并非正职领导一人之力，需要以正职领导为核心的领导集体的共同努力。作为正职领导的助手，副职的参谋作用是必要和必需的，多献计，献妙计，为集体领导做出正确决策提供决策参考。

1. **多谋分内之计**。作为分管领导，应该对分管工作有更多的思考、更深的体会，有义务也有责任为分管工作的开展提供一些有建设性的建议、策略及工作方案，切不可不务正业。副职领导应该成为所分管工作方面的行家里手。正职领导往往是决定干不干的问题，而副职领导则要考虑能不能干、怎样干的问题，没有对分管工作的熟稔和专业，就难以谋好分内之计。

2. **多谋实用之计**。在提供决策依据之前，分管领导要经常深入有关部门，特别是工作第一线，调查研究，倾听部属的建议，了解现存的问题，结合科学分析，做出正确的判断，初步形成自己的改革和发展思路，提出最佳方案供正职领导和集体决策之用，这样的参谋才是有效的和解决实际问题的，华而不实、脱离实际的东西反而贻误事业。有的副职喜欢献一些看似热热闹闹，实则劳民伤财之计，到头来害了正职，害了单位，也可能害了自己，落了个作风不实的坏名声。

3. **不谋庸俗之计**。参谋一旦带上个人目的，就容易演变为乱谋，作为副职要始终从大局出发，多谋有用之计，不谋庸俗之计，比如那些"影响团结、损害集体利益的'鬼点子'；违背原则、打擦边球的'歪点子'；缺少新意、过时无用的'馊点子'"就不能用在参谋上，否则百害而无一利。譬如，某些地方为了迎合某些领导的口味搞一些华而不实的"形象工程""面子工程"，最后成了"劳民伤财工程"，教训极为深刻。所以，党中央反复强调要贯彻新发展理念，尊重科学，求真务实，做到富有远见、保持耐心、恒心，既追求"显绩"，也要在不显山、不露水的基础性工程和周期长、见效慢的"潜绩"上下功夫、使长力，创造出经得起历史和实践检验的政绩。

（三）在管理行为上：揽事不揽功

副职领导作为正职领导的助手，要有强烈的实干精神，积极主动地揽实事、干实事、创新绩。

1. **要勤揽分内之事**。对自己分内事要义不容辞地担负起责任，既不能缩手缩脚，把什么事情都遗留给正职领导和班子集体，也不能当"甩手掌柜"，把担子全部卸给下属，高高在上、指手画脚。这就需要副职领导主动把担子挑起来，在坚持集体领导的基础上，厘清工作思路，精心安排，大胆实施，创造性地干好本职工作。

2. **要愿揽平常琐事**。麻雀虽小，五脏俱全。即使是一个小单位，正职领导要处理的事务也是繁杂的，如果正职领导样样事情都要过问、督查，事必躬亲，势必造成精力分散，虽忙死累死也只如捡了芝麻丢了西瓜，而失去了单位发展大计。对此，一方面正职领导要敢于放权，敢于放职，发挥下属的积极性和责任性；另一方面，作为副职领导要主动帮正职领导分忧，揽起琐碎之事，尽量将矛盾解决在自己这一级，不要遇到矛盾或困难，要么往上交，要么就往下推。

3. **要敢揽难办之事。** 对于一些棘手的事，副职领导不宜一味推诿，把正职领导推到前台当"挡箭牌"，而应该主动承担起领导责任，把困难揽过来，尽最大努力予以处理。如果一时难以决断，再在正职和集体领导之下，利用好政策和人脉，最终把问题解决好。

4. **要多让成就之功。** 事要多揽，功宜多推，这是副职的层级特点。做副职的，要具有高尚的风格、淡泊的名利，放大集体，缩小个人，时刻提醒自己：工作成绩是领导集体、全体干部职工共同努力的结果，不是自己个人奋斗的结果，功劳属于集体，功劳属于领导，功劳属于同事，这才更能赢得群众的信赖、尊重，也更有利于以后工作的顺利展开。为此，副职要努力做到：不声大压主，不功高盖主，不喧宾夺主，不擅自做主。现实生活中，有的副职自以为了不起，取得了一点成绩，或者得到了上级领导的一次褒奖，获得了一个荣誉，尾巴就翘上了天，根本就不把正职或者其他副职放在眼里，甚至认为自己功高至伟，处处高人一头，这样下去是非常危险的。从古到今，那些功高盖主的官员都没有什么好结局。

（四）在管理关系上：服从不盲从

正职领导是单位的法定代表人，具有法定的决策指挥权。单位的人权、财权、物权、事权具有不可分割性，均统一在"主官负责"上，服从正职领导的"拍板"。因而，不少副职往往容易把服从变成盲从，存在着看正职领导脸色行事的心态。原因可能与个别正职领导作风独断，主观性过强有关，造成有的副职在工作中出现"一停二看三通过"的现象。当然，也与副职自身软弱无能有关。改变这种状况，首先需要单位完善决策程序和议事规则，发挥党委的政治核心作用和纪委的监督作用，坚持"三重一大"制度，对涉及单位发展的重大事宜及热点敏感问题，应该集体讨论决定。作为副职，也要发挥自己的主观能动性，明辨是非，敢于发表自己的观点，供集体讨论，最后由正职领导拍板决定。服从一旦缺少了原则，也会演变成"盲从"。所以，如果正职领导或同级领导出现了违反政策、违纪违法等原则性问题，作为副职，不能睁一眼闭一眼，不闻不问，更不能盲目跟从，这不是尊重正职领导的表现，而是对正职领导不负责、不爱护的表现，甚至有可能贻害对方。因为一旦正职出了差错，正职被"打板子"，副职也不可能脱了干系。因此，副职领导要努力做到：尊重而不吹捧，服从而不盲从，实干而不蛮干，谋事而不独断。

（五）在管理协调上：搭台不拆台

主官负责制也是一个整体的结构概念，统一的机制、合力的机制、制约的机制、协调的机制是这种整体性的主要表现。有人讲，搞坏一个单位往往有"一把手"就够了，而搞好一个单位，仅靠"一把手"是远远不够的，必须把副职的积极性充分调动起来。管理好一个单位，需要一名好正职，更需要一个坚强有力的领导集体，每一个集体中的成员通过合理组合，实现素质互补，相互取长补短，互为促进，形成合力优势，保证单位各项工作的正常运作和可持续发展。作为副职要增强全局观念，在民主的基础上，团结在正职领导的集中下，搭好台，演好戏。纵观一些管理高效、团结和谐的单位的成功之道，很重要的一点是，除了有一位威望高、有魄力、善担当、懂协调的正职领导以外，还有一个团结协作，有实干精神的副职领导集体。有句话说得好："互相补台，好戏连台；互相拆台，一起垮台。"这是从无数失败的教训中得出来的结论。没有哪一个拉帮结派、你争我斗的领导班子最后还会拧成一股绳，建成团结战斗的班子的，一旦单位出了问题，正职被问责，副职也跑不掉。

（六）在管理实施上：配合不附和

领导工作千头万绪，涉及各行各业、条条块块、方方面面。为此，副职要努力为身负重任的正职排忧解难，积极配合，帮助其摆脱具体事务的纠缠，以便让其腾出精力和时间，总揽全局，思考和处理重大问题。

第一，在任务繁重时主动请缨。 副职不能过分强调分管工作如何重要，而应主动向正职提出增加工作的要求，即使是正职交办的中心工作与分管工作发生了冲突，也应先完成交办任务，再采取补救措施搞好本职工作。

第二，在遇到难题时大胆负责。 对于中心工作或突发性工作遇到难题，副职要不等不靠，不推不避，想方设法妥善解决。

第三，在发生冲突时挺身解围。 当正职遇到纠缠不休的敏感问题时，副职不能隔岸观火或坐视不管，更不能幸灾乐祸或落井下石。而应不管涉及的问题是否属于自己分管的工作，都要从大局出发迎难而上，挺身而出，冲在前面，为正职解围。

第四，在出现偏差时巧于善后。 每一决策的出台，都不可能尽善尽美，有的还可能出现偏差。这时，副职要自觉为正职补台，做好纠偏除弊的善后工作，力求把损失降低到最小限度。

然而，对于副职来讲，配合并不同于迎合上级、巴结献媚，而是在共同事业基础上的配合，在自己的工作方式和工作作风上主动适应正职，使彼此的合作达到一定的心理默契。副职应善于发现正职的长处和短处，从而助其长、补其短。只有配合不附和，才能维护班子的团结和权威，才能充分发挥班子的群体效应。

（七）在管理监督上：宽容不纵容

由于职位的差异，正职和副职在处理问题和发表意见时往往容易从自己的角度出发，提出不同的看法，以致形成意见分歧和心理隔阂。因此，副职必须积极沟通。副职应具有严于律己、宽厚待人这样一种人格修养，宽容正职，对正职的个别不符合要求的意见，只要不是原则性问题，就动之以情，晓之以理，促其自觉纠正。特别是正职同自己意见不一致，并仍坚持自己意见时，只要时间允许，就采取"冷"处理的办法，让实践来说话，让时间来说话。副职既要豁达大度，能容人、容才、容言、容事，又要善于用直言、真言、进言来与正职进行沟通交流，要讲真话，不唯唯诺诺、吞吞吐吐，更不能花言巧语。不能为取得正职的支持而掩盖和歪曲事实真相，或者把自己的主观意志强加于正职，逼迫他接受、表态。对正职进行评价时，要讲实话，不讲风言风语。向上级组织反映情况要实话实说，特别对少数部属不太客观的评论，要敢于公正评判，让上级明辨是非。对正职进行批评时要讲真话，不讲假话。对正职个人在思想、工作作风上存在的缺点、不足，开诚布公地进行批评，提出建议，不能碍于面子而采取"老好人"的态度，防止正职的缺点或不足，演化成违纪违法行为，否则就是副职的严重失职了。

总而言之，副职要做到：陪同不炫耀，亮相不抢镜，揽事不抢功，用权不越权，有为不胡为，解难不推难，创新不标新，献策不决策。

四、当好领导副职要注意克服"七忌"

当好领导副职，有几个忌讳要加以注意：

（一）忌划"小圈子"

副职切忌把分管范围当作自己的势力范围，"圈地为王""搞门派""拉山头"。既不倾听和接受他人的建议和意见，也不参与分管以外的工作，导致上下不通畅，左右不协作，行动不一致，还给领导班子留下不团结的不良印象。身为副职一定要有全局的观念和豁达的心境。特别是不要以同学、同乡、校友、战友等名义建立各自的"群"，甚至为这些"群"谋取私利，譬如，在推荐干部、评优评先等方面拉选票、打招呼，这样的"小圈子"与党的组织原则背道而驰，不能让其生存下去。

（二）忌打"小算盘"

凡事多考虑整体利益、集体利益，少搞局部利益、个人利益，不打个人或小团体的"小算盘"，不"各家自扫门前雪"，这是自私自利的表现。大凡一个副职在工作过程犯本位主义，爱打"小算盘"，尽管装得冠冕堂皇，也逃不脱群众的法眼，所谓"家有黄金，外有斗秤"，人们就会对你另眼相待，关键时刻就会用选票表达对你的不满。

（三）忌搞"小动作"

要当君子，不做小人，要心胸开阔，言行一致。对于工作上的事，要"知无不言，言无不尽"，但又不能"会上一言不说，会后胡言乱语"，更不能"当面不说，背后乱说"，抬高自己，贬低他人，做影响班子团结的事。即使和正职领导确有矛盾，也要做君子，不做小人，特别是正职遇到关键时刻时，更不应该落井下石，而是应该多说好话，正职高升了，或调走了，你的心气才会顺畅，毕竟如果正职因为你讲他的坏话，或告他的状，失去了升迁或调动的机会，两人还得在一起共事，到头来天天受气的是你。

（四）忌戴"有色镜"

不要对人马列主义，对己自由主义，搞双重标准，要敢于拿起批评与自我批评武器。正己才能正人，副职领导在言行、工作上尤其要以身作则，带领大家奋发向上为单位发展出力。平时经常严于剖析自我，多查主观原因，少讲客观因素。特别是不能戴着"有色眼镜"看领导，譬如反腐倡廉中不少正职走上了"邪路"，有的人以偏概全，就认为所有的正职都有腐败行为，对正职恶言恶语，这当然会影响到班子的团结，影响到人际关系的和谐。心胸狭窄、贪污腐化、以权谋私的正职领导毕竟只是极少数。还有的副职认为正职长期在机关工作不懂基层，或者长期在机关工作不懂机关，从心理产生隔阂。还有的坚持所谓的"头发长、见识短"，看不起女干部，这都是带着"有色眼镜"惹的"祸"。

（五）忌要"死面子"

敢于承认自己的缺点，虚心接受正职或者同事、部属、群众的批评，不要死要面子不认错，善于听取他人意见，及时改进工作。事实上，每一名青年干部在成长的过程中都可能犯错。青年干部犯了错误不要紧，关键是要找到所犯错误的原因，认识错误的危害，及时修正错误，改正错误，在哪里跌倒就在哪里爬起来，轻装上阵，重新做人。切不可死要面子，不敢批评和自我批评，如果这样，就会影响到错误的改正，或者错过了改正错误的时机。

（六）忌乱"摆架子"

不要在他人面前摆架子，盛气凌人，职务不高，架子不小，容易脱离群众，影响团结，损害自身形象，降低威信。其实，每一名干部都是人民的公仆，何来的架子可言。在群众面前摆架子，就会阻隔了与人民群众的血肉联系；在部属面前摆架子，就会隔断了部属对你的信任和尊敬；在领导面前摆架子，就恰恰证明了你的傲慢与无知。

（七）忌瞎"扯大旗"

要有独立的见解和工作方法，善于做好本职工作，及时处理各种矛盾，避免以"领导"压人。有的副职动不动就拿出正职领导或上级领导当"挡箭牌"，狐假虎威，拉大旗作虎皮，颐指气使，会让人极为反感。只要你是秉公办事、履职尽责、光明正大，不用"扯旗子"，不用拿领导唬人，同事都会买你的账，落实好你的指令，完成好你交办的工作。一个爱"扯大旗"的副职，也是一个没有主见、没有骨气、没有能力的副职。

五、当好领导副职应强化"五种意识"、争做"五个表率"

副职作用的发挥固然有正职领导调动的因素，但在通常情况下主要取决于副职领导的自身修养、能力，取决于副职领导对角色的把握和对副职领导艺术的运用。要当好一名称职的领导副职，要注意强化"五种意识"，争做"五个表率"。

（一）强化集体意识，维护团结做表率

俗话说："一个篱笆三个桩，一个好汉三个帮。""桩"也好，"帮"也罢，其中总是有一个起主要作用的。同理，任何一个组织或一个单位领导班子，必定也只能有一个领导核心，如果搞多中心，这个班子肯定会乱套。一般来说，正职是把方向、把全局、把大政方针的，对单位的事情实行全面的领导和管理，因此，正职就是班子的领导核心。而副职却是正职的左膀右臂，是助手，是配角，作为副职必须全力维护这个"班长"的核心作用，这不光是组织的需要，更是工作和事业的需要。副职在工作中无论分管哪方面的工作，都应以领导集体中的一员的面目出现，代表集体说话。凡是重要的工作，涉及群众利益的敏感问题，都应该是领导集体研究的结果，不能说成是个人的决定，更不能把领导班子决策的内情泄露出去，否则，会起到涣散领导班子凝聚力、战斗力的作用。副职要有这样的认识：拆领导班子的台就是拆自己的台，抹正职的黑就是抹自己的黑。

首先，与正职相处尊重为先。作为副职，必须深刻领会正职意图，认真执行会议决议，全力维护班子团结，做到不利于维护集体领导的话不说，不利于维护集体领导的事不做，以实际行动做维护集体领导的模范；作为副职，要对正职负责，做事情要掌握一个"度"，要多请示、多汇报，对正职没有授权的，不能轻易越权、说话、表态，应根据自己的职责权限，做好自己分管的工作；作为副职，要顾全大局，既要尊重正职，又不盲从，既要坚持己见，又不固执；作为副职，纵使能力再强、资历再深，也要尊重正职，甘居正职之下，大到决策拍板，小到座位排列，讲话做派等小节都应注意不可擅越"雷池"。那种企图以"资历"为核心，以"能力"为核心，以"争强"为核心的想法和做法都是十分错误和有害的。所以有人说：正职是绝对真理，副职是协调真理，群众是服从真理。副职要努力做到：谦虚不怯弱，理智不偏激，诤言不失言，交心不疑心，有才不显才，君弱臣不强。

其次，与副职相处关心为要。副职领导之间是同级关系，相互支持和帮助是建设和谐班子、共同完成正职交给任务的基础。副职领导之间要确立"三感"：共同的使命责任感、集体荣誉感和相互之间的认同感。古语云："百年修得同船渡。"人海茫茫，能在一起共事是一种缘分，彼此之间要互相关心，互相爱护，互相帮助。在短暂的职业生涯中，能成为你的正职的人毕竟少之又少，应该倍加珍惜，倍加尊重。因此，副职要努力做到：尊重不自傲，分工不分家，支持不干预，适度不过度。

再次，与下属相处爱护为重。关爱下属是领导的责任。人是三分理智、七分感情的动物。士为知己者死，下属可以为认可自己存在价值的领导鞠躬尽瘁。当你真诚地帮助下属的时候，下属才能真正地帮助你。正如心理学上的互惠关系定律："给予就会被给予，剥夺就会被剥夺。信任就会被信任，怀疑就会被怀疑。爱就会被爱，恨就会被恨。"副职领导再有能力和本事，首先得履行职责，完成自己的本职工作，否则，你自己再有本事都等于零。

"众人拾柴火焰高"，集体的力量大无边。相信下属，关爱下属，最终是为了依靠下属。当然，对下属要做到：放手不放任，支持不把持，爱护不袒护，用人不疑人。

总而言之，尊重上级而不唯上，关心同级而不结帮，爱护下属而不纵容。

（二）强化配角意识，身先士卒做表率

一个班子，就像一部戏剧，总是要有主角和配角。作为一名副职，只有牢固树立当好配角的意识，甘当"绿叶扶红花"，才能发挥自己应有的作用。

首先，位子正才能站得稳。副职处于"一人之下""众人之上"的特殊地位。基于这种特殊的角色，副职应坚持配合为先、执行为先、团结为先、大局为先的原则，在工作上确保做到位。同时，避免上行、平行与下行越位、空位及不到位的问题。努力做到工作要注意站位，谈话要注意场合，进谏要注意分寸。

其次，行在先才有号召力。有人说：喊破嗓子不如甩开膀子。也有人说：没有执行力一切等于零。副职要把更多的心思和精力放在抓落实上，许多具体工作都是"党组决定、集体决策、副职落实"，要带领下属抓好每一个具体工作的落实，冲在矛盾和问题的最前沿，努力做到："干活不怕累，做事不怕亏，照相往后退"。

（三）强化大局意识，相互协作做表率

胸怀大局，相互协作，是当好副职领导的前提。一名副职只有牢固树立全局观念，不计名利得失，任劳任怨，才能得到上下的认可。一是勇于担当重任。副职领导对于正职的分工是不可选择的，但对关系到全局的一些突击性和临时性任务要冲锋在前，勇挑重担，为正职排忧解难，这本身就是对全局工作、正职领导的最大支持。二是及时纠偏补漏。及时补台是大局意识的具体体现，当正职领导或全局性工作出现漏洞时，作为副职要从组织的最高利益出发，及时拾遗补阙，自觉补台，以防止问题的发生和蔓延。要自觉树立补台意识，补正职的台就是补全局的台，也是补自己的台。切忌对正职或者其他副职进行埋怨和指责，如果班子集体有了意见和分歧，要主动协调帮助解决，切不可在一旁吹冷风、看热闹。三是敢于坚持原则。坚持原则是大局意识的集中体现。副职领导在严于律己的同时，在原则问题上要保持清醒的头脑。对包括正职领导在内做出的违反原则的决定和行为要进行坚决的抵制和制止，不能视而不见、熟视无睹，反对当"和事佬"，甚至同流合污。

如果放弃原则，结果只能是害了正职，也害了自己。当然，坚持原则要讲究方法和策略。

（四）强化责任意识，履职尽责做表率

树立高度的责任感，严格履行职责，是当好副职领导的关键。副职领导履行职责必须做到"三个到位"：

第一，**参谋到位不谋人**。副职领导对全局工作的开展或完成某一任务时，应起到参谋作用。特别是当正职要求副职拿出完成某一任务计划方案时，通常应制定两套以上的方案并提供缘由，同时表明自己的倾向观点，供领导选择。当正职一旦选定了某一方案，副职就要无条件地服从和执行，争取最好的结果。而不能因为正职的决策不遂自己的心愿而消极地执行。为能切实起到参谋作用，副职还要善于学习思考，善于调查研究，善于深入实际，提出有见地、有分量的真知灼见。在当好参谋方面，副职应多做"论述题"，少做"简答题"，不做"选择题"，为正职的决策提供可靠的理论和事实依据，真正为领导起到"高参"的作用。

第二，**落实到位不争权**。高标准地做好分管的工作是副职领导的主要职责，也是对正职最大的支持。副职应忠于职守，管好自己的人，看好自己的门，办好自己的事，尽好自己的责。开展工作一定要依据上级和正职的意图，结合本职工作实际，创造性地抓好落实，做到"吃透上面的，摸清下面的，借鉴外面的，形成自己的，最后变成大家的"。坚持把自己分管的工作做成精品，出工作成果，出经验成果。

第三，**协助到位不越界**。除完成正职交给的具体任务外，还应积极配合正职抓好全局性的工作，围绕中心抓落实。副职对上级和正职确定的中心工作，必须高度关注、全力以赴，克服困难，执行到位。绝不能出现"抓啥啥重要，各吹各的调"的现象。副职之间的协助也要真诚相助，积极主动。在同一目标下，心往一处想，劲往一处使，既不荒自己的"田"，又种好全局的"地"，实现整体大于部分之和的效果。

（五）强化服务意识，勇于奉献做表率

"全心全意为人民服务"是中国共产党的宗旨，是每一名党员干部的行为准则，为正职服务自然成为副职的职责。强化服务意识是建立服务型政府、服务型党组织的需要，也是为配合正职完成工作的需要。从副职的角色来看，本身就是一个服务角色，一个奉献的岗位。美国著名思想家史蒂芬·柯维说过："如果你把每项工作看作一种奉献，最平凡的职业也会不同凡响。"海尔集团的创始人张瑞敏说过："把每一件简单的事做好就不简单，把每一件平凡的事做好就不平凡。"副职因为角色、责任、权力等原因，必定不能像正职那样成为聚光灯下的主角，而必须扮演好配角，出风头的不一定是你，有名利的不一定轮到你，受上级表扬、肯定的不一定是你。在一个单位或团队里，为了维护"领导"地位、权威、形象，就需要副职们做好服务工作，奉献自己，照亮正职。

总而言之，作为副职就要具有政治意识、大局意识、核心意识、看齐意识，自觉在"班长"或正职的率领下，按照职责分工，尽职尽责，扮演好"配角"，为实现单位或团队的目标当好一名称职的服务员。

和青年干部谈沟通

人是社会动物，社会是人与人相互作用的产物。马克思指出："人是一切社会关系的总和。""一个人的发展取决于和他直接或间接进行交往的其他一切人的发展。"因此，沟通能力是一个人生存与发展的必备能力，也是决定一个人成功的必要条件。青年干部担负着实现中华民族伟大复兴的历史使命，而在当下则承担着社会治理的重要责任，提高沟通能力应是提高治理能力的重要组成部分。

一、认识沟通作用

所谓沟通，从字面上很容易理解，沟就是水沟，通就是通畅，沟通就是把阻塞的沟渠打通，让死水变成活水。通俗地讲，沟通是人与人之间、人与群体之间思想与感情的传递和反馈的过程，以求思想达成一致和感情的通畅，消除误会和误解。而从管理学的角度来讲，所谓沟通就是为达到一定目的，将信息、思想和情感传送给对方，并期望得到对方做出相应反应效果的过程。

对这一定义我们可以从三个方面去理解：一是沟通要有一个明确的目的。沟通就像旅行，先要设定一个目的地或者线路，然后沿着目的地往前走，才能看到你所眷顾的风景。沟通中漫无目的、天南海北的闲聊是无法达到预期的目的的。因此，明确的目的就是沟通的必要要素。明确沟通的目标，不仅要针对沟通主体，也要针对沟通对象。如果沟通的主体与客体之间都能明确此次沟通的目的，以及希望达成的目的，无疑会减少沟通障碍，加快沟通进程，提高沟通效率。所以，沟通者在沟通之前最好先把自己沟通的目的表达清楚，不能含糊其词、模棱两可。比如说，第一句话我们可以这样讲："这次我找你的目的是……""今天谈话，我主要是想就……和你沟通一下""我想就某个问题与你交流或交换一下想法和意见"。二是沟通要有具体的情报内容，即传递和交流的内容，包括信息、思想和情感。沟通的内容首先是信息，然后是思想和情感。信息比思想、情感在量上要多得多，但思想和情感要比信息重要得多，复杂得多。实际工作中，许多沟通障碍都是思想和情感方面的不一致造成的。三是沟通必须借助一定的载体进行，如口头语言、书面语言和肢体语言等。很多人非常重视口头和书面交流的沟通，面对肢体语言方面的沟通视而不见。实际上肢体语言在沟通中起着非常重要的辅助作用。人们常说：喜怒哀乐溢于言表。如果在与对方交流开心愉悦的事情时，沟通主体还是一脸的严肃、冷漠，客体就感受不了你的同理心；反之，当与对方交流的是悲伤、痛苦的事情时，沟通主体却是一脸的讪笑，客体就会怀疑主体的沟通诚意，会认为你虚情假意，甚至会招来反感。

那么，沟通有什么作用呢？一是沟通能使决策更加正确、科学、合理。在社会治理过程中，经常有或大或小的各种决策需要定夺或确定方向。有效的沟通有助于实现科学决策。决策者可以从与单位的同事进行平行沟通中，获取大量的信息情报来提升判断力，然后进行决策；可以与下属人员进行广泛下行沟通交流，听取他们的意见或建议，丰富决策内涵；可以主动与上级领导请示报告，听取领导的意见或指导，确保决策方向的正确性；甚至可以与外单位的专业人士沟通，获得科学的参考意见。总之，兼听则明，偏听则暗。良好的沟通可以使决策更加正确、科学、合理。二是沟通能促使部属协调有效地开展工作。在平时的工作中，我们往往重视对工作目标的宣传和讲解，但对工作阶段、工作方式、工作方法、工作要求等因素却一带而过，部属难以把握整体要求，上下级之间、各部门之间的了解就不会太充分，甚至可能出现错误的理解、错误的行为，使工作任务不能正确圆满地完成。只有通过有效沟通，让部属了解整个工作目标、难点、重点，达成心里共识，实现步调一致，才能使工作不折不扣地推进完成。三是沟通有利于激励干部职工的工作积极性。在实际工作中，每个干部职工都有希望得到他人尊重和自我价值实现的需要，都希望上级领导对自己的工作能力有一个恰当的评价。如果领导的表扬和认可能够通过各种渠道及时传递给每个下属，就会对下属形成激励效应，激发他们的工作热情和工作潜力，从而充分发挥其积极性、创造性和主动性，发扬其主人翁精神，更加勤奋地、主动地、负责任地开展工作，完成目标要求。四是沟通有利于团队塑造良好的外部形象。政府部门要完成工作任务，既要有融洽的内部氛围，也少不了和谐的外部环境。特别是要建立服务型政府，打造阳光政府，更需要与外界建立广泛的联系，开展多方面的沟通，让外界更多了解政府机关部门的工作特点，理解支持政府机关部门的工作。我们常常提倡"苦干巧干拼命干"，光闷头干大活是远远不够的，还需要不断加大外部沟通力度，使本单位在社会上不断得到了解、赢得尊重、取得支持。这个巧干，从某种意义上讲就是善于通过沟通宣传自己，让他人了解你，进而理解你、宽容你、支持你。因此，单位不能实行"关门主义"，要多方式、多渠道密切联系外部社会，加大与政府部门、服务对象及媒体记者的沟通交流，从而塑造良好的外部形象，建立有利于单位工作的和谐的外部环境。

我们来照一照镜子，你是否是下面所描述的人？

1. 在部属面前总是一脸的严肃，部属觉得你随时都会批评他人。

2. 喜欢诱使或逼迫部属接受自己的观点和看法，对别人的意见总是妄加否认。

3. 不太在乎下属对某件事的感受，常常以自我为中心，不太关心他人的利益和情感。

4. 不愿意任用与自己有个性差异和不同意见的人，反感持不同意见者。

5. 知错不认，而且一定要想方设法自圆其说。

6. 不让下属自由、自主地发言，不喜欢身边的人表达自己的不同意见。

如果你发现有以上所列情况，说明你的沟通能力与技巧已经不适应行政部门工作了，你需要尽快改变自己。

由于各种因素的影响，沟通的过程不可能一帆风顺，往往非常复杂多变。但从本质上讲，沟通就是信息发送者通过一定的渠道将信息传递给接收者的过程。

经过专家学者的大量研究，总结出了沟通过程的一般模型，并将沟通过程精确地分解成七个要素，它们分别是：信息、编码、通道（传递渠道）、接收、译码、噪声、反馈。七个要素相互作用，完成了一次完整的管理沟通。

为方便起见，我们可以用下列沟通模型来表现：

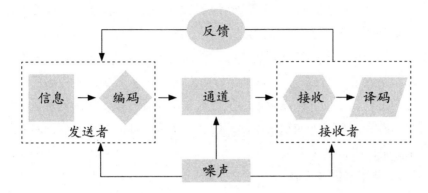

信息沟通过程模型

二、培养沟通意识

青年干部在工作的各个环节，都离不开沟通协调。在工作中，青年干部必须具有全局观念和协作意识，具有良好的民主作风和与人交流的能力，善于团结他人与自己一起协同工作。

（一）要树立全局观念

政府行政机关是一个严密的组织系统，行政职能就是通过这一组织系统分解、传递和落实到每个部门、每个层次的每个职位及在该职位上任职的各级干部，在这个系统中存在着明确的分工，各组成部分都有着明确的职、责、权关系，每一部门和每个职位的职能都是整体职能的一部分。因此，行政组织系统整体职能的完成，取决于各组成部分的职能的完成情况，整体系统的功能取决于各组成部分的功能发挥程度。只有在各组成部分协调有序运行的状态下，才有可能发挥整体最佳功能。与技术工作和某些专业业务工作相比，行政管理更需要协同配合。但是，我们也应当承认，凡存在分工的地方，就会有职权、责任上的差别，不同的分工就意味着人们从事不同的工作，就意味着会产生不同的目标追求和不同的实现途径，也就存在目标和利益上的差异。所以，不同的分工必然会产生相互间的矛盾和某些不协调。在实际工作中，因权力来源和授权形式不规范，语言的表达不一致，对本身的职责、职权、利益的理解有差异，加上行政部门中的"办公室政治"，竞争有时会导致沟通和合作的障碍，会产生一些推卸责任、争功、争权、争利等不协调现象。各级干部作为个体在某一个部门、某一个岗位工作，并不是孤立的存在，而是与其他职位、其他岗位的工作有着直接的或间接的联系。因此，克服本位主义，推进行政系统的整体功能的正常发挥，培养全局观念是每个干部的责任。有些工作从局部看来是可行的，但从全局来看是不可行的。如果某个干部不管大局而为之，就可能影响全局，甚至对全局起阻碍、危害或破坏作用。干部在履行职责时，要注意考虑自己的思想行动是否与整体上的指导思想"合拍"，要站在全局的立场上，从宏观方面考虑问题，认清自己的工作在全局"棋盘"上的位置与作用，要有顾全大局的意识。只要是对整体有利的事，就应积极主动地配合、协同；而对局部有利，对整体不利甚至有害的事，坚决不做。

（二）要培养民主作风

党的民主作风，是使我们党实现正确领导，推进党的事业的重要保证，也是我们党的优良传统。搞一言堂，不善于听取和接受不同的意见，就会给党的事业造成危害。青年干部要注重培养民主作风，在工作中，只有充分发扬民主，尊重他人的人格和权利，广泛听取各方面不同的意见，汇聚同行的智慧，只有这样才能把工作落实到位。在讨论问题时，要畅所欲言，广开言路，既可以提出反对意见，也可以保留个人意见，不允许搞"家长制"或"一言堂"，不允许以势压人、盛气凌人。特别是在做出某项重要决策之前，更需要多与同事们民主协商，得到他们的赞同和支持后再做决策。

（三）要强化协作意识

理论与实践表明，行政组织系统各个组成部分和每个环节并不是孤立存在的，而是通过彼此的相互作用，互相关联在一起的，成为密不可分的整体。任何行政机关及其他干部都不可避免地要与其他机关，或其他人发生工作关系和业务联系，履行职责，执行公务也离不开相互间的协同配合。上下之间，部门之间，同事之间的沟通、协调、理解、支持往往是工作成败的关键。在实际工作中，友谊和感情往往成为完成公务的润滑剂，对别人的谅解和支持，也就是对自己的支持。因此，协作意识不仅对组织有利，对工作有利，而且对干部之间合作共事，建立友谊和信任，形成和谐的人际关系环境，促进青年干部的成长、进步具有重要作用。需要指出的是，这种团结协作是一种按公共利益要求和职能分工的团队精神，是在规范基础上的团结协作，而不是无原则的，浅薄低俗的互相利用。

三、克服沟通障碍

青年干部在平时的沟通中会感觉到，尽管已经非常尽心、尽力去沟通了，但往往没有达到预期的目的。为什么呢？因为沟通存在着障碍，沟通中的障碍没有很好地克服。

管理学中有一个著名的沟通漏斗原理，那就是沟通漏斗呈现的是一种由上至下逐渐减少的趋势，因为漏斗的特性就在于"漏"。对沟通者来说，是指如果你心里想的是100%的东西，当你在众人面前、在开会的场合用语言表达这些100%的东西时，这些东西已经漏掉20%，你说出来的只剩下80%。而当这80%的东西进入别人的耳朵时，由于文化水平、知识背景等关系，只留了60%。实际上，真正被别人理解、消化了的东西大概只有40%。等到这些人遵照领悟的40%具体行动时，已经变成20%了。3个月之后可能只剩下5%。所以，一定要掌握一些沟通技巧，争取让这个漏斗漏掉的信息越来越少。

这个原理告诉我们，沟通信息从发送到接收，很多重要信息都被过滤掉了。这是因为沟通过程中存在许多障碍，包括发送者障碍、接收者障碍、信息本身的障碍和传播渠道的障碍。

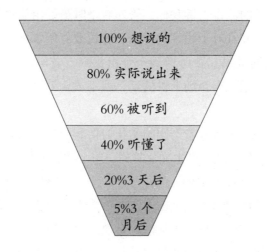

（一）沟通的障碍

1. **发送者障碍**。主要包括语言障碍、文化障碍、心理障碍。

语言障碍。语言是最重要却又是最难掌握的沟通工具。即使是使用同样的语言，不同的修养、职业、身份对语言的使用也有相当大的差别，不同的语境表达或者理解往往相差甚远，甚至相反。

某财主60大寿，好朋友张三、李四、王五、赵六约好了前来祝寿，只有王五久等不来，于是财主唉声叹气地说："该来的不来。"张三听了，想："我是不该来的了。"于是，气呼呼地走了。财主见张三走了，叹了一口气，说："不该走的走了。"李四想："那么我是该走的了。"于是，他也被气走了。赵六见李四也被气走了，责怪财主不会说话，财主说："我又不是说他。"结果赵六也被气走了。这个案例就说明在不同的语境之下，就会出现理解上的差异或者错误，最后导致沟通失败。

一个秀才买柴，曰："荷薪者过来。"卖柴者因"过来"二字明白，担到面前。秀才问曰："其价几何？"因"价"字明白，说了价钱。秀才曰："外实而内虚，烟多而焰少，请损之。"卖柴者不知说甚，荷柴而去。

为什么秀才买不到柴，就在于沟通遇到了障碍，秀才自恃自己饱读诗书，咬文嚼字，故作斯文，可是语言不够通俗，用现在的话讲就是不接"地气"，老百姓听不懂他的话，买卖当然做不成了。"外实而内虚，烟多而焰少，请损之"其实讲的是，这柴表面看起来蛮干的，但中间没有干透，烧起来烟比较多，火焰不旺，你就降降价吧。

这些来自古代的故事告诉我们，管理者平时最好用简单的语言、易懂的言辞来传达信息，并且对于说话的对象、时机要有所掌握。有时，过分的修饰反而会损害沟通效果。正所谓到一个山头唱一首歌，不同的人讲不同的话。在课堂上讲的话，在会场上讲的话，就不适合到基层与老百姓讲，故作高深，适得其反。

文化障碍。不同民族有着不同的文化习俗和心理。信息发送者如果不能适应对方的民族文化，就会产生文化障碍，影响沟通效果。

比如，中国人见面习惯问："你吃了吗？"如果双方比较熟悉，还会问："你在哪工作？""你成家了吗？"在中国的语境里这很正常，而西方人有可能认为中国人好奇、多管闲事、不礼貌，甚至认为侵犯了他们的隐私，会因此感到厌恶。这样就可能造成沟通障碍。社会上有一种男的不问收入，女的不问年龄的说法，也是这个道理。

心理障碍。心理调节不好也会给沟通造成障碍。许多人在沟通时只站在自己的立场上考虑问题，希望别人能理解自己，却忽略了别人内心的想法。在管理实践中，信息沟通的成败主要取决于上级与下级、领导与职工之间是否进行全面有效的合作。在很多情况下，这些合作往往会因下属的恐惧心理及沟通双方的个人心理品质而形成障碍。有的下属曾经与上级领导发生过矛盾，心理还存在阴影，对领导往往采用消极的方式，敬而远之，不愿意去沟通。

2. **接收者障碍**。主要包括兴趣障碍、情绪障碍、经验障碍、偏见障碍。

兴趣障碍。对讨论的主题过分关心或漠不关心，都会产生相当严重的沟通障碍。如果接收者对主题过分关心，往往会很急切地提出问题，发表评论，而不在乎发送者接下来要说什么。当接收者急于去干其他事情，或是认为沟通的主题乏味，就会对发送者要表达的内容不关心了。如果沟通双方都觉得主题很无聊，情况就更不容乐观。

情绪障碍。情绪所覆盖的不只是精神层面，其所影响的不只是个人感受，还会影响到认知思考和行为表现。与人沟通，最容易受到情绪上的干扰，因为人都有脾气、有个性的，尤其是当事情千头万绪，处理起来比较棘手时，压力会变大。经常心情不好，会左右你的认知、言语和行为，给沟通造成困难。当一方的情绪失控时，更会导致沟通的失败。

经验障碍。人们往往会把以往所吸收的信息累积为经验，在与人沟通的时候，如与人交谈或写报告时，就会不知不觉地用过去的经验过滤所收到的信息，其结果往往是接收者所获得的，与发出者传递的信息的含义和意图大不相同，导致沟通无效。譬如，一些同志喜欢摆老资格，动不动就说："我吃的盐比你吃的米多，我过的桥比你走的路多。"就可能会招来年轻人的反感，对方当然也就不愿与你沟通交流。

偏见障碍。很多人都或多或少带有一定的偏见。比如，男人比女人的工作能力要强，这是偏见；学历高的比学历低的工作能力要强，这是偏见；某地的人能喝酒，某地的人工于心计等，这都是偏见。带着偏见与人沟通自然难以取得共识。

3. **信息障碍**。主要包括信任障碍、认知障碍。

信任障碍。有效的信息沟通要以相互信任为前提，这样才能使向上级反映的情况得到重视，向下传达的决策迅速实施。对于领导者来讲，首先，你的信息必须是真实客观的，而非虚假的，来源为正规渠道，非"马路消息"、八卦新闻；其次，要权威有效，不能朝令夕改。反之，他人就不会对你的话产生兴趣。领导者在讲话和传递信息的时候，至少要有80%的可信度。没有可信度的内容讲多了不但浪费时间，还会影响到沟通的效果。譬如，狼来了的故事，就说明了这一问题。

认知障碍。在沟通过程中，信息传播双方的教育程度和专长背景不能相差太大，否则就会产生沟通障碍。

在语文课上，某教授要求小学生把"路不拾遗"（行人看到路上的遗留物也不会捡拾，形容社会安定，政治清明）这个成语引申一下。一个小学生马上站起来说："如果每个人都路不拾遗，那么久而久之，堆积起来的东西一定会堵塞道路，从而带来严重的交通问题，所以，这种行为是不值得提倡的。"众人哗然。这名小学生完全不理解这个成语的意思，自然无法理解教授所出的问题的真正含义，两人在认知上的巨大偏差导致了沟通的失败。

4. **传播渠道障碍**。主要包括时间压力障碍、空间距离障碍、组织层级障碍、噪声环境障碍。

时间压力障碍。自己或对方的时间受限制，也是常见的人际沟通障碍。与他人沟通时，人们很可能没有办法将下一个小时、下一个星期、下个月该做的事完全抛诸脑后。所以，沟通的时间压力几乎是无法完全消除的。有的沟通需要半个小时左右，但沟通的对象因为有更紧急的事情需要去处理，原定沟通时间大大减少，导致许多信息无法传播出来，自然会影响沟通的效果。

空间距离障碍。在不能与他人面对面沟通的情况下，距离也就成了一种障碍。如果需要进行口头沟通，那么距离的影响就会更大。因此，如果信息沟通者距离较远，就要考虑选择合适的沟通渠道了。

组织层级障碍。所谓组织层级障碍，是指信息传播过程中，所经历的层级过多，使得信息被过滤而失真，从而形成沟通障碍，沟通中有两种信息过滤，一种是从上往下的过滤，一种是从下往上的过滤。

有的学者统计，如果一个信息在高层领导者那里的正确性是100%，到了信息的接收者手里可能只剩下20%，这是因为各级主管部门都会把接收到的信息进行甄别，一层一层地过滤，然后再传递出去。部队在行军时，有时就会出现先头部队传一个口令下来，一个一个地往后传递，因为战士来自五湖四海，南腔北调，到最后很容易失真。

某公司总经理交代他的秘书说："你帮我查查我们某市分公司目前有多少人，下周一我开月度会议汇报工作时要用到。"于是，这位秘书打电话给某市分公司的秘书说："公司总经理需要一份你们公司所有工作人员的详细名单和档案。你准备一下，两天内交给我。"于是，分公司秘书又告诉其经理说："省公司需要一份我们公司全体工作人员的名单、档案和其他相关材料，需要尽快送到。"结果第二天上午，两大箱的邮件出现在了该省公司的办公大楼里。

可见沟通层级对沟通误差存在着潜在的破坏因素，甚至会因此引发极端事件。

噪声环境障碍。这里的噪声是广义的噪声，一切对沟通形成干扰的声音都是噪声。沟通时，如果周围环境比较嘈杂，就会对沟通效果产生影响，因为噪声会让人烦躁不安，无法集中注意力。而安静的环境能让人排除各种杂念，身心放松，激发灵感和激情，有助于沟通的顺利进行。

（二）克服沟通障碍要把握的策略

1. **沟通目的要明确。**沟通者，尤其是主动沟通的一方首先要对沟通的目的和内容有正确、清晰的理解。重要的沟通最好事先征求他人意见，明确每次沟通要解决什么问题、达到什么目的、解决问题的方案及其依据和资料，不仅自己心中有数，还要尽量使被沟通者也清楚。

2. **沟通内容要确切。**主动沟通的一方有责任清楚知道自己在说什么，并仔细体会对方是否了解自己所传达的信息。沟通内容要言之有物，有针对性，语意确切、准确，要避免含糊的语言，更不要讲空话、套话和废话。沟通时，要逻辑清晰、有条理，让对方更容易理解。

3. **沟通诚意要真切。**既然决定和他人沟通，就要相信他的诚意和能力，多倾听对方，在相互倾听的过程中力争求同存异。但个别的领导者不一定是一个好听众，究其原因，主要是缺乏诚意。这种情况主要发生在自下而上的沟通过程中。所以，要提高沟通效率，必须诚心诚意地去倾听对方的意见，这样对方才能把真实想法说出来。

4. **沟通地位要平等。**平等的沟通是民主的，双方都能畅所欲言，帮助对方成长，但要知己知彼还需要时间磨合。平等沟通要在心理状态上和他人平起平坐，不要过高估计自己，也不要一味地抬举他人。特别是作为领导者更不能高高在上，而是要放下身段，平等沟通。当你正处在和同事的磨合过程中，相互都不十分了解时，不能急躁地用官老爷式的方式和别人沟通，应先和他交朋友，再谋求进一步合作。

5. **沟通语言要多彩**。研究发现，沟通中 60% 以上的信息不是通过语言文字来表达的，而是通过肢体语言来传达的。而且，相对语言文字，听众更相信肢体语言。沟通者必须注意自己的肢体语言与口头语言的一致性。比如，你告诉下属你很想知道他们在执行任务中遇到了哪些困难，并乐意提供帮助，但你同时又表情冷漠，若有所思，这很容易使部属怀疑你的诚意。

6. **沟通情绪要理性**。培养镇定的情绪和良好的心理，营造一个相互信任、有利于沟通的小环境，将有助于人们真实地传递信息和正确地判断信息，避免因偏激而歪曲信息。领导者在与部属进行交流时，应尽量保持理性和克制，如果情绪出现失控，应暂停沟通，直至恢复平静。

7. **沟通反馈要及时**。沟通最大障碍在于下属误解或者理解得不准确。为了减少这种问题的发生，领导者可以让部属对自己的意图做出反馈。比如，在正式分配任务之前，让有可能产生误解的部属阅读书面材料；分配任务之后，你可以向部属询问："你明白我的意思了吗？"同时，要求部属把任务复述一遍。如果复述的内容与领导者的意图相一致，说明沟通是有效的；如果复述的内容与领导者意图的领会出现差错，可以及时纠正。

8. **沟通技巧要多元**。很多沟通障碍的产生都是因为沟通方式有问题，没有使用专业的沟通技巧。沟通的技巧也需要实际训练。如一个球迷，看球津津有味，真要他去踢两脚，就不行了，因为缺乏技巧训练。

9. **沟通换位要适时**。领导者在与部属沟通时容易以自我为中心，希望部属能理解自己，却忽略了部属内心的想法；总认为自己正确，而很少考虑部属的意见，这样沟通就很难进行下去。不要以为你永远是正确的，盲目地坚持己见，那样只会把沟通变成争执。要学会站在部属的立场上去想问题，多考虑部属的感受，以部属能够接受的沟通方式表达自己的意愿。

有一位农夫要把自家的牛赶进牛栏里，可是这头牛很犟，死活不肯进牛栏，他费了九牛二虎之力也没有把这头牛赶进去。于是，他就用鞭子抽打，后来又用脚踢，牛还是不进去。这个农夫不禁火冒三丈，开始更加凶狠地抽打牛。可是，牛也发火了，回过头来要顶他。旁边的农夫老婆这个时候看在眼里，急在心里，她说："老这样打牛也不是办法，你别急，我试试看。"农夫老婆跑到牛的面前，把手伸出来，放到牛的嘴巴前，这个时候牛伸出舌头舔她的手，然后农夫老婆就往后退，牛就跟着往前走，终于，农夫老婆慢慢地退进了牛棚，牛也跟着进了牛栏。农夫的老婆就是站在牛的立场替它考虑的，她知道牛现在需要什么。用这样的方法就是大象我们也可以使它移动。

四、用活沟通渠道

沟通的渠道不是单一的，而是多种多样的，要根据不同的沟通对象、沟通信息、沟通目的等来选取，也可以同时选用多种沟通方式，取长补短，效果更好。

（一）面对面沟通

随着互联网时代的发展，科技的不断进步，人与人之间的交流方式越来越多，电话、电子邮箱、短信、QQ、微信、抖音等聊天工具随之被热捧起来，但是，最有效最直接的沟通方式还是面对面地交流。

第二次世界大战期间，在美国，有一个小伙子与一个姑娘热恋了，可惜好景不长，美国正式参战，小伙子入伍远赴战场。此后，无论是在战斗间隙还是在战壕中静守，无论是白天还是黑夜，只要一有空隙，小伙子就给姑娘写信，以遥寄相思之苦。第二次世界大战结束了，小伙子荣归故里。这个时候的姑娘也准备好了当新娘，不过，新郎并不是小伙子，而是天天给她送信的那个邮递员。

可见，最亲切、最有效的交流方式还是面对面的交流，通过面对面的交流，可以直接感受对方的心理变化，及时准确了解对方的真实想法。

1. **面对面沟通的好处**。一是面对面沟通让人变得更真诚。面对面的接触需要沟通双方放下案头工作，抽出时间坐在一起，这样不仅可以增强彼此之间的重视感，还能通过五官的感觉和细微的身体语言，如眼神的游移、握手的力度等，消除疑虑，增进信任，减少发生误会的概率。二是面对面沟通更有利问题的解决。针对比较复杂的问题，面对面"沟通"可以使沟通者利用口头语言、肢体语言等多种方式把问题阐述得更清楚、更明白，还可以得到及时准确的反馈，因此，比较容易解决问题。这是电话、即时通信、电子邮件等沟通方式难以做到的。三是面对面沟通能产生更积极的激励作用和长久的影响力。沟通双方直接接触，能看到、听到、感觉到，因此，作用更持久、影响更深远，这就是当面夸奖让人更振奋、当面斥责让人更震动的原因。对于思想和情感上的交流，面对面的沟通方式更适合。特别是一些部属，能与上级领导面对面沟通，会感觉到上级对自己的尊重和重视，能够激发自身的内在动力。

习近平总书记曾经多次讲过："当县委书记一定要跑遍所有的村；当地市委书记，一定要跑遍所有的乡镇；当省委书记应该跑遍所有的县市区。"（"人民网" 2015 年 1 月 12 日）就是要求党员干部深入人民群众之中，面对面交流沟通，才能拉近与人民群众的心理距离，才能真实了解人民群众的所思、所想、所盼。

2. **面对面沟通的技巧**。一是事先确定基本的沟通事项。面对面沟通需要双方在繁忙的工作中抽出时间坐到一起，在时间和费用上的成本比较大。为了让沟通更有效，需要事先设定好沟通的基本事项，确定需要讨论哪些方面的问题，以及解决这些问题的先后顺序，然后按部就班地与人沟通。至于兴之所至式的交谈，因为议题往往比较随意，所以绝对不是高明而有效的面对面沟通。二是运用多种语言方式。人与人面对面沟通三大要素是文字语言、声音语言及肢体语言。美国心理学家梅拉比安研究发现，这三大要素的影响力的比率分别是 7%、38%、55%。一般人在面对面沟通时，常常强调讲话内容，却忽视了声音和肢体语言的重要性。沟通就是努力进入别人的"频道"，和对方达成一致，也就是你的声音和肢体语言要让对方感觉到你所讲的正是你所想的，否则对方无法收到正确的信息。所以，领导者要根据沟通的内容，选择合适的语气、语调，或激昂，或平缓，或低沉，吐字清晰，语速适中，清楚准确地表达自己的意思。另外，还要搭配一些肢体语言，也包括手臂语言、腿部语言和面部表情等。三是语言要委婉，避免使用激烈偏执的语言。只有尊重对方才能赢得对方的尊重，在沟通中也如此。面对面沟通是双方的直接接触，作用更持久，影响更深远，因而要避免激烈、偏执的语言，以免伤害对方的自尊心。在面对面沟通中，可以评论事情，但不能涉及人格。话题一旦涉及人格，就会发生情绪化冲突，沟通就会失败，无论是上行沟通、下行沟通还是平行沟通，这都是适用的，尤其在批评性的面对面沟通中，更要注意言辞的表达方式。四是避免直接指出沟通对象的错误。沟通的目的不是去证明对方是错的，而是促使双方达成一致。很多人在沟通的过程中不断证明自己是对的，却十分不得人缘。从沟通的角度来讲，事情无所谓对错，只有适合不适合而已，所以，领导者在沟通中尽量避免直接指出对方的错误。五是善于倾听和提问。高明的沟通者，懂得审时度势地调节自己的听、讲、问，调动起对方参与沟通的积极性，赢得对方的合作。倾听和提问可以向对方表明：你对他们的回答感兴趣，你理解他们的观点，你尊重他们的想法和意见。倾听时不要打断对方讲话，两眼要注视对方，等到对方停止发言时再发表自己的意见。提问的问题越简单越好，以自然自在的态度、平易近人的语调来表达，一般人更容易接受。六是营造良好的沟通氛围。沟通的场合和时机十分关键，在可能的情况下，领导者应该选择沟通障碍最小的时间和地点，营造良好的沟通环境，让沟通更轻松、愉快，消除紧张感、距离感和敌对感。这就要求沟通的场所安静和相对隐蔽，在沟通的时机上，可以选择一些轻松、亲切的话题开始拉近彼此的关系，然后再谈及主题。

某单位有一个科长，见一个同事因未评上先进，心里郁闷，就请他吃饭，沟通一下。几杯酒后，同事的气头就上来了，怀疑评选不公平，一个看似不如自己的同事却被评上了，一时产生了要告状的念头。参与吃饭的另一个同事也来了劲，表示强烈支持他去讨说法，科长见如此情况，无奈地表示了同情。这下同事更来劲，借助酒力将酒桌掀翻在地，沟通失败。

（二）电话沟通

面对面沟通的效果虽好，但要耗费大量的时间和精力，快节奏的社会生活需要简便的沟通方式。电话是基本的沟通工具，已作为现代沟通手段被广为利用。它可以使我们节约时间，提高效率，沟通感情，交流信息，疏通社交中的阻滞。领导者的大部分时间会花在电话沟通上，因此，掌握电话沟通的技巧显得尤其重要。

1. 学会接听电话。

（1）接听电话常识。一是迅速接听。有电话打进来，应迅速地拿起听筒接电话。最好在电话铃声响三声之内接听，这既是对对方的尊重，也是办事效率高效的体现。电话铃响一声大约三秒，若长时间不接电话，让对方久等，不仅很不礼貌，也有可能错过重要的电话。如果同时响起两部电话，遵循长途电话优先和电话铃声先响先接的原则。二是表现出友好的态度。首先说一句"您好"，然后正确地说出你的名字或单位名称。即使看不见对方，也不要忘记面带微笑，同时要声音清晰、悦耳，给对方留下良好的印象，这也有利于维护和提升自己所在单位的形象。因此，接电话时应有"我代表单位形象"的意识。三是确认对方身份，了解对方来电的目的。委婉地探求对方来电目的，既不误事又能赢得对方的好感。电话沟通中的重要内容，要准确详细地询问清楚，要详细记录对方姓名、职务、通话内容。如果有些事项自己无法处理，一定要认真记录下来。四是适当地给予一定的反馈和回应。

听对方讲话时不能一味沉默，否则对方会以为你没听或没兴趣听，所以要适度地使用附和帮腔语。如使用"是，是的""哦，哦""嗯，嗯""是嘛""好，好的"等配合对方的语调，表明你在认真听取对方讲话。五是不要随意打断对方。打断别人讲话是不礼貌的行为。如果确实需要插话，应在对方停顿的间隙委婉表达自己的意思，在征得对方同意后才可插话。六是复述电话要点。电话接听完毕，要给对方复述一遍电话内容。特别是接听上级领导交代工作任务时。

（2）打电话的常识。一是提前想好通话要点，列出提纲。内容包括电话要打给谁、打电话的目的是什么，要说明哪几件事情，用什么样的方式表达出来。另外，还要准备好所有相关联的文本资料，尽可能地把要说的事情准备得充分一些。二是掌握好通话的时间。如无紧急重要事情，非上班时间（上午早于9点，下午晚于5点）不打电话，重要的电话要放在上午打，建议上午10点左右打，因为对方可能刚刚处理完上午的业务，下午很难联系到人，而且下午无论是拨打者还是接听者精神都不太集中，不利于事情的解决。要避免在临近下班时间打很长时间的电话，因为这样可能会拖延对方的下班时间，效果适得其反。三是端正的姿态与清晰明朗的声音。打电话时姿态要端正，精神要振作，口中不要有妨碍说话的东西，如糖果、口香糖等，也不能喝水。即使是懒散的姿势，对方也能够"听"得出来。打电话时，声音要温雅有礼，以恳切的话语表达。嘴与话筒间，应保持适当距离，适度控制音量，以免对方听不清楚，产生误解，但也不可声音粗大，不要让对方误以为你"盛气凌人"。四是做自我介绍。在对方接起电话后，先自报家门，说出自己的姓名和单位，然后简明扼要说明打电话的目的和事项，接着询问和确认对方的姓名、所在部门和职位，记录双方谈话内容并予以确认。五是避免使用惯用语和俚语。如"伙计"或"哥儿们"等惯用语具有地域性，有可能会引起对方误解。同时，说话时不要显得太随意，有时候称呼别人"亲爱的"或"宝贝儿"也会惹怒对方。六是对方不在电话前时要灵活处置。如果对方不在，而事情不重要或不保密时，可请代接电话者转告。如果事情重要，不方便转接，应向代接电话的人询问对方的去处和联系方式，或把自己的联系方式留下，让对方回电话。同时，感谢代接电话的人，并有礼貌地说"再见"。七是有礼貌挂断电话。要想结束电话交谈时，一般应当由打电话的一方提出，然后彼此客气地道别，应有明确的结束语，说一声"谢谢"和

"再见"，再轻轻挂上电话，不可只管自己讲完就鲁莽地挂断电话。你的鲁莽会造成对方的误解。

2. **学会用手机。**有人可能会想，手机普及多年了，还说要学会用手机，这不是小儿科的事情吗？其实，在现实生活中许多人用手机接打电话都是很随意的，缺乏对手机礼仪的基本掌握。

（1）接打手机的常识。在人多的地方，尤其是特定的公共场所，如课堂、影院、音乐厅、会议室、法庭等安静、严肃的场合，不要让手机响铃。此时应主动关机或改为震动模式，以免手机铃声突然响起，影响他人。在公共场合接打手机，说话声音一定要轻，不要旁若无人地讲话，更不能高声喊叫。如果条件允许的话，可以远离众人，去僻静之处接听。这既是对交谈者和周围众人的尊重和礼貌，也是出于保密的需要。如果一时无法走开，而事情也不太紧急，你可以告诉对方现在接听不方便，等会给对方回过去。说话时，态度要诚恳，取得对方的谅解。还要注意不要一边接打手机，一边和身边的人说话，这是不礼貌的行为。不要用手机讨论敏感或需要保密的事情，最好在电话里跟对方约定面谈或其他的沟通方式。与干部职工沟通重大事情时，最好用固定电话，因为手机沟通容易受周围环境和信号不稳定的影响，导致沟通的效果不佳。注意手机的携带方式。有些人喜欢把手机别在腰间的皮带上，这样虽然携带方便，但如果穿有外套，接电话的时候就要掀起衣服，很不雅观，所以最好把手机放在随身携带的包里。

（2）短信沟通妙用。一是短信内容要积极健康。注意不要给同事和下属发送一些格调不高的笑话、打油诗甚至是黄段子，那样会引起他们的反感。要选择积极健康的内容，特别是与下级沟通时，由于你代表的是单位的形象，所以言谈一定要得体、文雅。二是注意发送时机的选择。短信沟通一般用于节假日祝福、平时问寻工作等情况。适时发送一条信息，让大家在这种特殊的方式中感受你的特殊沟通，不啻为加深印象、增进关系的好办法，而在其他场合则不宜使用短信沟通方式。三是如果是初次沟通，或者不确定对方是否知道你的手机号码时，那么在短信结尾处一定要署名。如是发送给其他单位的领导，还要署上自己的单位名称，以免耽误事情。另外，短信沟通仅仅适用于非重要的问题，对于重要的问题，一定要在第一时间里进行电话沟通或面谈。一些电话沟通和面对面沟通容易尴尬的事情时，利用短信沟通就比较好。用短信沟通来解决这些事情，既可以达到目的，也能给双方留有一定的余地和情面，不致产生负面影响。如因为误解，双方没有面对面沟通、释疑的机会，可以选择短信沟通。

（三）书面沟通

作为领导者，每天都要通过各种沟通方式来进行公务活动，书面沟通是其中重要的一种方式，贯穿领导者工作的始终，工作请示、公务信函、总结报告甚至合同条约等都是其中的重要形式。良好的书面沟通能力会让你的工作更加高效。

1. **书面沟通不可替代**。政府机关和干部都无法离开书面沟通，对内有工作制度和各项方案，对外有各项报告和公务信函。书面沟通是政府部门内部和部门外部传递信息、交流思想、建立感情的重要渠道。各级政府机关对书面沟通能力非常看重，善于书面沟通的人也更容易升迁。据有关研究发现，一些单位的管理人员，25%的时间都用在了写作上，而且职务越高，写得越频繁。书面沟通是不可替代的，它信息表达更为准确，容易保存，不失真，更有效力，更让人信服，比口头沟通更加灵活、更加精准。

某局长给新来的秘书小曹布置了一个任务，要求他向各个部门下发绩效考评表格，并要求各个部门在当天下午两点之前上交局长办。局长问小曹是否明白意思，他说完全明白，于是就去执行。结果到了下午，事情出来了：到了规定的时间，技术科没有按时上交。局长问小曹："你向技术科怎么传达的？"小曹说："完全按正确的意思传达的。"局长又问："那为什么技术科没上交？"小曹说："技术科就是没上交，不知道为什么。"局长把小曹和技术科科长都召集到办公室，问这个事情。技术科长回答说，当时他没有听到小曹传达关于上交时间的要求。而小曹说，自己确实传达了，为什么局里12个科就技术科没听清楚？技术科长说，确实没有听到。到底是小曹没传达，还是技术科的人没听到？没有书面的东西，说不清楚。

2. **书面沟通的技巧**。一是明确书面沟通的目的。书面沟通的目的，是指沟通者期望通过书面沟通实现的目标。常见的沟通目的有提问、分析、解释、指示、说明、说服、批评等。二是分析对方需求信息。书面沟通时要明确对方需求，把对方最想知道，最能达到沟通目的的材料保留并凸显出来。然后把不相关的内容统统去掉。三是注意书写语气。书写时一定要斟酌一下你的文字是否准备无误地表达了你的意思，对方收到后会做何反应。另外，可以用"我""你""我们"等人称代词帮助对方把你的文字连接起来，使文字更直接、清晰、有说服力。简短的句子会因缺乏客套而被认为无礼，无心的玩笑会让对方觉得粗俗，简洁的信息可能会因简单而被对方忽略。四是突出重要信息。突出重要信息的两种方法：第一种方法是使用短词、短句及短的段落。一般而言，较短的段落是突出你的主要观点的位置。第二种方法是把重要的信息放在该段的重要位置，并且通常是要放在段落的开头，而不要跟在诸如"当、在……之后、而、因为、不论怎样、因此、如果"这类词后面。另外，我们也可以对重点句和重点段进行着重性标注，如加下划线、加粗、变色等。五是写好前言和结尾。在前言中要说明你打算告诉对方什么。结尾时告诉对方你说了些什么。前言的目的：抓住对方的兴趣，帮助对方立即抓住要点，并在结论段中总结或者进一步确认这些内容，如果有必要，可以再进行深入地沟通。

（四）会议沟通

会议作为一种重要的沟通方式，同样被各种现代组织广泛应用。身为政府机关的干部，必然要参加并组织一些会议，以达到相互沟通的目的。所以，掌握会议沟通技巧也是领导者的一项基本技能。

1. **会议前的必要准备**。第一，明确会议议题。会议召开前要给与会人员每人一份书面的会议议程安排，让与会人员知道将要讨论的内容，有助于会议的成功召开，达到预期的效果。议题既要具有必要性和重要性，又要具有明确性和可行性。会议围绕这样的议题展开讨论、进行研究，才容易取得共识或最后形成决议。每次会议的议题应该尽可能集中、单一，不宜过多、分散，尤其注意不要把许多互不相干的问题放在同一个会议上讨论，这样容易使与会者的注意力分散，不利于解决问题。尽量不要有临时动议，因为同与会者缺少沟通，不易达成一致。第二，确定开会时间。会议时间有三种含义：一是指会议召开的时间，二是指整个会议所需要的时间、天数，三是指每次会议的时间限制。会议时间内一定要确保所有参会的主要人员都能出席。重要会议最好安排在周二至周四的某个时间。不适合安排的时间：周一上午和周五下午。前者大家太忙碌，后者与会者无法安心。每天上午 8 点到 9 点和下午 5 点以后也尽量不要安排会议。会议需要的时间可长可短，但要尽量紧缩，少则几分钟、几十分钟，多则几天、十几天，会议组织者应尽可能准确地预计需要的时间。每次会议时间最好不超过一小时，如果需要更长的时间，应该安排中间休息。第三，确定会议地点。一般的会议地点最好安排在封闭的会议室，只要地点合理、大小适中、环境良好、附属设施齐全即可。第四，确定与会人员。可将与会人员分为必须参加和可以参加两类。前者必须参加，否则会议无法进行；后者可以参加也可以不参加，如果不参加，会后给其一份会议纪要即可。并非参会的人越少越好，虽然参加会议的人员越少，责任越集中，效率越高，但会议所作决议的失误率也越高，推行会议决议的成本就越高，因此，会议召集者应把握好一个度。第五，布置开会会场。对会场的总体要求是：整洁、安静、明亮、空气流通、大小适宜、设备一应俱全、利于安全和保密。工作会议或同一系统会议，与会者的席位依职务高低为序，职务越高者离主席席位越近，两边入席，左高右低，前高后低。或者按照编制序列安排座位。研讨会、座谈会之类的会议，与会者可随到随坐，不指定席位。重要的大中型会议，则应按地区、系统、单位等分组，事先划分席位，与会者由秘书或服务人员引领入席。另外，还要准备好扩音设备、银幕、投影、电源、电线、黑板、指示棒、挂图、笔、闭路电视、姓名牌、记录纸、烟灰缸、大衣架、茶水等会议所需物品。

2. **如何高效主持会议？** 会议主持人的任务就是控制会议进程、阐明会议目标、鼓励大家各抒己见，保证与会者有发言时间、明白会后各自应承担的工作，但不要涉及任务的实质性内容。其具体工作是，宣布开会、控制议程、鼓励讨论、总结发言、控制人员发言、做出决议、确认行动和责任。很多单位的会议都是一把手主持，其实不然，作为单位领导，应该多听少说。只要不是特别重要的会议，交与副手主持即可，一把手可以坐在旁边观察，必要的时候插一两句关键的话。

为了节省时间，让会议开得更有效，每次会议都要有清楚的议程，并在会议前让大家阅读或知悉。与会者在开会前就清楚这次会议的目的、本质和架构，可以有充分的时间做准备，才能够保证大家一到会场就可以直接讨论和表决。会议主持人要把握好会议的开场。通常，与会者都是三三两两地来到会场的，他们或者在考虑自己的事情，或者聚在一起聊天。这时，主持人不要忙于开始会议，先用目光和微笑向与会者打招呼，待会场平静下来，环视会场一周后再宣布会议开始。在进行必要的自我介绍后，主持人应向与会者介绍开会的目的、预期效果、参会人员、开会时间和会议议程等事项，并迅速切入主题，引导大家发言。主持人要控制好会议的进度，鼓励每个人发表自己的见解。会议在一段时间里要集中讨论一个议题，在一个议题结束后再开始下一个。每个议题都要明确讨论的目的、要点和范围，避免跑题。会议主持人最重要的职能就是引导，以简短的话语指引着会议的进程。比如："讲得很好，请继续下去。""想法不错，能跟我谈谈详细的实施步骤吗？"这样的话语会让参会者的思路更集中，大大地提高了会议的效率。优秀的主持人能够及时引导大家的发言，让讨论按会议既定议程深入下去。会议上如发生激烈地争论。主持人要对争论双方或各方的观点加以澄清，分析造成分歧的因素，了解协调的可能性，将争论的问题作为会议的主题展开全面讨论，以便把会议引向深入。若分歧难以弥合，可以暂时搁置，进入下一项。对已表述的观点要及时加以概括总结，争取尽早得出结论。会议完成既定议程就可以结束了。无论何种会议，结束时主持人都应该重新回顾一下会议的目的、取得的成果、达成的共识，以及需要执行的决议，并对会议进行评估，在一种积极的氛围中结束会议。主持人尤其是领导，可以对与会者的工作给予充分肯定，同时也要提出殷切的希望和积极的鼓励。每次会议都要做好会议纪要。会议纪要一定要有执行人和完成时间，各方都要签名。领导者同时要安排专人执行会议决议，并进行跟踪检查，避免议而不决，决而不行。

（五）网络沟通

互联网的发展已经深入社会生活的方方面面，网络技术在社会治理中用得极为普遍。网络是政府机关沟通的一个重要渠道，电子邮件、QQ、微信等是政府机关内外沟通交流的重要工具。

1. **网络沟通的特点**。网络沟通可以让信息瞬间到达，几乎可以实现同步传输，信息的传播和读取能力比历史上任何一种沟通方式都具有优势。网络在管理沟通中的优势主要体现在以下几个方面：沟通形式多样化，不受地域的限制，沟通方式更加灵活，沟通的成本更为低廉。

2. **用好电子邮件**。

（1）电子邮件发送规则。一是选择电子邮件沟通要慎重。要考虑你的沟通内容是不是适合用电子邮件。如果你的沟通事项具有时间限制，就不适合用电子邮件沟通。如果对方不习惯使用电子邮件，最好也不要用这种方式和他沟通。邮件标题要明确且具描述性。电子邮件的标题要一目了然，以便对方快速了解与记忆。第一次与人接触，最好在标题中注明自己的姓名。

一天，黄老师收到一个邮件，邮件内容只有这样一句话："黄老师，请你把讲课的课件发给我。"那几天刚好有几个单位请黄老师去讲课，黄老师就疑惑了：谁向我要课件？是哪个单位的？于是，黄老师做了回复："您哪位？黄老师。""我是朱科长，想再学习一下，整理笔记。"可黄老师还是记不起来，朱科长是哪个单位的，也弄不清楚这个朱科长要的是哪个专题的课件，不过，黄老师总算知道对方姓朱。于是，黄老师又回了一封邮件："朱科长，您好！请问您是哪个单位的？要什么专题的课件？黄老师。""我是某单位的，专题是关于如何与上下级沟通。"至此，黄老师终于想起来了，这是某单位要黄老师为中层以上干部做一次关于如何与上下级沟通的技能培训。由于发邮件的朱科长没有掌握邮件发送规则，出现了好几个来回的问询，浪费了许多时间。

二是信件内容应简明扼要。尽量掌握"一个信息，一个主题"的原则。信件内容要简洁紧凑，尽量写短句，不要重复。语言不要求精彩，但一定要语句流畅通顺，尤其注意不要有错别字。三是格式规范，内容严谨。公文性质的电子邮件一定要按照规范的信函格式来写。要多使用敬语，避免使用网络缩写文字。署名要真实，不可使用网名。四是注意电子邮件的礼仪。与不认识或不熟悉的人通信时，一般要使用正式的语气，尽可能使用适当的称呼和敬语。特别是与上级领导通邮件，要注意上下有别，尊敬为要。五是不过分依赖电子邮件。电子邮件是一种非常好的沟通和交流方式，但它只是单位内外沟通交流的一个辅助性工具，不可把它作为唯一的一种沟通方式，也不能借电子邮件逃避一些直接交流。管理沟通更多的是依赖直接沟通和交流来密切与上下级的关系，倾听他们的需求和想法，尽可能地达成一致。六是要考虑到一些突发事件。比如，当时管理人员不在办公室，突然停电，或者网络故障等，邮件发出后，最好再用电话沟通一下，看对方是否收到了邮件，切不可将邮件发出就了事，往往会误事。

（2）回复电子邮件规则。一是及时回复对方的信件。收到合法发件人的电子邮件时，要及时予以回复。如果无法立即提供一个完整的答复，也务必在 24 小时内向发件人确认收到邮件。当有事外出 24 小时以上时，请使用自动回复功能。二是收到误发邮件怎么办？收到误发邮件时，尽可能代为传递或通知原寄送人，忽视或删除他人误发邮件的做法都是不好的行为。如果能从信件内容看出正确的收信者，应迅速转送出去。如果判断不出收信者，也应给发信者回复邮件，把情况告诉对方。三是未经允许，切勿将邮件内容转发其他人。如果想把来信者的邮件转发给其他人，首先要先征询发件人的同意，否则就是对发件人的不尊重，甚至违反了《民法典》，侵犯个人隐私权等。四是考虑替代性的沟通管道。回复电子信件前，应考虑一下：是不是拿起电话与对方聊聊或约个时间当面洽谈效果会更好呢？毕竟，电子邮件沟通缺乏太多人类熟悉的沟通辅助手段，如表情、肢体语言等，见面三分情，即使是使用电话，也可以听到对方的声音，沟通的效果肯定不一样。

五、掌握沟通策略

"成功一定有方法"，有效沟通也要讲究一定的方法和策略。对于领导者来讲，我们要面对很多沟通对象，如内部的领导、同事、下属，外部的有工作联系的部门领导、媒体记者、服务对象等，工作职责要求我们必须处理好方方面面的关系。沟通对象众多，沟通情况复杂，只有掌握一定的策略和技巧，才能实现高效沟通。

（一）尊重是"敲门砖"

尊重他人是一种高尚的美德，是个人内在修养的外在表现。在工作和生活中，对各级领导的崇敬是尊重；对同事对下级对普通的平民百姓以诚相待、友好合作，倾听他们的声音是尊重；当他人功成名就时给以赞扬而不是贬低是尊重；对情趣相投的人真诚相待是尊重；对性格不合的人心存宽容同样也是尊重……尊重他人是一个人的思想修养好的表现，是一种文明的社交方式，是顺利开展工作、建立良好的社交关系的基石。对上级、同事、下级、平民百姓的尊重，有利于对上负责和对下负责一致性，有利于密切党群关系、干群关系，有利于团结合作，提高工作效率。对家人的尊重，有利于和睦相处，形成融洽的家庭氛围，对朋友的尊重，有利于广交益友，促使友谊长存。总之，尊重他人，生活就会多一分和谐，多一分快乐。现实生活中，有的人常常有意无意地做出一些不尊重他人的行为。比如，认为朋友关系密切，就不给对方留下足够的心理活动时间，与人交谈时，只顾自己侃侃而谈，不给对方说话的机会；在听别人倾吐心事时，东张西望，左顾右盼，心不在焉；对诚恳批评自己的人耿耿于怀，做出不文明不符合身份的举动，让对方感到难堪；等等。这些都是不尊重他人的表现。每一个人的内心都渴望得到他人的尊重，但只有尊重他人才能赢得他人的尊重。常言道："送花的人周围满是鲜花，种刺的人身边都是荆棘。"天底下没有两片完全相同的树叶，同样，也没有两个完全相同的人，但人们在人格上都是平等的。这种平等决定了我们不能把自己的意志强加于人，而是要容纳个性，允许差异。尊重他人要避免把职位高低、权力大小或拥有财富的多少与尊重程度画等号。

互联网上流传着一则《风度不是装出来的》小故事，很有哲理。有一个40多岁的优雅女人领着她的儿子走进某著名企业总部大厦楼下的花园，并在一张长椅上坐下来吃东西。不一会儿妇女往地上扔了一个废纸屑，不远处有个老人在修剪花木，他什么话也没有说，走过去捡起那个纸屑，把它扔进了一旁的垃圾箱里。过了一会儿，妇女又扔了一个。老人再次走过去把那个纸屑捡起来扔到了垃圾箱里……就这样，老人一连捡了三次。妇女指着老人对儿子说："看见了吧，你如果现在不好好上学，将来就跟他一样没出息，只能做这些卑微低贱的工作！"老人听见后放下剪刀过来说："你好，这里是集团的私家花园，你是怎么进来的？"中年女人高傲地说："我是刚被应聘来的部门经理。"这时，一名男子匆匆走过来，恭恭敬敬地站在老人面前，对老人说："总裁，会议马上就要开始了。"老人说："我现在提议免去这位女士的职务！""是，我立刻按您的指示去办！"那人连声应道。老人吩咐完后径直朝小男孩走去，他伸手抚摸了一下男孩的头，意味深长地说："我希望你明白，在这世界上最重要的是要学会尊重每一个人和每个人的劳动成果……"中年女人被眼前骤然发生的事情惊呆了。她一下子瘫坐在了长椅上。

尊重每个人，不以身份而区分，这是你的风度，风度是装不出来的，总会暴露出你真实的一面。财富不是一辈子的朋友，学会尊重才是一辈子的财富。只有这样才是人生的最高境界。所以说：尊重客人是常识，尊重同事是本分，尊重他人是教养，尊重对手是风度，尊重下级是美德，尊重领导是天职。

（二）微笑是"通行证"

1. **微笑有一种魔力**。没有什么比灿烂的微笑更容易受到人们的欢迎，微笑是人们相互理解、增进感情的重要手段，是与人沟通的"通行证"。英国诗人雪莱曾经说过："微笑是仁爱的象征、快乐的源泉、亲近别人的媒介。有了微笑，人类的感情就沟通了。"没有人喜欢和整天板着面孔、面无表情的人打交道。大家都有过这样的体验：遇到陌生人，冲对方善意地一笑，就像问了一声"你好"一样，可以打破不相识的僵局；工作中陷入了难堪的局面，主动冲对方一笑，就像说了一声"抱歉"一样，能够迅速化解不知所措的尴尬。特别是当部属犯了错，领导不是板着面孔一通臭骂，而是给对方一个微笑，取得的效果会更好。中国自古有"巴掌不打笑脸人"的传统。鲁迅曾经写道："度尽劫波兄弟在，相逢一笑泯恩仇。"微笑可以化解双方的不愉快，甚至仇恨。

在不同的场合，微笑如同一种魔力，你恰当地使用它，就会产生神奇的沟通效果。有效沟通需要一种良好的氛围，而微笑正是营造最佳氛围的有力武器。如果你用微笑去沟通，就会发现你的表达变得流畅起来了，没有了障碍和人为的隔阂，你的工作效率得到了大大提升。

希尔顿是全球最大的连锁酒店希尔顿酒店集团的拥有者。有一次，希尔顿召集全体员工开会，他对大家说："现在我们新添了一流的设备，你们认为还应该配备哪些一流的东西，才能使顾客更喜欢希尔顿酒店呢？"大家的回答是五花八门，但希尔顿都不满意。他笑着对大家说："你们仔细想一下，如果酒店只有一流的设备，而缺少了一流服务员的微笑，那就好比花园失去了春天的阳光和春风。"

细细品味，发现不无道理。当部属带着微笑走近你时，你板着冷面孔，对方的感觉是难受的；而当领导者把微笑传递给部属，部属就会感到非常舒服。特别是与老百姓打交道时，党员干部本身就是人民的"公仆"，更应该将微笑带给他们，温暖他们，这样也会得到老百姓的拥护和支持。因此，微笑是人们相互理解增进感情的重要媒介。

2. **你会微笑沟通吗？** 领导者应该充分利用微笑这一武器帮助自己进行有效的管理工作，那么，如何将微笑应用到沟通中呢？

第一，微笑存在于每一个管理细节和沟通细节中。早晨上班时，微笑着向下属道一声"早上好"，温和的情谊和真挚的笑脸必将使你的下属心中充满点点滴滴的感动；下班时，若能微笑着对忙碌了一天的同事点点头，由衷地说一声"辛苦了"，他们必定会觉得你是个懂得关心、善于体贴的人；工作汇报时，若能对领导报以微笑，会使他对你所汇报的问题更感兴趣。

第二，真诚的微笑才能打动人。因此，在沟通过程中，领导者要做到言行一致、言情一致。在与他人沟通时，不论遇到什么问题，一定要以对事不对人的态度冷静处理，尽量用微笑替代僵硬的表情。工作中，微笑加赞美是有效沟通的不二法门。

第三，以关心、帮助人的态度处理工作中的矛盾。指导工作时，不要摆出高高在上的架势，更不要以命令式的口吻进行交谈，错误地以为脸色越沉、声音越大，威信就会越高，这样只会适得其反。因此，以平易近人的态度与他人，特别是与部属或下级交流工作时，微笑与谦让更能让你赢取部属的心。

第四，当部属出现工作失误时，切忌当众严词批评与指责。这样只会把事情搞得更糟，甚至会伤害他们的自尊心，使其工作心情不佳或出现逆反心理和行为，失去追求上进的工作意愿。领导者需要用微笑、真诚、委婉、技巧促使部属对自身的失误加以认识和反省，而不是全面否定。

第五，领导者要经常把微笑挂在脸上。持之以恒的微笑会传染每一位沟通者，让原本紧张的工作气氛变得活泼轻松。大家心情愉悦了，自然会轻松愉快地提出建议和执行各项命令，整个团队的工作效率也会随之提高。事实上，没有哪一种激励的手段能比"微笑"更加有效。

第六，让微笑传遍整个团队。少数人之间的微笑只能反映少数人之间的关系，只有全体干部职工之间都能做到微笑交流，将微笑很自然地带给部属，才算将微笑传遍团队。这样，不仅可以提升团队的外在形象，更有可能为团队创造更多的荣誉。

总之，微笑不仅表现了领导者在工作中的豁达情怀，更反映出团队内部人际关系的融洽与和谐。微笑让工作变得更加紧密，让人与人之间更加信任和宽容，因此，让沟通变得更加容易和高效。与其说微笑管理是一种魔法，不如说微笑管理是一种"以人为本"理念的根本体现，是一种建立领导者与被领导者心灵之间的桥梁。因此，任何时候都请不要吝啬你的微笑。生活如一面镜子，你笑，生活笑；你哭，生活也在哭。人际交往和沟通也是这个道理，要想获得别人的笑容，你首先要绽放自己的笑容。所谓己所不欲，勿施于人，既然你不想让别人对你绷着脸，为何要对别人绷着脸呢？

（三）赞美是"润滑剂"

赞美是促使人际关系和谐的润滑剂。赞美的目的，在于拉近人与人之间的距离，它是一种利器，也是一种技巧，不但能润滑我们的人际关系，而且能使我们的沟通更和谐、顺畅。因为，接受赞美是人的一种心理需求，适当的赞美会给人以舒适感，使人更容易接受对方的建议，促使沟通双方达成共识。

古时候，有两个学生考取了功名，要被朝廷派到外地任职，临走时向他们的老师告辞。老师告诫道："地方官可不好做啊，要小心谨慎。"一个学生说："请老师放心，我已经准备了100顶'高帽子'，逢人便送一顶，想来不至于出什么岔子。"老师生气地训斥道："我们都是一身正气之人，岂能阿谀奉承！现在世风日下，你们为官后千万不可如此。"另一个学生赶紧说道："是呀，现在的社会风气确实不好，像老师您这样不喜欢'高帽子'的人真是太少了！"老师听后怡然自得，很舒服，微微点头道："你这话说得还有点见识。"两人出门后，这个学生对另一个同学说："我的'高帽子'已经剩下99顶了。"

给别人戴"高帽子"，其实也就是赞美别人。每个人都需要赞美，这并不是虚荣心作怪，而是人性所决定的。一个人具有某些长处或取得某些成就，往往需要得到他人和社会的承认。如果你能以诚挚的敬意和真心的赞扬满足对方的这种心理需求，那么，他就可能因此而变得更加通情达理、乐于协作，沟通起来也就更加方便。作为领导者，你应该努力去发现上级、平级和下级值得赞扬的美德和小事，寻找他们的优点，形成一种赞美的习惯。赞美的作用非常重要，但我们很少重视过它，甚至对它抱有一些偏见，如上面案例中的老师，把赞美视为阿谀奉承。领导者要改变这种错误的认识，意识到赞美的重要性，经常通过赞美来肯定、认可别人。

1. **赞美的原则**。一是要真诚莫虚伪。真诚而恰当的赞美是对他人的一种尊重，是心灵的一种呼唤。只有发自内心的真诚地赞美才能收到好的效果，才能使对方受到感染，发出共鸣。二是要适度莫夸张。赞美要讲究分寸，过犹不及。夸大其词的赞美，不仅不会赢得人们的欢心，反而会适得其反，让人觉得虚情假意。所以赞美时，尽量不要使用华丽的辞藻，只要态度诚恳、言辞适当就足够了。三是要真实莫虚假。赞美要有事实根据，不能夸大，更不能杜撰。在赞美中力求做到真实，如果无中生有，言过其实，便会有阿谀奉承、溜须拍马之嫌，让人误以为你有什么不良企图。

2. **赞美的技巧**。赞美有直接赞美和间接赞美之分。

（1）直接赞美的技巧。直接赞美就是当面赞美对方。这听起来简单，但真正运用起来并不容易，因为直接赞美绝不是赤裸裸地当面夸奖，其中也有不少技巧可言。

一是赞美要具体化。赞美要依据具体的事实进行评价，除了用一般性的夸奖语言，如"你很棒""你表现得很好""你不错"，最好加上具体事实的评价。赞美用语越翔实具体，说明你对对方越了解，对他的长处和成绩越看重。只有让对方感到你的真挚、亲切和可信，才能使你们之间的人际距离越来越近。

二是赞美要差异化。人的素质有高低之分，年龄有长幼之别，优点也各不相同，因人而异，突出个性的赞美要比一般化的赞美能收到更好的效果。对上级领导，对同级同事，对部属，对服务对象，赞美的遣词造句肯定不一样的。总之，每个人都有自己的独特的、值得赞美的亮点，只要你认真挖掘，总能找到对方的闪光之处。

三是似否定实肯定。有的时候，我们可以不正面表达赞美的意思，而是用"反语"。表面上是否定对方，实际上还是肯定、赞美的意思。这种方法新奇巧妙，幽默含蓄，委婉别致，耐人寻味，比一般的赞美效果更好。

某科长听了张教授的讲课后对张教授说："张教授，说实话，你讲的沟通技巧对我没有意义。"听到这里张教授心里很不舒服，心想："他怎么能这样评价我讲的课呢！"可听完科长下面的那句话张教授就眉开眼笑了。科长接着说："但是对我老婆很管用，我用课堂上学到的赞美技巧去赞美她，她听后感觉很舒服，很开心，所以对我老婆管用，对我自己不太管用。"这句话表面上是否定张教授讲课的效果，实际上是在肯定张教授的讲课很有价值，非常实用。这就是似否定实肯定的赞美技巧。

四是表现特别的信任。在上级与下属沟通时，这个方法特别有效。特别的信任就是莫大的肯定，能够给人以极大的鼓舞和激励。

五是赞美他人得意的地方。合适的赞美建立在细致的观察与由衷的欣赏之上，所以赞美对方一定要赞美对方的长处。如果你去赞美肥胖者的身材，一定会被认为是讽刺；如果你去赞美口吃者的口才，对方一定会厌烦。但是，只要你选词得当，就会收到意想不到的效果。如顺口溜所说："矮是矮，有风采；瘦是瘦，精神够；胖是胖，不走样；高是高，不弯腰。"对方听起来就会很舒服。有的时候对方的长处可能不止一个，那就需要把这些优点罗列出来进行赞美，或者在与对方交谈过程中寻找他本人最为得意、值得"炫耀"的地方进行赞美。

由于工作需要，张科长去拜访局长。刚进办公室，他就发现局长正在办公桌前仔细端详一张小女孩的照片。这时候，张科长是跟局长谈工作呢还是谈照片呢？答案当然是谈照片。如果他开门见山直接谈工作，可能谈不出什么结果，因为局长此时的兴趣点不在工作上。如果谈照片，局长可能兴致很高。这时，他马上赞美道："局长，这个女孩子长得很漂亮，很可爱，是您女儿吧?"局长说："是啊，我女儿聪明漂亮，乖巧伶俐，成绩可好了。小学的时候她就是班里的学习委员，中学也是尖子生，最近考进了北京大学……"这位局长滔滔不绝地跟张科长讲他女儿的故事。张科长坐在那里仔细地听他讲，不时地点一下头或者微笑一下。等局长讲完，他再谈工作，那就容易多了。

六是善用对比赞美。所谓对比赞美，就是贬低自己抬高别人。作为领导，没必要事事都出风头，所以有的时候可以适当降低一下自己的身份。比如，当下属来汇报某项工作时，你可以这样对他说："这方面我真的不如你，你是科班出身，让我去做我肯定做得不如你好。"下属听后会感觉自己很有价值，很受鼓舞，工作会更加努力。

七是指出他的变化。有人说，第一个把女人比作鲜花的人是天才，第二个把女人比作鲜花的人是庸才，第三个把女人比作鲜花的是蠢材! 同样的赞美重复多次会给人虚假的感觉，令人厌恶。如果你能及时、细心地指出对方积极的变化，那他永远都不会生厌。比如，你出差回来发现下属换了个发型，你要及时赞美："你的发型很酷，人也显得精神抖擞。"下属出差汇报工作，你可以说："你的工作很辛苦，人都变瘦了""你比年前更漂亮了"。指出别人的变化，哪怕是细微的变化，都会让他觉得被关心，受感动。

（2）间接赞美的方法。间接赞美就是不直接面对赞美对象，而是通过第三者传递赞美的信息。间接赞美比直接赞美更委婉。一是在第三者面前夸奖。当事人不在场时，可以在第三者面前对其进行赞美。比如，你可以在王县长面前说："马镇长工作认真负责，而且喜爱钻研，发表了好几篇文章，是不可多得的人才啊!"这话日后传到马镇长耳里，他自然会对你万分感激。一般来说，背后对人评价的好话或坏话都能传达到本人那里，好话，除了能起到激励作用外，更能让被赞美者感到你对他的赞美是真诚的，因而更能增强赞美的效果。二是传达第三者的赞美。这个方法与前面的方法相对应，当有人在你面前夸奖某人时，你可以传达别人的赞美。比如，你在路上遇到小张，你对他说："前两天我和老李谈起你，他对你推崇极了，说你这人特有本事。"无论事实是否真的如此，他对你的感激肯定会超乎你的想象，如果碰巧老李又是小张平素很敬重的人，那么，他对你的感激就会更深。三是要学会"遇物加价,逢人减岁"的技巧。"遇物加价"与"逢人减岁"是在语言交际过程中,针对人们的普遍心理而采用的两种赞美技巧。购物时,人们都希望能够用"廉价"购得"美物",那是精明的象征。比如,你花了200元买了一件衣服,别人认为这件衣服值300元,你听后往往会有一种兴奋感,感觉自己很会买东西。"遇物加价"这个方法很能讨人们的欢心,操作起来也很简单,你只要以原物的1.5—2倍的价格估算就可以了。需要注意的是,估价也要对商品价格有一定的了解,不能乱估、瞎估,否则会给人留下虚伪的印象,收到适得其反的效果。一般的成年人都有怕老的心理,"逢人减岁"这种说话技巧也非常讨人喜欢。这种技巧的特征在于把对方的年龄尽量往小处说,从而使对方觉得自己显得年轻漂亮,保养有方,进而产生一种心理上的满足。这种方法对年轻女性尤其有效。需要注意的是,"减岁"也应该把握一个度。这个方法适合成年人,尤其是中老年人,而对于孩子和青年男性而言应该"逢人加岁",因为他们都有渴望成长、渴望成熟、渴望稳重的心理。四是投其所好谈兴趣。兴趣是一个人的乐趣所在,如集邮、摄影、自驾游、体育运动等,在这方面舍得投入大量的时间和精力。所谓志趣相投,就是爱好相近的人拥有更多的共同语言,也就更容易沟通。知道别人喜欢邮票就谈邮票,喜欢股票就谈股票,对他来讲,这本身就是一种赞美。五是赞美相关的人和事。俗话说:"爱屋及乌。"反过来讲,有时赞美与对方相关的人或事,能收到比赞美他本人更好的效果。比如,赞美一位母亲时,你可以夸奖他的孩子聪明伶俐;赞美一位已婚男子时,你也可以称赞他的妻子漂亮贤惠。

(四)倾听是"助长素"

一般人在学校都学习过如何读、写和说,但从未学习过如何倾听。倾听是沟通中非常重要的环节,却最容易被领导者所忽视。一位优秀的领导者应该多听少讲,西方有句名言:"上帝分配给人两只耳朵,而只给我们一张嘴巴。"说的就是这个道理。据权威机构调查表明,领导者的平均时间分配是,每天用于沟通的所有时间中,45%用于倾听,30%用于交谈,16%用于阅读,只有9%用于书写。身为一个领导者,主要的职责不外乎穿梭于形形色色的人群中,来达到既定的工作目的。领导工作千头万绪,只有学会倾听各种不同的声音才能做好领导工作。而在解决工作中的摩擦和障碍时,更应该重视倾听的作用。

某个圣诞节，一个美国男人为了和家人团聚，兴冲冲地从异地乘飞机往家赶。他一路上都在幻想着团聚的喜悦情景，却不想途中老天突然变了脸。这架飞机在空中遭遇了猛烈的暴风雨，飞机脱离航线，上下左右颠簸，随时随地有坠毁的可能，空姐也脸色煞白，惊恐万状的嘱咐乘客写好遗嘱放进一个特制的口袋里。飞机上的所有人都在祈祷自己能够渡过这次危险。最终，飞机在驾驶员的冷静驾驶下平安着陆。大家都松了口气。这个美国男人回到家后异常兴奋，不停地向妻子描述在飞机上遇到的险情，并且满屋子转着、叫着、喊着……然而，他的妻子正和孩子兴致勃勃分享着节日的愉悦，对他经历的惊险没有丝毫兴趣。男人叫喊了一阵，却发现根本没有人听他倾诉，他死里逃生的巨大喜悦与被冷落的心情形成了强烈的反差。最后，在他妻子去准备蛋糕的时候，这个美国男人爬到阁楼上，用上吊这种古老的自杀方式结束了自己从险情中捡回的宝贵生命。原因何在？就是妻子不懂倾听丈夫的劫后余生的兴奋。

　　当你在倾诉时，却发现无人在倾听，这种痛苦，无疑是很巨大的！每个人在烦恼和喜悦后都有一种渴望，那就是对人倾诉，希望倾听者能给予理解与赞同。然而，那位美国男人的妻子却没有做到这一点，所以导致了悲剧的产生。

　　懂得倾听，不仅是关爱、理解，更是调节双方关系的润滑剂。教育家卡耐基说："做个听众往往比做一个演讲者更重要。专心听他人讲话，是我们给予他的最大尊重、呵护和赞美。"每个人都认为自己的声音是最重要的、最动听的，并且，每个人都有迫不及待地表达自己的愿望。在这种情况下，友善的倾听者自然会成为最受欢迎的人。倾听在管理沟通中的重要性不言而喻。领导者通过有效倾听，可以从上级领导、同事、下级那里获得更多的有效信息，对其进行思考和评估，有利于做出正确的判断和决策。倾听可以调动人的积极性。持续、主动的倾听实际上传递了这样一种信号："我对你的话很感兴趣，我尊重你的想法。"这本身就是一种无声的鼓励，希望他继续讲下去。积极倾听能够帮助管理者做出正确决策。对于刚刚上任或者职位较高的领导者来讲，积极有效的倾听可以弥补经验不足、信息不全的缺点，避免做出错误的决策。倾听是获取信息的重要方式之一。交谈中包含很多极具价值的信息，领导者只要认真倾听就能够捕获大量对自己有益的信息。譬如例会、个人交谈、沙龙等都是很好的信息源。善于倾听能够给人留下良好的印象。心理研究显示，人们喜欢说胜过听。人们大都喜欢发表自己的意见，如果你愿意给对方一个机会，让他尽情地说出自己想说的话，他就会觉得你和蔼可亲，值得信赖。英国史学家霍布斯说：倾听对方的任何一种意见和议论都是尊重，因为这说明我们认为对方有卓见、口才和聪明才智；反之，打瞌睡、走开或乱扯就是轻视。倾听可以化解不良情绪。很多领导者都不乏这样的经历：有的职工认为自己受到了不公平的待遇，愤愤不平地来找你理论，这时候你其实不需要跟他讲理，只需要认真地听他讲即可，让他把情绪宣泄出来。当他倾诉完，心情就会平静许多，问题很可能就解决了。

有两种情况尤其要充分应用倾听的技巧：一是需要对下属做出回应时；二是自己和下属主动沟通时。下属主动找到你沟通，有可能是他需要你的支持或建议，也有可能是需要澄清你们在工作中的误会等。在这些情况下，你要通过倾听去发现问题所在，实现有效沟通。

1. **有效倾听的方法**。每个人都应该重视倾听，提高自身的倾听技巧，做一个优秀的倾听者。领导者通过有效的倾听可以表示出对下属或者他所说的内容感兴趣，享受一种积极、双赢的沟通过程。一是专注地看着对方。人们判断对方是否在聆听和接收说话者的说话内容，往往是根据他们是否看着自己做出结论的。没有比真心对对方感兴趣更使他们受宠若惊的了。有的人听的时候心不在焉，特别是与下属沟通的时候，下属讲话时你却在看电脑或者忙其他事情。下属本来有很多的建议想跟你反映，看到这种情况，就会觉得自己受到了冷落，便会闭口不谈了。所以，沟通时一定要专注地看着对方。二是不要中途随意打断他人的话。随意打断别人讲话，不仅是缺乏教养、没有礼貌的行为，还会让你错过许多重要信息，甚至产生误解和偏见。三是沟通的时候要点头微笑回应。沟通的时候要不断地回应对方，他看到你不断地点头、微笑，就会有表达的欲望，继续讲下去。如果他讲了半天，你没有丝毫反应，也没有任何表情，那么，他的积极性就会受到重大打击，不知道你想不想听，听懂了没有。四是适当地提问并复述对方的意思。倾听的时候，你要适当地提问，并复述对方的意思，特别是一些重要信息或不懂的地方要跟对方确认一下。这样他会觉得你在认真听，也就更愿意表达了。五是说话之前先暂停三到五秒。这样做有几层含义：第一，确定对方确实已经讲完；第二，表示你对他的话经过了认真思考；第三，引起对方的注意，同时这也是对对方的一种尊重。六是不理解可以马上提出来。如果你没有听清楚，没有理解，或是想得到更多的信息，应当在适当的情况下告知对方。这样做，一方面会使对方感到你的确在听他讲话，另一方面也有利于你继续有效地进行倾听。七是不仅倾听内容，更要倾听感觉。中国人说话讲究委婉含蓄，所以，有的时候对方所说的话与其内心需求并不完全一致，甚至相反。这时候，你既要倾听他表面的话语意思，更要洞悉他内心的真实意思。比如，一个部属到领导的办公室，领导问他喝不喝茶，他一般会说不喝，刚喝过，但你如果给他倒了茶，他也会端起茶杯喝茶的。所以，倾听时需要我们用心观察对方的表情，揣摩他的感觉，读懂他的真实意思，进而更好地与他沟通。八是听到不同意见时不要屏蔽信息，不要妄下结论。很多人经常犯这样一个错误，听到不同意见时，或者把信息屏蔽掉，或者轻易下结论。当你心中已经对某事做了判断时，就不会再倾听他人的意见，沟通也就被迫终止了。所以，我们要尽量保留对他人的判断，直到事情清楚、证据确凿为止。九是抑制争论的念头。沟通的目的是交流信息，而不是辩论，争论对沟通没有任何好处，只会引起不必要的冲突。所以，倾听的时候要学会控制自己，抑制与对方争论的冲动，放松心情，找到解决分歧的方法。十是听懂对方话语中的关键词。所谓的关键词，指的是描绘具体事实的字眼，这些字眼透露出某些关键信息，同时也显示出对方的兴趣和情绪所在。透过关键词，可以看出对方喜欢的话题，以及对人的信任度，同时也可以帮助我们决定如何响应对方的说法，更好地回应和反馈。

2. **不良的倾听方式。** 心不在焉；在与别人交谈时会想象自己的表现，因此常错过对方的谈话内容；当别人在说话时，自己在想别的事情；试着去简化一些听到的细节；专注在谈话内容的某一细节上，而不是在对方所要表达的整体意义上；允许自己对话题或是对对方主题的看法，去影响对信息的评估；只听自己所期望听到的东西，而不是对方实际谈话的内容；只被动地听对方讲述内容，而不积极响应；只听对方讲，但不了解对方的感受；因个人的小偏见而分心；在未了解事情的全貌前，已对内容做出了判断；只注意表面的意义，而不去了解隐藏的意义。

（五）同理是"连心桥"

1. **沟通需要同理心。** 同理心是一个心理学概念，简单地讲，就是站在对方的立场去思考的一种方式。具体地说，就是在沟通时把自己当成沟通对象，站在对方的角度看待问题。由于已经换位思考，也就很容易理解和接纳对方的心理。沟通过程中，同理心尤为重要。英国有一句谚语："要想知道别人的鞋子合不合脚，穿上别人的鞋子走一英里。"工作中出现沟通不畅的原因，多半是因为所处的立场和环境不同。如果能用同理心换位思考，事情就会很快解决。同理心是人际交往的基础，是进行有效沟通的基石，具备同理心更容易获得他人的信任，这种信任并不是对个人能力、专业技能的信任，而是对人格、价值观、态度的信任。有了它们做基础，人们才可以真心交流，顺畅沟通，从而合作顺利，取得成功。

一只小猪、一只绵羊和一头母牛，被关在同一个畜栏里。一天夜里，小猪被人捉住，它大声嚎叫，拼命抵抗，很快惊醒了旁边熟睡的绵羊和母牛。它们非常讨厌小猪的嚎叫，便大声斥责道："烦死了，有什么可嚎叫的！我们也常常被捉住，可从未像你这样大呼小叫。"小猪听了十分委屈地回答道："捉你们和捉我完全是两回事。捉你们，只是要你们身上的羊毛和牛奶，但是捉住我，那可是要杀我的头，吃我的肉啊。"绵羊和母牛听后默不作声，它们依然无法理解和忍受小猪的嚎叫。

2. **同理就是要"两同步"。** 如何将同理心应用在沟通上呢？一般来讲，应该做到"两同步"，即心理情绪和身体状态同步。

心理情绪同步。心理情绪同步就是沟通时和对方保持同样的心理和情绪，对方快乐，你也要高兴；对方悲伤，你也要难过，这样才能更好地获得他的认同和好感，更加容易沟通。想要做到心理情绪同步要把握两点：一是与对方沟通时要懂得换位思考，揣摩到对方的心理感受；二是说出这种感受，并与对方积极探讨。比如，有人跟你说："我老妈生病住院了！"他非常难过、悲伤。你可以非常低沉地说："我想你一定很难过。"在这个激烈竞争的时代，大家普遍缺少这种心理情绪上的同步，尤其是产生争执时，要想同步就更困难了。当发生争吵的时候，往往情绪激动，讲话尖刻，根本不顾及别人的感受。当对方生气地对你说："我觉得你真的很自私。"你会习惯反击道："那你呢？你就不自私吗？"当你用这种方式来回应对方的时候，沟通往往就会变成互相攻击。如果你能体会到对方的感受，就要把你体会到的告诉他："我想你现在很生气，因为你觉得我很自私。"接着，你可以讲："但是我很想知道，我到底做了哪些事情让你觉得我很自私？"这就是良好沟通的开始。你不反击，理解了对方的感受，并且平静地询问对方生气的原因，这样的沟通已经成功了一半。

小羊请小狗吃饭。小羊准备了一桌鲜嫩的青草，结果，小狗勉强吃了两口，就再也吃不下去了。过了几天，小狗请小羊吃饭。小狗想："我不能像小羊那样小气，我一定要用最丰盛的宴席来招待它。"于是，小狗准备了一桌上好的排骨，小羊一口也吃不下去。小狗和小羊都是出于一片好心宴请自己的朋友，结果好心却没办成好事。问题的关键在于它们没有换位思考：小狗怎会喜欢吃草？小羊怎会喜欢吃肉？

身体状态同步。身体状态同步主要包括语言文字同步、语调语速同步和肢体语言同步。语言文字同步。语言文字同步就是双方要有共同语言和相似的说话特点。一般而言，人们都喜欢与自己有相同观点的人交朋友、聊天、沟通、工作等，不喜欢和没有共同语言的人相处。所以，和年轻人沟通要多讲时髦的话，和老年人沟通一般采用稳重传统的字眼，和工人、农民沟通时说话就要淳朴、直爽。语调语速同步。在工作和生活中我们发现，有的人语调高昂，有的人语调低沉，有的人说话语速比较快，有的人说话速度比较慢，甚至同一个人在不同场合和心情下的语调语速也会有很大的变化。比如，当你高兴的时候，你会希望别人说话的时候能够和你的声音一样放松、夸张，对扭扭捏捏或哭泣似的声音很反感。因此，在沟通交流时我们要根据对方的说话特点和心情好坏随时做好调整，和对方的语速语调同步。肢体语言同步。在沟通过程中，很多人会有一种习惯性、经常性的肢体语言动作，如，有人喜欢挠头，有人喜欢皱眉。如果你的肢体语言动作与对方一致，就会很容易与对方建立一种亲和力，这就是我们所说的肢体语言同步。比如，别人弄弄头发，你马上弄弄头发；被人扶扶眼镜，你也扶扶眼镜；别人摸摸领带，你也摸摸领带。

（六）求同是"稀释剂"

不争执，求一致，通俗讲就是避免与人争论。听起来简单，做起来也很难。在工作实践中，经常会遇到观点相左、性格各异的人，由于观念和性格上的差异使得他们在一起工作时经常发生冲突。多数的争执都跟沟通不畅有着很大的关系。对于沟通来讲，争执没有任何意义，消除分歧、取得一致才是最重要的。避免无谓的争执。当你意识到自己的想法与领导或下属相左时，当你的言行遭到同事非议时，你的本能也许就是与对方理论个究竟，争执个面红耳赤，不得出个结果誓不罢休，这就产生了许多无意义的事情。卡耐基说过：天下只有一种方法能够得到争执的利益，那就是避免争执。争执的结果，十有八九会使双方比以前更坚信自己是绝对正确的。通过争执你不可能成为赢家，因为如果争执的结果是你输了，那你就是输了；如果争执的结果是你赢了，那你还是输了。为什么呢？因为你的胜利是以对方承认自己的错误为前提的，这会使对方自惭，伤自尊，怨恨你的胜利，即使口服了，心里也并不服。其结果呢，赢了道理，输了关系，为以后的交往沟通带来麻烦，得不偿失。道理反映在沟通上，那就是避免争执。争执会让我们两败俱伤，只有避免争执才会双赢。

作为领导者，如果你想在单位内搞好人际关系，提高自己的沟通效率，请记住：避免同别人争执。美国政治家、科学家本杰明·富兰克林说过："如果你老是争辩，反驳，也许偶尔能获胜；但那是空洞的胜利，因为你永远得不到对方的好感。"要学会化解争执。争执有时没有任何意义，要避免无谓的争执。而当争执已经发生或即将发生时，又该如何正确处理呢？一是要全面了解对方的观点。如果能够从对方的立场去看问题，尝试着去了解对方的观点，搞清楚他为什么会这样说，即使你仍然不同意他的看法，也会让自己的态度变得比较客观，发生争论的可能性也就变小了。二是先肯定对方，再表达不同意见。一般人常犯的错误是，过分强调双方观点的差异，而忽视了可以相通之处。解决的办法是，先强调双方观点相同或相似之处，在此基础上再进一步去求同存异。当你和他人有不同观点时，请这样说："我很同意你的观点，同时，我们是不是可以从另外一个角度来看一下这个问题？"而不要这样说："小张，你长得很漂亮，但是你鼻子有点歪。"用"同时"的语气来沟通，虽然还是在表达同一个意思，但语气会更委婉，效果也会更好。三是不要直接指出别人的错误。你在公共场合直接指出别人的错误，不但会伤害他的自尊，打击他的自信，还会妨碍沟通的顺利进行，影响双方的关系，这是需要避讳的。四是同意认真考虑。俗话说"忠言逆耳"，反对意见同样也可能出于真心，是正确的。这时，表示同意考虑对方意见是比较明智的做法，既可避免争论，又给以后留下回旋的余地，同时，也会给对方留下一种良好的印象。即使反对意见是错误的，我们也可以以"你的意见我们会认真考虑"来和平地结束这场争执。五是主动承认自己的错误。坚持错误是引起争执的原因之一，如果有一方在发现自己的错误时，能够主动承认，那么任何争执都容易得到解决，而主动承认错误的行为，不但能够给别人留下好印象，拉近彼此的距离，还会让谈话与讨论向前跨进一大步，收到意想不到的效果。六是学会妥协和退让。大到国家与国家间的谈判，小到同事与同事间的工作关系协调，都会存在或多或少的妥协。俗话讲"退一步海阔天空"，退让一步也许就能达成一致，取得双赢。这样表面上看暂时会失去一些，但从长远来讲你会得到更多。生意场上、官场上都是如此。当然，沟通中的妥协与退让并不是没有原则地一味地让步，而是建立在底线基础上的妥协，就像和街头商贩讨价还价一样，对方不可能任由你讨价还价，当我们报出的价格越过对方的底线时，交易肯定无法达成。如果我们突破了底线，或者说违反了原则，触碰了法律，这样的沟通就失去了意义。所以，沟通前，需要明确自己的底线是什么，自己最低能够接受的条件是什么；在沟通中，要反复试探出对方的底线。沟通的余地只能建立在彼此双方的心理底线之上，否则，再好的沟通技巧都会失去效力。七是放一放，再考虑。如果争论一时解决不了，不妨先把它放一放，进行"冷处理"，让双方都有时间把问题考虑清楚，建议当天稍后或第二天再沟通，这样，双方可以重新考虑一下自己和对方的意见。要问问自己："反对者的意见，有没有可能是对的？还是一部分是对的？我的意见有没有不合理的地方？为什么我们会产生那么大的分歧？分歧的关键点在哪里？刚才沟通的时候我哪方面做得不够到位？"想明白这些问题，然后再去沟通，就会顺利很多。

和青年干部谈情商

《中华读书报》2020年4月8日12版登载了几个关于周恩来总理外交智慧的故事，非常有意思。

第一个故事是，一个外国记者不怀好意地问周恩来总理："在你们中国，明明是人走的路为什么却要叫'马路'呢？"周总理不假思索地答道："我们走的是马克思主义道路，简称马路。"

第二个故事是，美国代表团访华时，曾有一名官员当着周恩来总理的面说："中国人很喜欢低着头走路，而我们美国人却总是抬着头走路。"此语一出，语惊四座。周恩来总理不慌不忙，脸带微笑地说："这并不奇怪。因为我们中国人喜欢走上坡路，而你们美国人喜欢走下坡路。"

第三个故事是，一位美国记者在采访周恩来总理的过程中，无意中看到总理桌子上有一支美国产的派克钢笔。那记者便以带有几分讥讽的口吻问道："请问总理阁下，你们堂堂的中国人，为什么还要用我们美国产的钢笔呢？"周恩来总理听后，风趣地说："谈起这支钢笔，说来话长，这是一位朝鲜朋友的抗美战利品，作为礼物赠送给我的。我无功受禄，就拒收。朝鲜朋友说，留下做个纪念吧。我觉得有意义，就留下了这支贵国的钢笔。"美国记者一听，顿时哑口无言。

美国人的话包含着对中国人的极大侮辱，在场的中国工作人员都十分气愤。周恩来总理面对美国人的无理挑衅，没有发怒，而是微微一笑，并以其人之道还治其人之身。其机智巧妙的回答，让美国人领教了什么是柔中带刚，什么是有礼有节，最终尴尬、窘迫的是美国人自己。也足见周总理控制情绪与临场应变的能力，其情商之高令人折服。

纵观古今，大凡成就一番事业者，不但智商高人一筹，情商也超乎寻常。他们善于用过人的情商去创造机遇、把握机遇，对人民情之深爱之切，成就了一番轰轰烈烈的伟业。

对于智商（IQ），已不必多言，大家并不陌生。

2015年8月27日，清华大学副校长施一公院士为清华大学2015级研究生新生主讲了题为《少年壮志不言愁》的报告，寄语清华大学研究生：最不重要的就是IQ。

美国投资大师沃伦·巴菲特身上的素质很好地体现了情商的重要。作为一个投资家和企业领导，巴菲特获得了举世瞩目的成就。在最近10年之内，他是唯一的能够3次将如日中天的比尔·盖茨赶下"世界首富"宝座的人。他一生做出过成百上千次投资决策，成功率达到99%以上。就是这个巴菲特连"网络"的概念都不懂，甚至连电脑都不会使用。但并不妨碍他成为享誉世界近半个世纪的投资大师。

有人分析过巴菲特作为投资家的综合素质，大致有控制贪欲、充满自信、保持耐心、广泛的知识、独立思考能力、诚实、虚心、专注等等。我们可以看出，除了广泛的知识属于智商之外，其他成功决定性因素都可划到情商的范畴里去。

那么，情商是什么？情商对于青年干部一生有何重要影响？青年干部如何修炼情商，成就事业，走向成功？

一、了解情商
（一）什么是情商

情商并非指男女之间的爱情或感情，它是一个外来词。1995年，美国哈佛大学心理学教授丹尼尔·戈尔曼，总结了前人有关情商方面的研究成果，写出了《情感智商》这本书，这是一本世界上最早的有关情商的专著，正式提出了"情商"（EQ）的概念。

情商是指人们在了解控制自我情绪、理解疏导他人情绪、处理人际关系方面能力程度的指标。他认为，人们首先要认识情商的重要性，改变过去只重视智商，认为高智商就等于高成就的传统观念。他通过科学论证得出结论："EQ是人类最重要的生存能力""在人的一生中，智商占成功的20%，情商占成功的80%"。即情商是决定人生成功与否的关键。戈尔曼的这一理论被认为是20世纪最重要的心理学研究成果，它颠覆了过去智商决定成败的观念。美国有一个专门搞咨询研究的机构，美国企业管理咨询机构埃·森哲公司，他们调查了188个公司，测试了每个公司的高级主管。目的是想弄清楚，这些高管的智商、情商和他们的工作之间有什么关系。调查的结果是，这些高管情商的影响力是智商影响力的 9 倍。(《学习时报》2013 年 5 月 20 日)

社会上曾经流传着著名的希尔顿饭店和他首任经理的传奇故事。一个初春的夜晚，大家已经熟睡，一对年迈的夫妻走进一家旅馆，可是旅馆已经客满。前台侍者不忍心深夜让这对老人再去找旅馆，就将他们引到了一个房间："也许它不是最好的，但至少你们不用再奔波了。"老人看到整洁干净的屋子，就愉快地住了下来。第二天，当他们要结账时，侍者却说："不用了，因为你们住的是我的房间。祝你们旅途愉快！"原来，他自己在前台过了一个通宵。老人十分感动说："孩子，你是我见到过最好的旅店经营人。你会得到报答的。"侍者笑了笑，送老人出门，转身就忘了这件事。有一天，他接到了一封信，里面有一张去纽约的单程机票，他按信中所示来到了一座金碧辉煌的大楼。原来，那个深夜他接待的是一个亿万富翁和他的妻子。富翁为这个侍者买下了一座大酒店，并深信他会经营管理好这个大酒店。这就是希尔顿饭店和它首任酒店经理的传奇故事。首任酒店经理依靠高情商赢得了亿万富翁的垂青，书写了传奇人生。

简单来讲，情商就是个人管理情绪的能力。人体如同一驾马车，马车由马来拉动，人体由情绪来推动。控制马的工具叫"缰绳"，管理情绪的工具叫"情商"。如果拉车的马受惊失控，马车就会翻车，车毁人亡；如果人的情绪失控，人就会生病、发疯、自杀、杀人。由此可见，提升管理情绪的能力（情商）的重要性。

英国剑桥大学迄今为止已经培养了 13 位英国首相，9 位坎特伯雷大教主，近百位诺贝尔奖获得者，被称为"诺贝尔奖获得者"的摇篮。不仅如此，它还培养了无数科学家、政治家、哲学家、经济学家、文学家。每一个人的名字都如雷贯耳，如牛顿、达尔文、拜伦、培根、罗素、卢瑟福、凯恩斯、霍金、弥尔顿、伦敦交易所创办人托马斯·格雷沙姆，以及美国哈佛大学捐赠人约翰·哈佛……他们所取得的成就让世人为之惊叹。剑桥大学从来就不是一所教你如何成功的大学，而是教会你如何成长的地方。剑桥大学从建校的那一天起，始终关注学生的精神和人格的塑造，这既是它拥有无数荣誉的保证，也是它打造无数高情商天才的秘诀。

戈尔曼宣称："婚姻、家庭关系，尤其是职业生涯，凡此种种人生大事的成功与否，均取决于情感商数的高低。"

江西省国土资源厅原副厅长许某，拥有博士头衔，2003年作为"中央博士服务团"成员，从国土资源部整理中心副处长任上下派到江西省某市挂职，任市长助理。由于政绩突出，许某于2007年8月调任江西省国土资源厅任副厅长。经赣州市中级人民法院一审审理查明：2002年至2009年，许某利用职务上的便利为他人谋取利益，索取或非法收受薛某、林某等人贿赂，共计人民币221.59万元。赣州市中级人民法院以受贿罪判处许某有期徒刑15年，并处没收个人财产50万元。（"人民网"2010年1月28日）许某的智商不可为不高，但还是走向了"邪路"，因为情商出了问题。

以三国时期的刘备为例，论武功他不及关羽、张飞、赵云，论文采他不及诸葛亮，也就是说，刘备的智商条件不是最好的。但是，刘备可以把这些杰出人物聚集在他的大旗下，使他们心甘情愿地为建立西蜀大业冲锋陷阵，用诸葛亮的话说，叫作"鞠躬尽瘁、死而后已"。这是什么本事？是智商吗？不是。是强于别人、胜于别人的情商。可以说，刘备在创建西蜀大业的过程中，把情商作用发挥得淋漓尽致。

可见，情商是一个人命运的决定因素，成功者并不是那些满腹经纶却不通世故、僵硬刻板的人，而是那些能够调动自己情绪的高情商者。所谓智商诚可贵，情商价更高。

（二）情商的内涵

戈尔曼教授在《情感智商》这本书中，把情商概括为5个方面内容：

1. **了解自身情绪的能力**。能立刻觉察自己的情绪，了解情绪产生的原因。了解自己真实情绪就是正确认识自己。《论语》里有："吾日三省吾身。"就是讲的要自我认知，包括认知自己的情绪，自己的情感，这里讲的就是情商能力。

日本有个古老的传说。有一次，一位好斗的武士让一位禅师解释：何为极乐世界？何为地狱？禅师斥责道："粗鄙之辈，何足论道！"武士感到受了侮辱，暴跳如雷，从刀鞘中拔出长刀，吼道："如此无礼，我杀了你！"禅师平静地回答："彼为地狱。"武士突然领悟到，禅师所说的地狱指的是自己受到愤怒情绪的控制。于是，立刻平静下来，把刀插回刀鞘，向禅师鞠躬，感谢他的点拨。

戈尔曼认为，认识自身情绪是情商的基石。只有了解自身真实感受的人，才能成为生活的主宰，否则，必然沦为情绪的奴隶。

德国哲学家尼采曾经说过："聪明的人只要能认识自己，便什么也不会失去。"

2. **管理自身情绪的能力**。领导者总在自己的下属面前表露自己的情绪好恶，乃是最愚蠢的领导方法。卓越的领导者必须能够安抚自己，摆脱强烈的焦虑忧郁及控制刺激情绪的根源。一个人在焦虑忧郁时很容易失去自我。

情商高的人，能够"慧剑斩情丝"，不让自己陷入焦虑忧郁的泥潭。评价一个人，要看他临危临难的涵养和行事的风格，能否控制自身情绪，就知其是否有大将之风，是否是可塑之才。

"情绪"就像人的影子一样每天与人相随。在成功的道路上，最大的敌人其实并不是缺少机会，而是缺乏对自身情绪的控制。

《三国演义》里的周瑜，人长得很帅，聪明过人，才华出众。据说，毛泽东评价周瑜，说他是个"共青团员"，少年得志，28岁就当了大都督，领兵打仗。周瑜和诸葛亮联手，导演了中国古代以弱胜强的经典战役——赤壁之战，大破曹军80万兵将。周瑜智商这么高，最终却以悲剧收场。他是怎么死的？对，被诸葛亮三气而死。一气：赤壁大战第二年，周瑜去夺取荆州，被诸葛亮抢先夺去。二气：周瑜本想把孙权的妹妹嫁给刘备后，把刘备扣下，逼诸葛亮交出荆州，不料诸葛亮用计使周瑜"赔了夫人又折兵"。三气：周瑜向刘备讨还荆州不利，又率兵攻打失败，结果气得箭疮崩裂。临死前，他仰天长叹："既生瑜，何生亮！"急火攻心，大叫数声，气绝而亡，年仅36岁，一代英才就这样夭折了。

3. **善于自我激励的能力**。激励自己是人生不竭的动力，有了充足的激励就有了不断向前冲的力量。美国著名女作家海伦说过："当你感到激励自己的力量推动你去翱翔时，你是不应该爬行的。"成功其实就是激励自己不断向前，从而实现自我超越。有心理学家称，自我激励包含两层意思：一是通过自我鞭策保持对学习和工作的高度热忱，这是获得一切成就的动力；二是通过自我约束来克制冲动和延迟满足，这是获得一切成就的保证。

美国颇负盛名的总统罗斯福，小时候是一个非常懦弱胆小的男孩，脸上总是露出惊恐的表情。在课堂上被老师叫起来背诵，立马就双腿发抖，嘴唇也颤抖不已，回答也是含糊不连贯，还有满嘴的龅牙。然而，这些缺陷并没有使他自暴自弃，反而促使他更加努力奋斗，去改善自我、提升自我。他的积极情商促成了他的奋斗精神，终于使他成为美国历史上杰出的总统。

有一则寓言说，一只小老鼠总想找到这世界上最大的东西。当它抬头看见天时，天无边无际，它以为天是最大的了，便问天："天，你是不是世间最大的东西？"天说："我不是，我怕云，云一来，就可以把我遮得严严实实的。"听了天的话，小老鼠以为云是最大的了。于是，它又找到云问同样的问题，云回答说："我不是，我怕风，我好不容易把天遮住，风一来，就云开雾散了。"于是，小老鼠又跑去问风，风说："我也不是，我怕墙，我的力量再大，但只要前面有一堵墙我就过不去了。"当小老鼠把风的话告诉墙的时候，墙说："我也不是，我怕老鼠，只要老鼠一来打洞，我就会轰然倒塌的。"一心寻觅的小老鼠最终发现：自己才是这世界上最大最可依靠的。

这两个故事告诉我们：靠天靠地不如依靠自己。因为，每个人身上都有很大的潜力有待开发，为何不去主宰自己命运，却要乞求别人的怜悯和帮助呢？自己才是自己的救世主，只有依靠自己的人才有可能获得成功。

英国前首相布莱尔说："我之所以成功，是因为总比别人多付出八倍的努力。"

一个人，如果不逼自己一把，你根本不知道自己有多优秀。

另外，自我约束来克制冲动和延迟满足也非常重要，即自我控制的能力，对欲望能够克制，能够学会等待，这是获得一切成就的保证。

心理学上有一个经典的糖果实验。为了用实验数据来证明情商对人的发展有着重要的影响，1960年美国著名的心理学家瓦特·米歇尔做了一个软糖实验。这个软糖实验是怎么做的呢？他在斯坦福大学的幼儿园召集了一群4岁的小孩，把他们带到一个大厅里面。然后，在每个孩子面前放一个软糖，接着对他们说："小朋友们，老师要出去一会儿，你们面前的软糖不要吃。如果谁吃了它，我们回来就不会再奖励他一个软糖。如果谁能够控制住自己不吃这个软糖，老师回来就会再奖励他一个软糖。"老师走了，和很多人在外面窥视这群4岁的小孩。孩子们看着软糖，真甜，好诱惑人啊！过了一会儿，有的小孩手伸出去，但又缩了回来；又伸出去，又缩回来。最终，有的小孩顶不住诱惑开始吃了。但是，有相当多的小孩坚持了下来。他们有的数自己的手指头，不去看软糖；有的把脑袋放在手臂上；有的努力使自己睡觉；有的在数数，一二三四不去看。老师回来后履行诺言，给坚持住没有吃软糖的孩子，每人奖励了一个软糖。接着米歇尔教授对这些小孩做了长达近

20年的追踪研究。20年后，米歇尔发现：能控制住自己不去吃软糖的孩子，上了初中以后，大多数表现比较好，成绩、合作精神都比较好，有毅力。而控制不住自己吃了软糖的孩子，他们的表现大多数都不太好。不只是读初中，出了社会的表现，大多也是如此。

在心理学中有一个"进门槛效应"，指的是如果一个人接受了他人的一个微不足道的要求，为了避免认知上的不协调或是想给他人留下前后一致的印象，就极有可能接受其更大的要求。

纵观这几年少数党员干部腐败堕落的轨迹，难以用"一失足成千古恨"来概而说之，都是从第一次思想松懈起步的，走出了第一步，就会走出第二步、第三步，而少数坏分子就是利用了人们的这种爱面子心理，拉拢、贿赂我们的党员干部，一步一步地将其拉入罪恶之门。因受贿16万元而沦为阶下囚的鹰潭市原副市长魏某，在被审查期间说了一段话，应是为"进门槛效应"做了最好的注脚。他说："我一直是想做清官的，但在接受了第一次贿赂后，也就放松了警惕，一步一步走向堕落。"（《法制晚报》2016年9月26日）惠州市公安局原局长洪某，早年参军入党，后来立功受奖。1983年仍穿解放鞋，下边招待吃饭，每顿五六个菜，他觉得太客气，怕染上大吃大喝的坏名声。但后10年他在权力和金钱的腐蚀下，一步步走向邪路，直到丢了官丢了命。（《周末报》2004年11月10日）

写到此想起一则寓言，说的是："轿夫着新鞋进城，始而小心翼翼，生怕弄脏，后来一分心踩进水塘，由此高一脚低一脚地踩过去，再也无所顾忌了"。

上述贪腐之流与轿夫何其相似。不难看出，要避免误入"进门槛效应"的"围城"，慎防"湿第一脚"就显得尤其重要了。要做到这一点，除了要建立健全约束和监督机制外，各级党员干部要提高自我正向激励能力，从严自律，洁身自好是一个重要内因。

4. **理解他人情绪的能力**。理解别人的感觉，察觉别人的真正需要，具有同情心。心理学家认为，能否设身处地理解他人情绪，是了解他人需求和关怀他人的先决条件。"不会察言观色""没有眼力""听不懂弦外之音"都是情商中识别他人能力不强的表现。

战国初期魏国著名政治家、法学家李悝，提出"识人五法"："居视其所亲，富视其所与，达视其所举，窘视其所不为，贫视其所不取，五者足以定之矣。"

"居视其所亲"：注意观察一个人和谁在一起。如果与贤人相近，则可重用；相反，若与小人为伍，就应加以当心。

"富视其所与"：看一个人如何支配自己的财富，如只满足自己的私欲，贪图享乐，则不能重用；如接济穷人，或培植有为之士，则可重用。

"达视其所举"：如果已经处于显赫地位，需观察他如何来选拔部属，若任人唯贤，量才录用，自然是襟怀坦白、秉公办事的有为之士；反之，则不可重用。

"穷视其所不为"：对处于困境之人，可以视其操守如何。身处困境，却不做任何苟且之事，不出卖良心，这样的人就可以放心地委以重任；反之，则不可用。

"贫视其所不取"：看一个人穷困潦倒的行为。不取不义之财，甘受清贫，则品行高洁，则可重用；反之，若见钱眼开，如蝇逐臭，就万万不可重用。

这确实值得我们好好借鉴。

5. **处理人际关系的能力。**意大利诗人卢西亚诺·德·克雷森佐说过："我们每个人都是只有一只翅膀的天使，只有互相拥抱才能飞翔。"这里讲的就是要善于处理人际关系，善于与人合作，实现 1+1>2 的效果。

如果你能理解和适应别人的情绪，别人就会接近你并产生感情，抱以合作的态度；如果你只强调自己的情绪感受，人际关系注定不善，别人就会和你对抗。

戈尔曼说，恰当管理他人的情绪是处理好人际关系的一种艺术，这方面的能力强意味着他的人际关系和谐，适于从事组织领导工作。

有个小伙子刚 30 出头，在成都开了 4 年公交车，被查出得了尿毒症。拿到诊断书的那一刻，小伙子懵了："3 个月前公司才组织体检，体检结论是肾功能没有问题，怎么这么短时间就得了尿毒症？体检这么不准确，这是公司的责任。再说我这病是给公司卖命得的。"怒火中烧的小伙子当即找到公司领导"问罪"，愤怒之下砸坏了领导办公室的茶几。公司领导从小伙子过激的言行中读懂了他的情绪根源。一方面，他是为自己的疾病及今后高昂的医疗费用焦虑；另一方面，他是为自己失去劳动能力、一家三口的生活难以为继担忧。公司领导"对症下药"，劝他说尿毒症已被列入大病报销范围，治疗的绝大部分费用都不用他负担；同时，表示一定想办法安排小伙子没有工作的爱人到公司来上班。公司领导的巧妙处理，不仅避免了一场纠纷，还使小伙子重新燃起了生活的希望。

在上述 5 个方面的能力中，前 3 个方面涉及"自身"，后 2 个方面涉及"他人"。换句话说，情商的内涵实际上包括两个部分：一是要随时随地认识理解并妥善管理好自身的情绪；二是要随时随地认识理解并妥善管理好他人的情绪。

通常情商与智商结合在一起，有以下 4 种人：

1. **智商高而情商不高的人**。智商主要反映人的认知能力、思维能力、语言能力、观察能力等方面的理性能力。高智商的人，思维品质优，学习能力强，容易在某个专业领域有杰出成就，成为某个领域的专家。但是，情商不高导致他们容易受到自己和他人情绪的影响。所以，这种类型的人大多适合从事专家类型的工作。

2. **智商不高而情商较高的人**。这类人学习效率虽然不如高智商者，但是，有时能比高智商者学得更好，成就更大。情商主要与非理性因素有关，它影响着认识和实践活动的动力。情商较高的人对人际关系的处理有较大优势，通常有较健康的情绪，较完满的婚姻和家庭，以及良好的人际关系，容易成为某个部门的领导人。

3. **智商高情商也高的人**。这类人大多可以在各种类型的职业中游刃有余，他们可以成为领导或是高级专家。如孙中山的成就，得益于他的坚强信念和博爱的情怀等情商；邓小平"三起三落"，历尽坎坷，却功勋卓著，事业辉煌，领导艺术炉火纯青，得益于他的博大胸怀和百折不挠的意志等情商。

4. **智商较低情商也较低的人**。这类人在现实生活着也不少见，由于智商较低，往往一事无成，情商也较低，很难与他人合作，导致自己成为孤陋寡人。

二、情商是青年干部必备的素养

青年干部的情商，就是用以衡量青年干部掌控自己的情绪和掌控别人的情绪，以处理良好的人际关系的商数。青年干部的个人情商修养，同样成为衡量其领导力强弱和自身素质高低的重要标志。

纵观古今中外，大凡功业卓著，对历史起到重大推动作用、智慧高明的领导者，无不得益于其自身的高情商。杰出人物与平庸人物的最大差别不是智商的高低，而是情绪、意志和性格等非智力因素的优劣。情商高的领导者善于对自己和他人的情感进行把握和调节，懂得整合情绪资源，通常有健康的情绪、良好的人际关系，更容易取得成功。反之，则经常为自己周围不理想的环境所困扰。或是愤世嫉俗、孤芳自赏；或是高不成低不就，一辈子碌碌无为。可见，要想成为一名优秀的领导者，就必须发现情商、认识情商、提高情商，这样才能提高领导者综合素质。

情商高的 10 种表现：

第一，不抱怨、不批评；

第二，热情和激情；

第三，包容和宽容；

第四，沟通与交流；

第五，多赞美别人；

第六，保持好心情；

第七，聆听的好习惯；

第八，有责任心；

第九，每天进步一点点；

第十，记住别人的名字。

由于社会上普遍重视智商忽视情商，所以，情商教育与培养一直是我们的教育短板。

（一）情商教育现状

专家研究表明，社会和情感技能对人生成功与否的作用远远大于智力水平，也就是说，高情商比高智商的人更容易获得成功。但是，目前我国情商教育和干部情商培养的现状如何呢？

1. **家庭教育**。在大部分家长看来，只要孩子智商高就可以，情商能力不是很重要，因而忽视了对孩子的情商培养，这种认识对下一代身心的全面发展是非常不利的。

大多数家庭教育只重视孩子智商的培养，不重视孩子爱心的培养和情感表达，对人与人之间关系能力和情绪控制能力的培养十分缺乏。具有讽刺意味的是：在一代比一代更聪明的同时，孩子的情感和社会技能却在急剧下降，在精神健康等方面出现了很多问题。

2. **学校教育**。在目前的应试教育体系中，由于激烈的竞争，从小学到中学，学习—考试—升学，成为学校管理训练学生最重要的主题和主线。有的学校，与考试关系不大的科目尽量压缩课时，完全不考的科目则干脆不开，活动课程形同虚设，心理健康咨询与辅导更是踪迹难寻。考试、升学竞争的片面强化，造成了学生过重的心理负担乃至心理挫伤：有的学生因厌学而离家出走，有的学生因考不上重点学校而轻生，有的学生因不能按时完成作业而跳楼。

北京大学儿童青少年卫生研究所从 2004 年开始启动，调查涉及中国 13 个省的约 1.5 万名学生。2012 年公布的《中学生自杀现象调查分析报告》显示：中学生 5 个人中就有 1 个人曾经考虑过自杀，占样本总数的 20.4%，而为自杀做过计划的占 6.5%。

中学生为什么会频频导演自杀的悲剧？这是一个值得反思的教育话题。

2015 年 4 月 20 日，据河北青年报官方微博报道，河北衡水二中被网友曝光，为防学生跳楼，教学楼装上了铁栏杆，如同监狱一样。（"中国经济网" 2015 年 4 月 21 日）

被誉为"天之骄子"的大学生，也存在许多心理问题。近年来，大学校园内接连发生了数起恶性刑事案件，此处不再一一列举。因为，不懂得管理自己的情绪，因鸡毛蒜皮的琐事无限发泄心中愤懑，酿成校园惨案，未出校门先进牢门。

《2010—2011 年度大学生心理健康调查报告》显示，九成多大学生有过心理方面的困扰，而人际交往压力、就业压力、处理情感问题能力不强，是造成大学生心理困扰和心理问题的重要原因。对于这些高智商的大学生来说，情商成了一道严峻的现实考题。凡此种种，莫不是情商教育缺乏所致。

3. 干部教育。情商的培养在党校、行政学院、社会主义学院等干部培训中也有涉及，但存在许多误区和问题。一是重视程度不够。没有把情商培养作为干部能力培养重要内容来设置课程，对干部的心理、情绪、感知等方面的训练几乎空白。二是系统性差。使用教材零散，内容深度不够，只做简单的概念介绍，情商知识难以融入干部的心智，也就谈不上在实际工作中加以运用。三是随意性强。很少有干部培训机构把情商教育列入教学计划，情商教育可有可无。同时，干部培训机构对情商教育的研究严重不足，专业教师缺乏，教学效果很难达到提高干部情商的目的。

4. 社会导向。当今社会是个竞争激烈的社会，公务员考试、企事业单位招聘等林林总总的录用制度，考核的内容基本上是专业知识、专业技能，绝大部分人要在社会上谋得一席之地，都要过这个门槛。因此，人们把专业知识、专业技能看成安身立命、就业创业的看家本领，必须牢牢掌握好。而对情商素养的培养，虽然，近年来人们越来越认识到它的重要性，但从现实需求来讲，好像又是可有可无的东西，并没有把它当成是自身素质的重要部分，有意识地进行自我要求。可以说，在社会导向上，情商培养并没有得到足够的关注。

5. **实际工作**。一些青年干部心志高远、智商不凡，理应有所作为，但由于他们缺乏对自身和他人的认知能力，或是对自身能力估价过高、自以为是，从而对他人的认识不够全面，往往看缺点多，看优点少，以致工作中刚愎自用，唯我独尊，不注重发挥群体的作用。一些青年干部，在挑战和挫折面前，缺乏自我激励能力，不是勇于面对、迎难而上，而是畏首畏尾，故步自封，前怕狼后怕虎，不敢闯不敢试，老办法不灵，新方法不会，工作长期打不开局面。还有一种值得注意的现象，就是"为官不为"，庸政、懒政、怠政。

（二）情商在实际工作中的重要性

2013年5月14日，习近平总书记在天津和高校毕业生、失业人员等座谈时，问大学生村官杨代显"情商重要还是智商重要"，杨代显回答"都重要"。习近平总书记说："做实际工作情商很重要，更多需要的是做群众工作和解决问题能力，也就是适应社会能力。"

中国有句古话："做官一阵子，做人一辈子。"情商就是做人的学问。做事先做人，做官也要先做人。好人不一定能做好官，但好官一定是好人。情商对于我们做好工作至关重要。

1. **高情商有助于持久地保持良好的精神状态，提高工作效率**。如果青年干部拥有较高的情商，就能保持旺盛的工作热情，心情愉快地投入工作，坚定自己的信仰和追求，用心管理和用情服务，决不轻言放弃。并以此影响、感染下属，推动工作的开展。

曾经有位中学生向世界首富比尔·盖茨请教成功的秘诀，盖茨说："做你所爱，爱你所做。"

2. **高情商有助于增强自己的理性，保持求真务实的工作作风**。青年干部要经常用积极健康的情绪主导自己的思想和行动。如果青年干部情商不高，碰到困难就沮丧，受到挫折就失望，与人不合就发气，遇到突发事件就惊慌失措，势必影响其处理问题的客观性，既不利于工作，也不利于团结，还不利于自己的身体健康。

情商与人的身体健康有密切关系。中国古代医学典籍《黄帝内经》认为："怒伤肝，喜伤心，思伤脾，忧伤肺，恐伤肾。"因此，青年干部提高情商，掌握疏解消极情绪的技巧，及时妥善管理由压力引发的不良情绪，养成积极平和的心态，保持健康的心理和身体状态，对个人的身心健康尤为重要。

3. **高情商有助于提高应对复杂局面的能力，增强社会治理的本领。**当前，我国进入了新时代，改革步入了深水区，各种矛盾纠纷不断涌现，对社会稳定和社会发展带来了极大挑战，青年干部遇到复杂烦琐的问题，面对形态各异的人和事，如果具有高情商，就能够学会换位思考，了解群众所思所盼，理智克服情绪，用灵活手段解决问题，将困难化解于无形之中，为群众排忧解难。

4. **高情商有助于做好群众工作，密切与群众的关系。**要做好新形势下的群众工作，必须利用好高情商，带着感情去做群众工作，不断创新工作方法，提升群众工作水平。要学会与群众打交道、交朋友，与群众"坐到同一条板凳上"，不说官话、套话，要说老百姓听得懂的话，讲老百姓能够接受的理，与群众面对面、心贴心的交流，做到"进得了门，谈得上话，交得上心"，用情商的感知能力打动百姓、亲近百姓，才能做好群众工作。

5. **高情商有助于建立良好的人际关系，凝聚合力做好工作。**良好的人际关系，是青年干部贯彻上级意图，组织指挥各项工作任务顺利完成的重要外部条件。人际关系良好，领导活动获得的支持就大，领导行为就容易取得良好的效果。青年干部的人际关系与其个人情商密切相关。一个好领导，一定是一个懂得处理人际关系的高情商领导。成熟的领导者，不仅善于管理自己的情绪，还能够有效调动他人情绪，共同努力，朝着一个目标奋斗。正如俗话说的："一个好汉三个帮""众人拾柴火焰高"。

情商已经成为当代青年干部素质中，一个不可或缺的重要因素，是领导者的一种软实力，是青年干部成长的必备能力。

三、青年干部情商的培养

青年干部情商的培养，不仅是全面提升干部素质能力、加强干部队伍建设的重要内容，也是加强党的执政能力建设的现实需要，是社会发展的必然要求。

（一）认识自己

中国有句古话："人贵有自知之明。"

在古希腊德尔菲的阿波罗神庙上刻着这样一句箴言："认识你自己"。古希腊将它奉为"神谕"，是最高智慧的象征，苏格拉底将它作为人生的原则和信条。可以说，正确认识自己，既是一种能力，更是一种智慧。

正确认识自己，就是对自己的能力、素质的"资源总量"有一个客观估价，使自己的人生目标与能力素质相一致。

英国浪漫主义诗人济慈，出生于 18 世纪末年的伦敦，与雪莱、拜伦齐名。年少时受生活所迫，不得不放弃自己酷爱的文学，跟一个医生当学徒。当他发现自己根本不是当医生的料时，便弃医从文，走上了诗歌创作的道路，最终成为当时英国文坛上一颗光彩夺目的巨星。

马克思年轻时曾想做一名诗人，也努力写过一些诗。但是，他很快就发现自己的长处并不在这里，便毅然放弃做诗人的志向，转向研究社会科学。结果，他在这一领域做出了举世瞩目的贡献，成为国际共产主义运动的领袖。

认识自己是情商的基本点。青年干部从政干事，贵在有自知之明。只有做到自知，才能够认识自己的优势所在，找到一个更适合自己的位置，更好地发挥自己的优势，为社会做贡献。但是，有的人往往不能认识自己，或是高估自己，看到别人取得成绩或升迁，就嫉妒、不平、发牢骚，认为自己也行，全不顾自己的能力与水平；或是得意忘形，取得一点成绩就忘乎所以，以为全知全能了，干工作做决策，各自为政、独断专行；或是夸夸其谈，说起来头头是道，可做起事来，却常常束手无策，力不从心；或是眼高手低，心怀鸿鹄之志，可给他施展空间后，却又往往大不如意；或是目中无人，一旦得意，就飞扬跋扈，妄自尊大。以上种种，实际上都是不能认识自己的表现。

一个人如果不能认识自己，有错不知，有错不纠，就免不了要栽跟头。自知之明，对领导者保持清醒头脑十分重要。

1. **在工作实践中认识自己。**一是了解自己的能力。做一个好领导，不仅要有好的品德，还要有演好领导角色、维护领导地位，不断成熟进步的素质和能力。领导能力是一个综合概念，它是领导者决策能力、组织能力、协调能力、用人能力，以及创新能力等多种能力的有机结合。作为一名青年干部，不可能每种领导能力都很强，最关键的还是要在具备基本领导能力的同时，注意培育和发挥自己的核心能力，善于扬长避短。

孔子的学生子夏问孔子："颜回的为人怎样？"孔子回答说："颜回好学比我强。"子夏又问："子贡的为人怎样？"孔子说："子贡的口才是我所不及的。"子夏接着又问："子路的为人怎样？"孔子说："子路的勇敢是我所不如的。"子夏再问："子张的为人怎样？"孔子说："子张的庄重胜过我。"子夏听了这些话，站起来问道："既然他们都比你强，那你还有什么资格做他们的老师呢？"孔子说："你坐下来，让我告诉你。颜回好学但不懂得变通；子贡口才好但不够谦虚；子路很勇敢但不懂得退让；子张虽然庄重但与人合不来。他们四个人各有所长，也各有所短，所以我还是可以做他们老师的。"孔子既看到了自己的优点，也看到了自己的缺点。

"木桶理论"认为：一只木桶的盛水量，不是取决于最长的那块木板，而是取决于最短的那块木板。最长的"木板"是一个人身上最核心的优势，决定人生的高度；而最短的"木板"，却是"致命的缺陷"，决定一个人成就的大小。青年干部要善于发挥自己的长处，补齐自己的"短板"。

二是找准自己的位置。找准适合自己的位置，是一种扬长避短的智慧。人如果找不到合适的位置，不能人尽其才，就很难成功。对青年干部而言，找准位置，就是强调领导者不要忘记自己的身份和责任，要讲究领导方法和领导艺术，"到什么山上唱什么歌""屁股决定脑袋"，站在合适的角度，指挥下属做正确的事情。

日本著名跨国公司"松下电器"的创始人松下幸之助曾经讲过：当企业是一个人的时候，我自己干；当企业有 10 个人的时候，我跑在最前面；当企业有 100 个人的时候，我走在队伍的中间；当企业有 1000 个人的时候，我在最后面；当企业有 10000 人的时候，那就天晓得了。

这句话的意思是，企业处于不同的发展阶段，企业领导的"位置"也随之发生改变，工作重心也发生了转移。

作为领导者要找准位置，避免角色错位，谋其政、尽其职、负其责，从而实施正确的领导方法，提高领导艺术和工作成效，做到有位更有为。

2. 在他人言行中认识自己。他人是自己的一面镜子。凡是有心的领导者，大都可以从自己分管的一项工作中，看到自己的"影子"。人们常说："部下的状况是领导人的一面镜子。"一个单位如果形成"既有集中又有民主，既有纪律又有自由，既有统一意志，又有个人心情舒畅、生动活泼，那样一种政治局面"，必定是那里的领导者群众观点、民主作风、领导艺术的真实写照。反之，一个地区或部门，如果形式主义严重，弄虚作假成风，阿谀奉承者众多，那么，领导者就要从中看到自己的问题，"上有所好，下必甚焉"。聪明的领导者，正是从自己正面的，尤其是反面的经验教训中学习，并一步步走向成熟。奉承话警惕地听。古语说："良药苦口利于病，忠言逆耳利于行。"领导者对奉承话要警惕地听，倘若养成一种癖好，专爱听奉承话，不爱听不同意见，那就隐藏着某种危险。

有位西方哲学家说过："许多吻你手的人，也许就是要砍你手的人。"

历史上奉迎之客乱政祸国的也不乏其例。

齐桓公暮年，下臣易牙、竖刁、开方争相献媚，三人得宠于朝，欺上压下，专横跋扈，最后连齐桓公本人也被饿死。

历史的教训告诉我们，奉迎这东西，虽然没有牙齿，可是骨头也会被它啃掉。

3. **在加强自我修养中认识自己**。青年干部要清醒地认识自己并战胜自己，必须具有崇高的境界、宽广的胸怀，还要经常反省自己。视野开阔，有助于认识自己；心底无私，才能天地宽广。一个把功名利禄置之度外的人，一个没有私心杂念的人，才能真正做到虚怀若谷，从谏如流。要给自己一点反省的时间。"自省"是中国儒家学派所倡导的十分重要的修养方法。

曾国藩一生坚持写"自省日记"，每天记下自己做了哪些事情，哪些做得不好，哪些做得出色。他用这样的方式来激励自己不断向更高目标迈进，终于赢得了辉煌人生。

意大利画家莫迪里阿尼的肖像画有一个奇怪的特点——许多成年人都只有一只眼睛，令人大惑不解。画家的解释颇有哲理："我用一只眼睛观察周围的世界，而用另一只眼睛审视自己。""留一只眼睛看自己"，其实质就是不断认识自己。在当今人心浮躁、急功近利的喧嚣社会中，青年干部要提高自身修养，也应"留一只眼睛看自己"，认真审视自己、认识自己、反思自己，不断提升自己的境界，净化自己的灵魂，保持内心清静和头脑清醒。

（二）调控情绪

良好的情绪可以成为事业和生活的动力，而恶劣的情绪则会对身心健康产生破坏作用。因此，青年干部必须保持积极愉快的情绪，克服消极不良的情绪。其实，调控情绪并没有想象的那么难，只要掌握正确的方法，就可以很好地驾驭自己。

1. **冷静分析**。遇到挫折时进行冷静分析，从客观、主观、目标、环境条件等方面找出受挫的原因，采取有效的补救措施。对青年干部来说，工作中的挫折是经常存在的，注定成为领导生涯的一部分。如果，青年干部挫折不断，说明他干的事情多、贡献大，收获就更多。一个成功的领导者，其智慧与才能，正是在一连串的"挫折"事件中，逐步锻炼、提高和成熟的。所以，当青年干部遭遇挫折后，千万不要认为自己不幸，甚至应该庆幸才对。

2. **自我暗示**。在生活中，要多运用积极、恰当的心理暗示，调节神经内分泌，达到强身健体的目的。还有一种自我暗示的方式就是自我庆幸。当遇到不幸与挫折时，不应该灰心丧气，而应该高兴地想"事情原本可能会更糟呢"。

古时候有甲乙两个秀才去赶考，路上遇到了一口棺材。甲说："真倒霉，碰上了棺材，这次考试死定了。"乙说："棺材，升官发财，看来我的运气来了，这次一定能考上。"当他们答题的时候，两人的努力程度就不一样，结果乙考上了。回家以后他们都跟自己的夫人说："那口棺材可真灵啊。"

有位秀才第三次进京赶考，住在一个经常住的店里。考试前两天他做了三个梦，第一个梦是梦到自己在墙上种白菜，第二个梦是下雨天，他戴了斗笠还打伞，第三个梦是梦到跟心爱的表妹脱光了衣服躺在一起，但是背靠着背。这三个梦似乎有些寓意，秀才第二天就赶紧去找算命的解梦。算命的一听，连拍大腿说："你还是回去吧！你想想，高墙上种菜不是白费劲吗？戴斗笠打雨伞不是多此一举吗？跟表妹都脱光躺在一张床上了，却背靠背，不是没戏吗？"秀才一听，心灰意冷，回店收拾包袱准备回家。店老板非常奇怪，问："不是明天才考试吗，今天你怎么就回乡了？"秀才如此这般说了一番，店老板乐了："哟，我也会解梦的。我倒觉得，你这次一定要留下来。你想想，墙上种菜不是高种（中）吗？戴斗笠打伞不是说明你这次有备无患、双保险吗？跟你表妹脱光了背靠背躺在一起，不是说明你翻身的时候就要到了吗？"秀才一听，觉得有道理，于是精神振奋地参加考试，居然中了个探花。

3. **自我转移**。所谓自我转移法就是把自己的注意、思想和行为转移到其他方面。

（1）忆喜忘忧。把自己沉醉到愉快的情景中去，这样使自己乐以忘忧，从而感到前途依然是光明的。

（2）潜心工作。把自己的时间安排得井然有序，更加勤奋工作和学习，进入忘我的境界，这样就不会有时间去考虑那些烦心事了。

（3）欣赏音乐。当恶劣情绪出现时，听自己喜爱的音乐，在优美的旋律中心情就会变得舒畅。如能形成欣赏音乐的习惯，对于提升心灵品味、纾解心理压力会有很大帮助。

（4）做己所好。当某件事一直萦绕在自己心头而影响自己的情绪时，不如暂时把它放下，去做自己喜爱的活动和游戏，如读书、下棋、练书法、看球赛，就会在快乐中忘记烦心事。

（5）适当运动。运动有助于减压，对于身心都有极大的帮助。哪怕是一个小小的运动，都能够很好的帮助自己。运动能够有效防止抑郁症，较快提高情绪，短时间缓冲抑郁。

4. **自我发泄**。消除恶劣情绪最简单的办法，就是让它尽情发泄，切忌把不良情绪埋在心底，把心烧成灰烬。但情绪宣泄必须合理。有的人不分时间、地点、场合，对引起自己不快的对象大发雷霆，甚至采取违反道德和法律的攻击行动。这种直接发泄，常常引发不良后果。还有的人将不良情绪胡乱发泄，迁怒于人，找替罪羊。还有的人，不管什么事，只要不合自己的意，便发牢骚、讲怪话，以此发泄不满情绪。这些泄愤方法不但于事无补，而且会影响团结，妨碍工作，是不可取的。

一天，美国陆军部长斯坦顿很生气地对林肯说："一位少将用侮辱性的话指责我。"看到斯坦顿怒火中烧，林肯建议他写一封内容尖刻的信回敬那家伙，还说信中可以狠狠骂他。斯坦顿借着怒气，立刻写了一封措辞强烈的信，然后拿给林肯看。林肯看后说："斯坦顿，你写得真决绝，要的就是这个！"但是，当斯坦顿把信叠好装进信封里，真的要寄出去时，林肯却叫住了他："不要胡闹。这封信怎么能寄出去呢？快把它扔到炉子里烧掉。凡是生气时写的信，我都是这么处理的。这封信措辞如此激烈，写的时候你肯定已经很解气了，现在感觉好多了吧？你把它烧掉，再去写第二封吧。"（《广州青年报》2016年11月27日）

5. **自我美化**。自我美化是指个体用以避免自尊心受损或增加自尊感的过程和结果。

（1）向下比较。向上和与自己类似的人比较可能会大大挫伤自尊心，这时不妨向下比较，想想有些人的价值和成就还不如自己呢。

（2）回想过去的成功。当一个人沉浸在失败的巨大阴影之中，就会忘记自己的成功经历。花几分钟回想一下过去的成功，让自己振作起来。"什么因素令我成功？""我的优势在哪里？"这样会让自己重拾信心，发现失败的原因，并激发成功的想法。

（3）自我安慰。要有"酸葡萄心理"，就像吃不到葡萄说葡萄酸的狐狸一样。这种自欺欺人的方法，偶尔用一下作为缓解情绪的权宜之计，也可帮助人们在巨大的挫折面前接受现实，避免精神崩溃。

世界上有两种人，乐观的人和悲伤的人。诚然，人生充满了变数、充满了苦难。面对人生的诸多苦难时，我们该如何抉择？不同的人会有不同的答案，这些答案也体现了这些人的情商高低。

有这样一个老太太，整天为两个儿子发愁。她的大儿子是染布的，二儿子是卖伞的。天一下雨，她就会为大儿子发愁，因为不能晒布了；天一放晴，她就会为二儿子发愁，因为不下雨二儿子的伞就卖不出去。老太太总是愁眉紧锁，没有一天开心的日子，弄得疾病缠身，骨瘦如柴。邻居便告诉她："为什么你不反过来想呢？天一下雨，你就为二儿子高兴，因为他可以卖伞了；天一放晴，你就为大儿子高兴，因为他可以晒布了。"老太太恍然大悟，从此以后每天都是乐呵呵的，身体也自然健康起来了。

有一艘开往法国的轮船途中突遇暴风雨，船上每个人的性命都危在旦夕，很多人惊慌失措。而一位年过半百的老太太却镇定自若，没有丝毫恐惧。大家虽然命悬一线，但最终有惊无险，船安然入港。人们问老太太："为什么刚才你一点也不害怕？"老太太笑着说："我有两个女儿。大女儿得病，几年前已经到了天堂，而小女儿就住在法国。刚才风浪大时，我就向上帝祷告。假如他想接我去天堂呢，我就去看我的大女儿；假如他想让我在船上，我就继续前往法国看我的小女儿。反正不管去哪，我都可以和我心爱的女儿在一起，我有什么好害怕的呢？"

所以说，决定我们情绪的是认知，而不是事物本身。同一个人，同一件事，换了一个角度，就从不高兴变成了高兴，这就是情商。所以，有人说："心里有太阳的人，到哪里都是春天。"

青年干部要善于调控情绪和优化情绪，不能因为个人情绪而影响正常的工作和生活，要塑造积极心态，保持乐观豁达心境。

（三）激励自己

自我激励是青年干部实现人生目标的强大推动力。

孔子说："君子求诸己，小人求诸人。"意思是君子遇到困难首先想到的是要靠自己去解决，不到万不得已不去求助别人；而小人遇事总是习惯求助别人，而不是靠自己去解决。无论哪一个成功者，关键都是靠自己努力。有时候，别人可以帮一下，但是绝对不能帮一辈子。自我激励是催人奋进的风帆。水不激不跃，人不激不奋。

林肯是美国历史上最伟大的三位总统之一。但是，他出身贫寒，幼年丧母。经历了数次恋爱失败的打击后，他最后草草地与一个名叫玛丽·陶德的姑娘结婚。这次婚姻可以说是林肯一生中最大的悲剧，但是也为林肯的成功带来了莫大的反面推动力。与林肯的性格和道德观相反，玛丽·陶德贪财、讲排场、爱慕虚荣。她认为嫁给林肯前途黯淡，绝望到近乎发疯，她冲着林肯叫喊："我怎会嫁给你这个穷光蛋和白痴！"男人的自尊心最容不得伤害。痛苦的婚姻激发了林肯无穷的潜力，他对入主白宫的愿望比任何时候都强烈，他要用辉煌的业绩告诉这个鼠目寸光的女人，什么才是真正的伟大。林肯在50岁的时候，终于成了白宫的主人。一个遍尝人间艰辛的穷苦人，竟然成了改变美国历史进程的伟大总统，不能不说是一个奇迹。（《林肯传》，戴尔·卡耐基著，白马译，吉林大学出版社，2018年4月版）

一般说来，青年干部的境遇不外乎三种情况：佳境——条件优越、志得意满、备受推崇；顺境——条件一般、饱食终日、无甚烦恼；逆境——遭遇失败、面对挫折、内心受伤。在青年干部的实际工作中，这三种境遇都可能会交替出现。如果不加强自我激励能力的修养，在这三种境遇下的青年干部，很容易迷失自我，缺乏前进动力，淡化领导责任。

作为青年干部，无论在什么样的境遇之下，都应当提振精神，始终保持旺盛的斗志，激励自己不断奋进，这是确保青年干部正视现实、恪尽职守、适应环境的一种必备素质。

青年干部处于逆境时，要会用左手温暖右手，自己激励自己去改变，方法如下：

1. **始终保持旺盛的激情**。微软公司创始人比尔·盖茨曾说："我们公司的核心文化就是激情文化，员工要有激情，才能全身心地投入到工作中去。"我们知道，人是要有一点精神的，尤其需要保持一种对事业的激情。青年干部要做好各项工作，只有保持昂扬向上、奋发有为的激情，勇于拼搏，迎难而上，才能开创新局面，创造新业绩。

2. **执着追求远大目标**。孙中山先生 1912 年视察山东时，曾说："要立志做大事，不要做大官。"当你去做大事的时候，你会被这个大的事情和伟大的梦想所激励，就会为实现这个目标而努力。

奥斯特洛夫斯基的《钢铁是怎样炼成的》有句名言："只为家庭活着，这是禽兽的私心；只为一个人活着，这是卑鄙；只为自己活着，这是耻辱。"

3. **给失败找出恰当的原因**。鼓励自己，增强信心，避免再犯同样的错误。切忌因为失败而丧失信心，给自己一个"我能行"的暗示。自信是一个成功领导者必备的心理素质，特别是面对困境时，一个领导的自信心也是整个组织的自信心。

英国文学家萧伯纳说："有信心的人，可以化渺小为伟大，化平庸为神奇。"

有人请教林肯总统成功的经验。林肯是这样回答的："每一个人都应该有自信心：人所能负的责任，我必能负；人所不能负的责任，我亦能负。如此，你才能磨炼自己，求得更多的知识，进入更高的境界。我的成功经验就是自信。"反之，缺乏自信心的人，怕这怕那，畏缩不前，故步自封，往往难以达到设想的目标。

（四）化解压力

有一则小寓言，说有一种小虫子很喜欢捡东西，在它所爬过的路上，只要是能碰到的东西，它都会捡起来放在背上，最后，小虫子被身上重物压死了。

假如人能学会取舍，学会轻装上阵，学会善待自己，凡事不跟自己较劲，甚至学会倾诉发泄释放自己，人还会被生活压趴下吗？

晚清总理大臣李鸿章有一句耐人寻味的名言："世上最容易的事莫过于做官，一个人如果连官也不会做，那就太不中用了。"李鸿章是针对清末极其腐败的官场而言的，有钱就有官做，当官场上充满了"钱官"的时候，当官还需要能力吗？很多人没有听懂李鸿章的弦外之音，还真认为当官是件容易的事。其实官并不好当。人们只看到为官者在人前风光的一面，却很少知道为官者辛勤的付出与承受的压力。

压力每一个都会有，青年干部也少不了，关键要掌握减压的方法：

1. **消除压力源**。当你感到有压力时，首先要找到压力源，尽可能地消除压力源。如果你的压力是因为工作量太大造成的，你可以通过合理的时间管理来区分工作的轻重缓急，重要的工作马上完成，次要的和不那么重要的可以先放一放，待时间充裕时再完成。

2. **改变你的认知方式**。我们对事物的看法决定了我们感受到的压力。采用换位思考可以帮助我们更好地理解别人，比如，当你与上级沟通存在障碍时，可以设想一下如果你是上级会怎样处理，这样将有助于与上级更好地沟通。

3. **不必过分追求完美**。要做好一份工作，讲究的是成效，只要你尽了力，而且达到了预期的目的，就无须再一味追求所谓的"完美"，功成不必在我，功成必定有我。

4. **知足常乐**。人不可缺乏进取心和奋斗精神，但一味追名逐利反而会得不偿失。只要曾经努力过，且取得了进步，有了收获，就不必过于苛求自己。

5. **学会宣泄**。当遇到不如意的事情时，可以通过运动、读小说、听音乐、看电影、找朋友倾诉等方式来宣泄自己不良情绪，也可以找个适当的场合大声喊叫或痛哭一场。

6. **寻求帮助**。如果上述的方法都未能奏效，不妨直接寻求帮助。

（五）善于沟通

成功学大师卡耐基说："一个人的成功，只有15%归结于他的专业知识，还有85%归于他表达思想、领导他人，以及唤起他人热情的能力。"

有效沟通也要讲究一定的方法和策略。对于领导者来讲，我们要面对很多沟通对象，如内部的领导、同事、下属，外部的有工作联系的部门领导、媒体记者，工作职责要求我们处理好方方面面的关系。沟通对象众多，沟通情况复杂，只有掌握一定的策略和技巧，才能实现高效沟通。

（六）博大情怀

法国作家维多克·雨果说过：世界上最宽阔的是海洋，比海洋宽阔的是天空，比天空更宽阔的是人的胸怀。

1. **培养高尚的济世情怀**。情商有高低之分，区别就在于是独善其身还是兼济天下。青年干部作为公众人物，要有"大情商"。"大情商"是一种大爱。青年干部要以大视野、高视角定位自己的情商，有胸怀天下的济世情怀，时刻把群众的疾苦冷暖放在心上，始终和群众心连心，在良性互动中引领和感召群众。

我们不能要求每个青年干部都成为英雄、成为伟人，但青年干部的职责所在，却要求他们都要有济世情怀，成为造福天下、普济苍生的"民族脊梁"。如果青年干部只关心自己和妻子儿女"小家"的利益，不关心人民群众和国家民族这个"大家"的利益，那社会还要这些青年干部干什么？

晏子说："意莫高于爱民，行莫高于乐民。"爱民才是爱的最高境界。青年干部是党的事业的带头人，是人民群众的公仆，除了要具备普通人应有的情商之外，还要有为民之心和爱民之情。青年干部有了这样的大情怀，才能拥有真正的高情商。

2. **培养高雅的生活情趣**。青年干部有什么样的生活情趣、生活格调和生活品位，可以从一个侧面反映出他们的世界观、人生观、价值观，还可以看出其对工作、对事业的基本态度，对组织和人民是否忠诚，人格是否高尚。

生活情趣本是一个私人化的问题。对普通群众来说，这本是小事，但对青年干部来说，生活情趣可不是小问题。因为情趣爱好可以使人高尚，也可以使人堕落。一些青年干部为了自己的情趣爱好，不讲身份、不顾形象、不管影响，什么朋友都敢交、什么场合都敢去、什么钱都敢花、什么东西都敢要，或者迷恋于迷信赌博，忘情于名胜古迹，热衷于灯红酒绿，沉湎于声色犬马，把"玩人""玩物"当作一大乐事。

青年干部在人生道路上，总会遇到各种各样的诱惑。爱财，有人会送钱上门；贪色，有人会奉上美女；喜欢古玩字画，有人会想方设法搜罗。一些别有用心者正是以此作为拉拢腐蚀的突破口，投人所好，换己所需。

党员干部有些兴趣爱好，涵养身心，充实人生，乃人之常情，本无可厚非。一些党员干部志趣高雅，琴棋书画、养花收藏，更是提升了品位。也正因如此，他们对直截了当的金钱、女色等贿赂，穿上了"防护衣"，带上了"金钟罩"，让行贿者累累碰壁，铩羽而归。

为此，青年干部要常修为政之德，常思贪欲之害，常怀律己之心，管住生活小节，守住人生气节，做一个"正气满乾坤，铁汉让人敬"的强者，做一个志趣高雅的智者。

3. **理性对待家庭亲情**。"无情未必真豪杰，怜子如何不丈夫。"讲感情、重感情乃人之常情。但是，青年干部一定要理性对待家庭亲情。倘若顾及亲情，处理不好公与私的关系，因公徇私，就会被亲情"绑架"，就会被亲情裹挟着触犯党纪国法，从而留下人生败笔。

近年，腐败向家族化、集团化演变现象明显。"夫妻双双把牢坐"、一家几口进监狱的现象比比皆是。少数党员干部在"官本位"思想的驱使下，世界观、人生观和价值观发生了蜕变，大搞"一人得道，鸡犬升天"，追求

"有权不用，过期作废"，利用手中的权力为自己和配偶子女大捞好处，最终落得个自毁家毁的可悲下场。

许多事实表明，青年干部出问题，与家风不正有很大关系。把家庭当成了权钱交易所，"前门当官，后门开店"，导致这些贪腐家庭妻离子散、家破人亡的最终结局，发人深省、引人深思。

中华民族自古以来就注重家庭、家风建设。大家熟知的"孟母三迁""岳母刺字"等典故都充分说明了这一点。晚清重臣张之洞，官至一品，创办无数实业，但自家穷得入不敷出。他在临终遗言中对家人说："人总有一死，你们无须悲痛……我为官四十多年，勤奋做事，不谋私利，到死房不增一间，地不加一亩，可以无愧祖宗。望你们勿忘国恩，勿坠家风，必明君子小人之辨，勿争财产，勿入下流。"

对青年干部来说，良好的家风是抵御腐败的重要防线。清廉是最好的亲情关爱。为了自己和家人的幸福，要切实搞好家庭廉政建设，树立清廉家风，正确关爱亲人，才能清廉一辈子，幸福一家人。

4. **坚决拒绝美色的诱惑。**人生充满了诱惑，灯红酒绿，金钱美女，功名利禄，声色犬马……对于美色的诱惑，成为青年干部慎之又慎的问题。随着青年干部的职务升迁，一些美女主动"投怀送抱"。当然不会是白奉送的，不拿原则、权力和金钱等作交换，是不可能抱得美人归的。青年干部要拒绝美色的诱惑，过好"美色关"，否则，将走向腐败堕落的深渊。

据《荀子·大略》记载，春秋时鲁国有个叫柳下惠的人，有一次远行归来，因天色已晚，城门关闭进不了城，恰巧有一位女子也进不了城，于是柳君与女子同宿城外。时值天寒地冻，柳下惠恐怕女子冻坏，就解开自己的外衣，让女子坐在自己的怀里，并用自己的衣服给她取暖。就这样一直坐到天明，柳下惠没有丝毫的越轨行为，打破了"英雄难过美人关"的千古"神话"。

青年干部在任何时候、任何情况下都要把握好自己，遇情不滥，见色不迷，洁身自好，才能创造美好人生。

5. **交朋结友必须谨慎。**人生在世，不能没有朋友。青年干部与普通人一样，也有自己的朋友圈。

爱因斯坦曾经说过："世间最美好的东西，莫过于有几个头脑和心地都很正直的真正朋友。"

青年干部走上领导岗位之后，交际面会越来越宽，朋友也会越来越多。

这样一来，和谁交朋友，交什么样的朋友，就显得非常重要。近年来，几乎所有的贪官都是被所谓的"亲朋好友"拉下水，栽在了所谓的"知心朋友"手里。他们有的是多年合作的"老朋友"，有的是各有所图的"好亲戚"，有的是"互帮互助"的"好老乡"。

在交友的问题上，对青年干部来说，不是个人的私事，而是政治生活中的一个重要原则。

有一位哲人说过："如果你周围是群鹰的话，那么你自己也会成为一只鹰；如果是一群山雀的话，那么你就永远看不到海阔天空。"

俗话说："近朱者赤，近墨者黑。"对那些想方设法巴结你、讨好你、满足你，不断用恩惠拉拢你、腐蚀你的人，根本就不是真正的朋友。青年干部要警钟长鸣，引以为戒。

在这里，无须告诉大家如何去选择朋友，需要强调的是，如果想在人生和事业上取得成功，必须小心谨慎地结交朋友。

普通人的圈子，谈论的是闲事，赚的是工资，想的是明天；生意人的圈子，谈论的是项目，赚的是利润，想的是来年；事业人的圈子，谈论的是机会，赚的是财富，想的是未来；智慧人的圈子，谈论的是给予，赚的是奉献，想的是修行。

在现实生活中，您和谁在一起的确很重要，甚至能改变您的成长轨迹，决定您的人生成败。

总而言之，情商是事业成功的基石，开启心智的钥匙，激发潜能的法宝。青年干部要重视情商，把握情商，放大情商，成就辉煌人生，做忠诚、干净、担当的好干部。

和青年干部谈压力

据媒体不完全统计，自 2003 年 8 月底至 2014 年 4 月初，被各级官方认定为自杀的官员达 112 人，被官方认定为自杀的 112 名官员中，省部级有 8 人，厅级 22 人，处级 30 人，处级以下 52 人。（新华社 2015 年 4 月 18 日）

这些年我们经常在媒体中看到类似的噩耗，让人不禁唏嘘。

为什么手端"金饭碗"的官员会存在自杀心理或选择自杀呢？

其实在这个世界上，没有人生来就不热爱生命，因为生命既是幸福的前提，也是创造幸福的源泉。世界上没有一个人不恐惧死亡，没有一个人不珍惜生命，因为生命对于每个人就只有一次。

德国哲学家叔本华有一个经典的论述："当一个人对生存的恐惧大于对死亡的恐惧时，他就会选择自杀。"

难道这些官员对生存的恐惧大于对死亡的恐惧吗？

各级官员，特别是公务员，他们作为特殊的职业人，有着与普通人同样的烦恼与忧愁，既有来自公务员个体在认知、思维、情感、意志、行为等方面的烦恼与忧愁，也有来自家庭、子女、社会交往与发展等方面的压力、烦恼与忧愁；更有来自政府机关作为特殊职场的压力、烦恼与忧愁。

这些官员的自杀原因很多，但抑郁症等精神疾病被认为是一大诱因。因为上述的几起官员自杀案都是因抑郁症而导致的。

据国内精神病医学学者的研究，抑郁症目前已成为世界第四大疾患，它也是 21 世纪人类的主要杀手。在中国，超过 2600 万的抑郁症病人中，有 10%—15% 的人最终可能死于自杀，只有不到 10% 的患者接受药物治疗。男女抑郁症患者比例为 1：2。自杀已成为我国 15 岁到 34 岁青壮年人群的首位死因，自杀人群中一半以上患有抑郁症。（"中国新闻网" 2005 年 6 月 19 日）也就是说，这些人都患有心理疾病，心理不健康。一旦患有严重的心理疾病，或者说他们对生存的恐惧大于对死亡的恐惧时，就走向了绝路。

一、心理健康问题概说

（一）心理健康的概念与界定

世界卫生组织（WHO）在其《世界卫生组织宪章》中对健康进行了界定：健康乃是一种身体的、心理的和社会适应的健全状态，而不只是没有疾病或虚弱表现。所谓健康，包括身体健康、心理健康、道德健康和社会适应性良好四个方面的因素，这四者之间是互相依赖、相辅相成的。1978年世界卫生组织给健康所下的正式定义、衡量是否健康的10项标准是：1. 精力充沛，能从容不迫地应付日常生活和工作的压力而不感到过分紧张；2. 精神状态正常，没有抑郁，焦虑，恐惧发作等症状；3. 合理饮食，善于休息，睡眠良好；4. 应变能力强，能适应环境的各种变化；5. 能够抵抗一般性感冒和传染病；6. 体重得当，身材均匀，站立时头、肩、臂位置协调；7. 眼睛明亮，反应敏锐，眼肌轻松，眼睑不发炎；8. 牙齿清洁，无空洞，无痛感；牙龈颜色正常，不出血；9. 头发有光泽，无头屑；10. 肌肉、皮肤富有弹性，走路轻松有力。

"心理健康"的概念是一个"舶来品"，1843年美国精神病学家威廉·斯惠特撰写了世界第一部心理健康的专著，明确提出了"心理健康"一词。1858年，精神病学专家艾萨克·雷伊当选美国精神病学会会长，他以"心理健康"为题做了一个就职演讲。1906年，克劳斯登正式出版《心理健康》一书，此名遂被正式采用。1946年第三届国际心理卫生大会为心理健康下了这样的定义：所谓心理健康是指在身体、智能，以及情感上与他人的心理健康不相矛盾的范围内，将个人心境发展成最佳的状态。

美国著名社会心理学家马斯洛和米特尔曼在合著的《变态心理学》中也提出了心理健康标准：1. 有足够的自我安全感；2. 能充分地了解自己，并能对自己的能力做出适度的评价；3. 生活理想切合实际；4. 不脱离周围现实环境；5. 能保持人格的完整与和谐；6. 善于从经验中学习；7. 能保持良好的人际关系；8. 能适度地发泄情绪和控制情绪；9. 在符合集体要求的前提下，能有限度地发挥个性；10. 在不违背社会规范的前提下，能恰当地满足个人的基本要求。

世界卫生组织认为心理健康比躯体健康的意义更重要。现将测定心理老化的16个问题列表如下：

1. 是否变得很健忘？

2. 是否经常束手无策?

3. 是否总把心思集中在以自己为中心的事情上?

4. 是否喜欢谈起往事?

5. 是否总是爱发牢骚?

6. 是否对发生在眼前的事漠不关心?

7. 是否对亲人产生疏离感,甚至想独自生活?

8. 是否对接受新事物感到非常困难?

9. 是否对与自己有关的事过于敏感?

10. 是否不愿与人交往?

11. 是否觉得自己已经跟不上时代?

12. 是否常常很冲动?

13. 是否常会莫名其妙地伤感?

14. 是否觉得生活枯燥无味,没有意义?

15. 是否渐渐喜好收集不实用的东西?

16. 是否常常无缘无故地生气?

如果你的答案有 7 条以上是肯定的,那么,你的心理就出现老化的危机了,要小心保护自己的心理了。

(二)心理缺陷的概念与界定

心理缺陷,指无法保持正常人所具备的心理调节和适应等平衡能力,心理特点明显偏离心理健康标准,但尚未达到心理疾病的程度。心理缺陷的后果是社会适应不良。在现实生活和心理卫生实际工作中最常见的心理缺陷是性格缺陷和情感缺陷。

1. **常见的性格缺陷有下列几种:**

无力性格。这种人精力和体力不足,容易疲乏,常述说躯体不适,有疑病倾向。情绪常处于不愉快状态,缺乏克服困难精神。这种人对精神压力和心身矛盾,易产生心理过敏反应,由此可诱发心理疾病。

不适应性格。主要表现为社会适应不良。这种人的人际关系和社会环境的适应能力很差,判断和辨别能力不足。在不良的社会环境影响之下,容易发生不良行为。

偏执性格。性格固执,敏感多疑,容易产生嫉妒心理。考虑问题常以自我为中心,遇事有责备他人的倾向。这种心理缺陷如不注意纠正,可以发展为偏执性精神病。

分裂性格。性格内向，孤独怕羞，情感冷漠。社会适应和人际关系很差，喜欢独自活动。此种心理缺陷易发展为精神分裂症。

爆发性格。平时性格黏滞，不灵活，但遇到微小的刺激就可能引起爆发性愤怒或激情。

强迫性格。强迫追求自我安全感和躯体健康。可有程度不同的强迫观念和强迫行为。强迫性格的人，易发展为强迫症。

癔症性格。心理发展不成熟，常以自我为中心。感情丰富而不深刻。热情有余，稳定不足。容易接受暗示，好表现自己。这种性格的人，容易发展为癔症。

攻击性格。性格外向，好斗。情绪高度不稳定，容易兴奋、冲动。往往对人、对社会表现敌意和攻击行为。

2. **常见的情感缺陷有下列几种：**

焦虑状态。对客观事物和人际关系，表现出焦虑、紧张，忧心忡忡，疑虑不决。虽然，具有强烈的生存欲望，但对自己的健康和疾病存有忧虑。

抑郁状态。情绪经常处于忧郁、沮丧、悲哀、苦闷状态。常有长吁短叹和哭泣表现。这种人缺乏人生的动力和乐趣，生存欲望低下。

疑病状态。常有疑病情绪反应，有疑病性不适症状。自我暗示性强，求医心切。

躁狂状态。情绪高涨、兴奋，活跃好动，动作增多，交际频繁，声音高亢。

激情状态。有的人经常呈现出激情状态，而且表现出激昂的语言和行为。

淡漠状态。有的人对外界客观事物和自身状况漠不关心，无动于衷，在人际关系方面表现为孤独、不合群。

幼稚状态。有的人心理年龄明显落后于实际年龄。情绪幼稚化，表现出"老小孩"式情感。

反常状态。有的人情感反常，不协调，甚至出现矛盾的情绪状态。

（三）心理疾病的概念与界定

心理疾病是由于内外致病因素作用于人而造成脑功能障碍，从而破坏了人脑功能的完整性和个体与外部环境的统一性所致。心理疾病是很普遍的，只不过存在着程度区别而已，现代文明的发展使人类越发脱离其自然属性，污染、生活快节奏、紧张、信息量空前巨大、社会关系复杂、作息方式变化、消费取向差异、在公平的理念下不公平的事实凸显，都使心理疾病逐渐增多并恶化。心理疾病种类很多，表现各异，在学术上大致可分为以下几类：感觉障碍、知觉障碍、注意障碍、记忆障碍、思维障碍、情感障碍、意志障碍、行为障碍、意识障碍、智力障碍、人格障碍等。

心理疾病是不是人们通常讲的精神病呢？其实心理疾病与精神病是有区别的：心理障碍几乎是人人都可能遇到，如失恋、落榜、人际关系冲突造成的情绪波动、失调，一段时间内不良心境造成的兴趣减退、生活规律紊乱甚至行为异常、性格偏离，等等。这些由于现实问题所引起的情绪障碍，称为心理障碍。像这些问题大多数人往往可进行自我调节或求助父母、亲朋、老师等帮助调节，假如通过这些调节方法仍无效果时，就需要找心理咨询医生寻求帮助。此外，心理咨询也适用于神经症，包括强迫症、焦虑症、恐惧症、疑病症、神经衰弱及人格问题等，还适用于心理生理障碍（即心身疾病）、神经系统器质性疾病引起的心理障碍、儿童情绪障碍、学习障碍、各种智力发育异常等。成年人常见心理问题神经症：神经衰弱、焦虑症、疑病性神经症（疑病症）、癔症、强迫性神经症、恐怖性神经症、抑郁性神经症。

精神病的基本症状是精神活动紊乱，导致认识、情感、意志、行为等方面的异常，以致不能维持正常精神生活，甚至做出危害自身和社会集体的行为。致病因素有多方面：先天遗传、个性特征及体质因素、器质因素、社会性环境因素等。许多精神病人有妄想、幻觉、错觉、情感障碍、哭笑无常、自言自语、行为怪异、意志减退，绝大多数病人缺乏自知力，不承认自己有病，不主动寻求医生的帮助。常见的精神病有：精神分裂症、躁狂抑郁性精神病、更年期精神病、偏执性精神病及各种器质性病变伴发的精神病等。

二、公务员常见的心理健康问题

现代心理学认为，健康的另一半是心理健康。也就是说，人的健康包括两个方面：身体健康和心理健康，即"身心健康"。凡是优秀的公职人员，不仅需要良好的思想素质、道德素质、文化素质，还需要有健康的心理素质。

以此为标准，可以说，只有具备了健康心理的公务员才能称得上是一个优秀的公务员。

（一）公务员职业特点

公务员身居党和国家的重要部门，担任制定和实施路线方针政策的重大职责，他们的心理如何尤为重要，这不仅关系着自身的形象、政策水平和管理水平，更关系着整个公职人员的整体素质能力。而公务员的职业特点对公务员的心理健康有着直接的影响。本书讲的青年干部，更多的是指公务员干部，兼顾事业单位中的专业技术干部。其职业特点表现在如下几个方面：

1. **公务活动的公正性要求。**公共行政管理的过程就是运用公民和国家赋予的公共权力，依法管理国家和社会公共事务，维护公共利益。公务员的活动涉及国家行政机关的各个领域，贯穿于政府各个环节，公务员职业的特殊性要求公务员必须正当地行使公共权力，维护和实现公共利益。公务活动的公共性，就是我们经常说的"办好公家的事"，这是对公务员提出的最起码要求。

2. **言行举止的规范性要求。**现代民主法治社会中，公务员职权的行使必须来自法律法规的授予和规范，就是说必须有制度执行的法律依据。公务员从事公务，是在法律规范的范围内活动，超越法律规范的权力就是无效的。因此，依法执政是对公务员的基本要求。

3. **管理与服务的角色要求。**公务活动具有比私人利益更高的位置，公务员执行公务中担负着执行命令、履行义务、遵守法律和纪律的神圣职责，这就决定了公务员必须忠实履行自己的职责，对人民高度负责，对社会高度负责。同时，公务员不仅要管理公共事务，也要服务社会民众，尽公仆之责。公务员履职的服务性对公务员品行做了严格的要求。

4. **身份与职责的多重要求。**公务员既是公民又是公职人员，既代表公共权力部门同时也是自然人。也就是我们说的公务员是有血有肉的人，在大量的公共行政管理工作中，要依法管理国家和社会公共事务，维护公共利益，在现实生活中还要和柴米油盐酱醋茶打交道。公务员身份的双重身份和性格容易造成对身份的错认乃至分裂。

5. **标杆与导向的社会要求。**在中国传统社会中，公务员从来就是社会道德标杆和社会良心的象征。特殊的领域和职业，对公务员有着特殊的职业要求。在现代社会的公务员通过对公共产品的合理分配，来满足群众的需求，同时还要洁身自好、约束自己不假公济私、不以权谋私、不铺张浪费等。公务员价值导向的公益性对公务员个人名利的获取有严格的规定，不是私人的赠予，而是群众的认可、组织的认定、领导的肯定。

（二）公务员心理健康标准

在公务员队伍中 80% 以上是科级以下人员，也就是说大多数是青年人，这些人虽然是一般工作人员，但行使着管理国家的权力，与人民群众接触最多、最广，在群众眼中，他们是国家形象的代表，他们的能力体现了政府的治理能力，水平代表着政府的治理水平，素质高低直接影响着党和政府的形象，影响着国家行政效率的高低。

心理健康是公务人员素质健全和全面发展的重要标志，也是切实履行职责、廉洁自律、取得工作成效的内在要求。管理决策层如果存在心理问题，则可能导致决策失误而造成严重后果，同时，对普通干部职工心理也有重大影响，从而带来不可挽回的形象损毁甚至经济损失。

对于公务员心理健康问题的研究有不少成果，如影响较大的 2004 年国家公务员通用能力建设系列丛书之一，由汪大海主编的《国家公务员心理调适能力》，它确立的心理健康标准仍然具有代表性：

1. **健康的情绪**。情绪稳定与心理愉快是公务员的情绪健康的主要标志。情绪稳定表示人的中枢神经系统活动的协调，说明人的心理活动协调。心情愉快表示人的身心活动的和谐与满意，表示人的身心处于积极的状态。

心理健康的人具有以下一些情绪特征：

（1）情绪稳定，不轻易感到紧张或不安；

（2）能及时把气氛转向创造和建议；

（3）对别人的情绪容易产生同感；

（4）喜欢他人和被他人喜欢；

（5）能表现出与发育阶段相适应的情绪；

（6）能建设性地处理问题，适应环境变化；

（7）具有自信心，善于与他人交往；

（8）既能自己满足，也能接受帮助，并能保持二者的平衡；

（9）为了未来，能够忍受现在的需求不足；

（10）善于生活。

2. **良好的道德**。公务员良好的道德包括：忠于职守，爱岗敬业，勤奋工作，钻研业务，甘于奉献；一切从人民的利益出发，热爱人民，忠于人民，全心全意为人民服务，密切联系群众，关心群众疾苦，自觉做人民公仆；说实情，办实事，求实效，踏实肯干；学习先进；助人为乐，谦虚谨慎，言行一致，忠诚守信，乐于担当；忠诚、干净、担当等。

3. **健全的意志。** 公务员健全的意志，主要是指为了履行职责，自觉地组织自己的行动。遇事当机立断，即使在执行计划中，遇到情况变化，善于果断地改变计划；在困难和挫折面前能做出适当的心理反应；对所要达到的目的，作持之以恒的努力，直至成功；善于控制自己的思想、情绪和言行。

4. **正常的智力。** 智力是指人处理问题、解决问题的能力。大多数人的智力属于一般常态水平，智力超常和智力低下都是少数。智力超常与智力一般且能充分发挥自己的潜在素质，是心理健康的表现。

5. **适度协调的行为反应。** 行为是人在环境刺激下所产生的行为反应，首先是指其行为内容符合社会规范，并以积极的态度正确对待社会生活的准则；其次是指其行为反应，诸如喜怒哀乐、言谈举止等皆在情理之中。

6. **平衡的心理。** 在认识和感情上能够与环境相适应，当两者发生矛盾时，可以通过自身努力进行矫正，以使二者达到平衡，从而摆脱心理失衡或情绪过度，使自己能够从挫折、痛苦中解脱出来。

7. **协调的人际关系。** 协调的人际关系，主要是指乐于和别人交往，有自己的友伴、朋友。在与人相处时，包括与领导、同事和部属相处时，尊重、信任、关心、帮助、谅解他人等肯定态度多于对人怀疑、嫉妒、仇视、埋怨、指责等否定态度。

（三）公务员心理的不健康表现

公务员的工作服从性高、规定性强，这使成就动机水平高的公务员常会有较强的无奈感和压抑感。此外，社会关系的维系，方方面面的沟通、协调和应酬等人际重负，使得公务员长期处于心理疲劳，甚至心理恐慌状态。

由于受到工作和生活等问题的影响，公务员就会出现不同程度的心理困扰，主要表现为烦躁、心累、厌倦、抑郁、孤独、精神恍惚。据数据显示，仅 2.88% 的公务员没有出现任何不良心理症状。另据数据显示，七成以上公务员受到睡眠问题的困扰，仅 24.25% 公务员睡眠质量良好。

健康研究中心专家表示，公务员个体综合素质比较高，社会认知和自我觉察能力比较强，特别是担任一定领导职务的公务员，对自己往往有着比一般人更高的标准，在竞争比较激烈的情况下，一旦遭遇挫折，就容易出现比较严重的负面情绪。

根据重庆市《公务员心理健康现状研究》，公务员心理问题凸显在 5 个方面：抑郁，主要表现为对日常活动兴趣显著减退，对前途悲观失望，遇事常往坏处想；工作倦怠，主要表现为缺乏工作激情，对工作越来越不感兴趣；人际关系紧张，同事之间面临升职竞争，上下级关系也颇微妙，由此造成心理压力；职业成就期待，主要表现为期待专业对口，期待升职，期待获得上级或组织的认可；人格冲突，现有政治体制的弊端，最容易让公务员心理失衡。（《重庆时报》2008 年 1 月 30 日）从该课题研究提出公务员区别于其他人群的职业心理问题看：最多见的是情绪抑郁，最常见的是工作倦怠，最难处的是人际关系，最苦恼的是成就期待，最尴尬的是人格冲突。

具体表现在下面 5 个方面：

1. **焦虑，担忧、紧张**。工作当中表现为一种焦虑、一种担忧、一种紧张；心理表现：心烦意乱、坐立不安、注意力不能集中、犹豫不决。生理表现：多梦、失眠、易激动、心悸、血压升高、口干舌燥。适当的焦虑可对个体的生存保持警觉性，激发积极性和斗志，应付危机。但过度焦虑则会影响正常工作生活。

2. **压抑，积压、抑制**。在对工作绩效的研究过程当中发现，公务员的工作绩效影响着政府的工作绩效，而影响公务员工作绩效的一个非常大的因素就是工作倦怠。公务员的工作是执行性相对强一些，这种执行性的工作，对那些劳模、榜样来讲就更突出了，他们一年 365 天，N 多年如一日地兢兢业业地去做一件事，非常难能可贵。毕竟人们都喜欢做一些丰富化、多样化，有创新性的工作，当第一次、第二次做这项工作的时候，还有新鲜感，但是年复一年地去做的时候，就会倦怠。加上这种工作通常不会给我们带来巨大的成就感，领导要求又比较高，也会加剧这种倦怠感。表现出一种社交障碍，由于工作非常忙，没有时间跟亲朋好友、家人交往，久而久之，在与他们的交往过程当中也出现了交往困难。另外一方面，出现躯体化的焦虑，这种躯体化的焦虑主要是指身体上的一种高度压力的应激反应，如一些心血管疾病等相应的疾病。不愿或不敢将思想和情感释放出来，而是压制在心里。

3. **浮躁，轻率、急躁**。由于长期压抑、紧张，在这种情况下，有时候就有这样的感觉——特别抓狂。本来没有什么事情，你可以心平气和地做，但却感到非常焦虑、非常紧张，这种焦虑让你时时刻刻如惊弓之鸟。一听到"领导找你"，马上就想到：这是怎么回事？然后，接到一个任务之后未经过深思熟虑，就冒冒失失地去做。这种情况在年轻人身上表现得比较多一些，尤其是那些原准备到了公务员队伍后大展宏图的年轻人，当他们一直得不到提拔，竞争上岗也一次次失败时，他们内心积压的紧张情绪就开始表现出来了。浮躁是一种冲动性、情绪性和盲动性相交织的不良心理状态。

4. **偏执，偏激、固执**。这种偏执是以偏概全，固执己见，敏感多疑，心胸不开阔，自视过高，爱抱怨，这种偏执在年龄偏大的一些公务员身上容易产生，这样的人是不是一个好人？他是个好人，但在判断问题的时候，给我们感觉是：由于长期坐机关，总是处理一件事情，所以就形成了一种刻板的印象，然后就将这种以偏概全的观点广而泛之地泛化到一群人身上，或一些社会事件上面。还有一些人对社会上的新鲜事、新事物也持有一种偏执的观点和看法，这种偏执影响了人们的心态，影响了人们之间的相处，甚至影响了人们执行任务的态度、完成任务的质量。比如，一些党员干部以权谋私、滥用公权成为腐败分子，有的人就会以偏概全，把腐败分子与党员干部等同起来。

5. **自私，自我、利己**。这种自私表现为在工作过程当中非常的自我，非常的利己，并且过分关注自身的利益和需求。作为一名公务员，其宗旨是为公众服务，因而要有全局观、大局观，与这种自私是截然相反的，但个别公务员在做事情的过程当中就存在这么一种偏差。在这种情况下，往往以权谋私，以权谋财，他们公德意识比较差，嫉妒心也比较强，继而甚至引发刑事案件。

三、影响公务员心理健康的原因

《人民论坛》杂志曾对全国各地 100 多名公务员心理健康问题进行调查，结果发现，64.65% 的受调查者认为，公务员的压力源主要来自"官场潜规则对个人政治前途的压力"。（"人民网"2014 年 9 月 16 日）

贵州省曾对该省 900 名青年公务员的调查，最后发现，部分青年公务员自信不足：感到非常自信的仅 15.42%，不自信的 23.91%；认为身边公务员充满激情与自信的仅为 27.37%。（《瞭望》2013 年 6 月 1 日）

据心理专家朱晋峰《广州地区政府公务员心理健康状况分析与对策》、重庆市心理专家徐培基《公务员心理健康现状研究》、甘肃省公务员心理健康状况调查研究课题组《甘肃省公务员心理健康状况研究报告》及心理专家王文芳《天水市公务员心理健康调查分析及对策研究》的调查报告显示，公务员群体很多都不同程度地存在心理戒备高、倦怠、焦虑、抑郁、烦躁等心理问题。

归纳起来主要有三类：一是心理封闭。公务员心理多戒备，不低于70%的公务员（即使匿名和网上测评）不愿意袒露心迹。二是缺乏工作兴趣。30%的公务员对自己的工作越来越不感兴趣；40%的公务员认为工作没有多大意义；50%的公务员时常倦怠；70%的公务员缺乏应有的工作激情。三是心理健康水平低。乡镇公务员心理健康水平低于普通老百姓；市县公务员心理健康水平仅仅相当于社会一般人群。

所谓心理压力是指个体在面对难以适应的外界环境要求或威胁时产生的心理体验。当人察觉到外在事件的要求与他本身可达到的状态（或目标）有差距时，心理压力就产生了，而且差距愈大，心理压力也就愈大。

以下几条是一些常见的心理压力征兆，可以自我识别：有没有食欲或食欲过盛；心跳过速；头痛或颈背部肌肉紧张；难以入睡或半夜醒来；噩梦频频；不能深呼吸；皮肤过敏或湿疹；吸烟或饮酒过量；注意力难以集中；为琐碎小事而与家人同事争吵。如果你有其中两条以上的征兆，就意味着你可能处于心理紧张状态了。

基层公务员的心理压力来自何方？主要来自工作任务重，维稳压力大，检查考核多，接待工作繁，工作环境差，晋升空间小，工资收入低。

公务员心理健康不只是某个公务员自己的事。领导心理学表明，一个心理疾病患者是不适合做领导或公务活动的。

首先，公务员的心理健康是履职尽责的重要条件。作为公务员，其工作生活环境决定了要每天面向广大群众，肩负服务群众之责，如果时常孤僻，怎能与群众打成一片，怎能联系和服务群众？如果时常不安、焦虑和怨恨，又如何搞好工作？工作不顺，势必带来各种麻烦与矛盾。其次，公务员心理健康是关系家庭和社会安全稳定的重要保障。家庭是社会的细胞，每个家庭的健康与否直接关系到社会、国家的健康，关系到社会的稳定与和谐。再次，公务员的心理健康是关系个人幸福生活的重要基础。幸福本是一种心理体验，没有健康的心理是无法体念到幸福的滋味的，如果一名公务员每天郁郁寡欢、愁颜满面、顾影自怜、无精打采、怨天尤人、意志消泯……生活哪谈得上什么幸福。

影响公务员心理健康问题的原因主要有：

（一）工作压力

当前改革步入深水区，各种矛盾交织，是一个矛盾易发、多发期，矛盾纠纷总量居高不下，社会不稳定问题触点增多，解决难度也越来越大。稍有不慎，就有可能引发严重的群体性事件。特别是基层公务员面临的压力更大，一方面是来自上级领导部门的压力，一方面则是来自群众的压力，比如信访，就是令许多公务员头疼的问题。基层公务员往往就是"万金油""多面手"，今天督促农业生产，明天检查扶贫工作，后天又要进行政治教育，然后是各种各样的现场交流会、经验交流会等。更可怕的是，抽查评比，不合格的就地免职、问责，摘掉"乌纱"，还有"白加黑""五加二"的工作状态，让基层公务员疲于奔命。因此，基层公务员开展工作，需要有良好的心态和精神面貌。

政府从管理型政府变为服务型政府，一些公务员还不习惯从高高在上的"一等公民"转变为受群众监督的社会公仆。以前不少政府部门"门难进、脸难看、事难办"，现在，要求践行群众路线，深入群众，主动积极为群众办实事、办好事，还要接受群众监督，这的确不是轻易能转变过来的。旧方法不适应新对象。现在人们的文化素质提高了，民主意识增强了，利益诉求也日趋多样化，群众不再盲从。现在既要推动工作，又要讲人权、讲法制、讲和谐、讲民主，条条款款多，原有的工作方法已经不适应新对象。一些公务员干部存在比较严重的"本领恐慌"和"能力危机"。脑筋一时难以转过来，造成心理失衡。

根据最近网络上开展的一次针对公务员的健康调查，发现九成公务员有工作压力，其中，38.51%来自工作强度，17.98%来自人际关系。九成单位有加班，23.84%的单位经常加班，3.31%加班严重到没事也不能正常下班，加班是常态，不加班成了例外。（"99健康网"2011年3月17日）在这种氛围中，一些干部不敢越雷池一步，生怕祸从口出，带来麻烦。不作为有风险，乱作为也有风险。变通的法子，就是得过且过，少惹麻烦。有了问题，上级面前不敢说，同事面前不能说，亲朋面前不愿说。心理压力无法及时释放排遣，日积月累，结果导致心理严重失调或身体健康出现问题。

（二）发展压力

公务员是一个备受关注、趋之若鹜的职业，其热门程度连续10年居于各行业首位。激烈的公务员入口竞争，使得进入公务员队伍的同志"虽胜尤惊"。随着公务员考试录用晋升制度的改革，大批精英进入政府部门，公务员的群体竞争越发激烈。2017 年 11 月 10 日，人社部通报称中央机关及其直属机构 2018 年度考试录用公务员网上报名和资格审查工作分别于 11 月 8 日 18:00 和 11 月 10 日 18:00 结束，共有 165.97 万人通过了用人单位的资格审查，较 2016 年的 148.63 万人增加了 17.34 万人，通过资格审查人数与录用计划数之比为 58:1。最主要的，由于公务员机制限制和竞争激烈的问题，千方百计考进了机关，从事的却不一定是自身感兴趣的行业，在职业生涯中容易陷入"弃之可惜、食之无味"的两难境地，这也是一个带给公务员群体较大心理隐患的原因。

公务员工作越来越受到社会的关注和社会监督。按照《公务员法》等相关规定，公务员管理逐渐引入聘任制，这种竞争一方面有利于我国干部人事制度改革，激活干部队伍活力，提高公务员素质，另一方面也给公务员带来了巨大的压力，对职位的担心、个人成就的焦虑、未来的恐慌等，这些使公务员陷入心理困境。此外，近年来公务员的工薪待遇，以及言论行为越来越受到社会的关注和监督，一些"仇官"心理在社会上存在，公务员很容易成为评头品足和发泄私愤的对象。在这种的职业和社会压力面前，公务员必须有较强的心理承受能力才能应对。用人机制尚待进一步完善，在人才选拔和晋升过程中尚不能完全遵循公开、公平、公正的原则，仍存在一定主观化程度。干部能否被提拔的影响因素，包括能力与政绩、与主要领导的关系、与群众关系、与同事关系等，具有不确定性。在体制"城外"的人们看来，公务员是"高地位、高稳定、高收入"的理想职业，就业竞争分外激烈，公务员报考人数不断刷新纪录。然而，一些闯过千军万马的惨烈竞争，终于身处体制"城内"的青年公务员，却患上了"生活高压、工作高压、舆论高压"的"新三高"症。

（三）人际压力

美国教育家戴尔·卡耐基所说："一个人事业上的成功，15% 靠的是学识和专业技术，而 85% 靠的是心理人格素质和善于处理人际关系。"要想取得成功，必须处理好人际关系。

我国是一个人情社会，一个非常重视人际关系的国家，甚至在一些领域和部门，人际关系能力超过了学识和工作能力，如何处理人际关系，是每个公务员很头疼的问题。不少公务员受困于工作环境中复杂、微妙的人际关系而不能自拔，不少报刊曾经就机关的人际关系大做文章，或风趣幽默，或插科打诨，或严厉批判，一定时期内机关中流行的"潜规则"是多数人不能迈过的一道门槛。不仅仅因为个别领导还存在家长作风，掌管了公务员发展的"尚方宝剑"，在更多的时候和同事之间，部门之间也存在讳言忌语的现象，深恐为只字片语担上不成熟、不世故的"美名"，断送自己的职业前景。想说的不能说，想干的不能干，而不想说的必须说，不想干的只能干，缺乏独特的人格，势必又会增添莫大的心理压力。特别是涉及部门利益分配、分工合作、职位升迁，无形中在机关中形成了隔阂和不信任。在相互矛盾、竞争、猜疑、冲突的人际关系中，久而久之就会产生心理不安，情绪紧张，无端烦恼的压抑者有之，郁郁寡欢苦闷者有之，寝食俱废的抑郁者有之。中国传统社会是一个熟人社会，历来重视熟人关系的搭建和沟通。工作中讲人情世故不合适，不讲人情世故难免背后被人指责，甚至造成更严重的后果。现在干部工作要群众评议，干部选拔要搞民意测评或推荐，平时不考虑群众的情绪和人际关系，到关键时候就有可能会被打低分。还有一个普遍存在的问题，如果不与上级保持"适当接触"，很可能就会遭冷遇，晋升的机会就会比其他人少。一些单位也一定程度存在着"三分之一的干，三分之一的看，三分之一的来捣乱"的乱象。

（四）社会压力

公务员是国家行政管理的主体，党和国家的各项方针政策都要通过各级的公务员具体落实，他们不仅代表自己的利益，还代表政府和国家的利益，因此，国家的法律法规对公务员履行职责做了非常规范和硬性的规定，公务员的一言一行都必须恪守各项法律法规，从仪表谈吐到处理问题，都是群众和媒体关注的核心。当然，社会大众对公务员的要求是一种期望，更多的也是一种社会压力。从这个意义上来说，公务员群体代表着权力，象征着身份，靠近着财富，也更贴近着诱惑，他们的影响力也就更大。公务员心理压力的产生与行政问责和网络监督对行政能力提出的考验也有很大关系。互联网时代，媒体的发达，网络监督的兴起，使得公务员不得不面临公众的审视，承受着公众质询带来的巨大压力。很多情况下，公务员只要一言不慎，就可能会丢掉乌纱帽。有些公务员从事本职工作很擅长，但面对公众则显得能力相对薄弱，感觉到力不从心，增添压力。随着我国民主进程的加快，公务员在正常工作状态下的一言一行，被置于公众的视线监督之下，稍有不慎，便可能引来非议，有的甚至还因此丢官挪位。可以说，行政问责的硬约束与虚拟网络的软监督，对公务员的言行是一种威力非常大的制约和压力，也使公务员在日常工作，甚至八小时之后，都不得不谨慎，大有如履薄冰之势。

（五）家庭压力

公务员也有家庭，有妻子儿女。绝大多数公务员正值青年，应担负起一定的家庭责任。但由于工作繁忙，应酬众多，投入了大量的时间和精力，许多公务员往往难以顾家。忠孝不能两全，鱼和熊掌不可兼得。此时，多数公务员都会选择以工作为重。由于常常出差在外，或每天很晚回家，以致没有时间和精力关心家庭、爱人和子女。不免会遭到配偶、父母和孩子的不满和抱怨，家庭矛盾因此而起。而家庭关系的不和谐，会产生感情上的空缺，陷于亲情失落的苦恼。就这样，有的公务员经常带着沉重的思想包袱工作，在他人面前还得装成若无其事，其心理负担可想而知。不少公务员受困于人际关系中亲情和友情的疏离。这些公务员把事业成功当成人生唯一的追求，他们一心扑在工作上，苦于"鱼和熊掌不可兼得"。

四、公务员心理调适的基本方法

公务员的心理健康保健是建设和谐社会的需要。建立和谐的社会，关键是党政干部队伍内部的和谐，而党政干部队伍内部的和谐，实质是干部队伍内部人员之间心理的和谐。干部的一切政治行为、经济行为，干部政治执行能力、经济建设能力，都是以人的健康心理为基础、为依托、为前提的。没有干部队伍心理健康水平的提高，不可能有干部业绩的实质性提高，不可能有政府机构的快速、高效、健康的运转。领导干部的一切正确决策、执行的行政行为，都必须建立在健康的心理基础上。干部队伍整体心理健康的水平，制约、影响着干部队伍整体的执政方式，影响着执政效率及执政水平的提高。

《中共中央关于构建社会主义和谐社会若干重大问题的决定》强调："注重促进人的心理和谐，加强人文关怀和心理疏导，引导人们正确对待自己、他人和社会，正确对待困难、挫折和荣誉。加强心理健康教育和保健，健全心理咨询网络，塑造自尊自信、理性平和、积极向上的社会心态。"

党的十九届四中全会通过的《中共中央关于坚持和完善中国特色社会主义制度、推进国家治理体系和治理能力现代化若干重大问题的决定》再次强调："健全社会心理服务体系和危机干预机制，完善社会矛盾纠纷多元预防调处化解综合机制。"

瑞典著名心理学家荣格说："人类最大的敌人不在于饥荒、地震、病菌和病症，而在于人类本身，因为就目前而言，我们仍然没有任何方法来防止比自然灾害更危险的人类心灵疾病的蔓延。"

美国心理学家塞利士说："逃避压力就跟逃避食物、运动或爱一样不合理。"

联合国心理学专家曾预言：从现在到21世纪中叶，没有任何一种灾难能像心理危机那样带给人们的是持续而深刻的痛苦。

所以，加强心理调适是公务员的必修课。其主要方法有：

（一）情绪管理法

情绪管理就是善于掌握自我，善于调节情绪，对生活中矛盾和事件引起的反应能适可而止的排解，能以乐观的态度、幽默的情趣及时地缓解紧张的心理状态。调查数据显示，仅23.9%的公务员感觉幸福，五成公务员心情排解方式不科学，其中，27.89%的公务员憋在心里，什么都不做，11.62%睡觉，9.63%抽烟喝酒，甚至有14.94%的人每天抽烟10支以上。（"99健康网"2011年3月17日）上述调查数据表明，当前我国公务员的心理健康水平不容乐观，并且，心情排遣方式不科学。公务员要学会：

1. **体察自己的情绪。**时时提醒自己注意："我现在的情绪是什么？"例如，当你因为朋友约会迟到而对他冷言冷语，先问问自己："我为什么这么做？我现在有什么感觉？"如果你察觉已对朋友三番两次的迟到感到生气，你就可以对自己的生气做更好的处理。例如，当你的工作没有完成好，领导对你冷眼相待，你也采用同样的办法问问自己。有许多人认为："人不应该有情绪"，所以，不肯承认自己有负面的情绪，要知道，人一定会有情绪的，压抑情绪反而带来更不好的结果，学着体察自己的情绪，是情绪管理的第一步。

2. **表达自己的情绪。**如何"适当表达"情绪，是一门艺术，需要用心的体会、揣摩，更重要的是，要确实用在生活中。

3. **纾解自己的情绪。**纾解情绪的方法很多，有些人会痛哭一场，有些人找三五好友诉苦一番，还一些人会逛街、听音乐、散步或强迫自己做别的事情转移注意力。比较糟糕的方式是喝酒、飙车，甚至自杀。纾解情绪的目的在于给自己一个厘清想法的机会，让自己好过一点，也让自己更有能量去面对未来。如果纾解情绪的方式只是暂时逃避痛苦，而后需承受更多的痛苦，这便不是一个适宜的方式。有了不舒服的感觉，要勇敢地面对，仔细想想：为什么这么难过、生气？我可以怎么做，将来才不会再重蹈覆辙？怎么做可以降低我的不愉快？这么做会不会带来更大的伤害？根据这几个角度去选择适合自己且能有效纾解情绪的方式，你就能够控制情绪，而不是让情绪来控制你！

（二）心态调整法

人最大的敌人是自己，而自己最大的敌人就是心态。古希腊埃皮克迪斯特说："人不是被事物所困扰，而是被其对事物的看法所困扰。"

1. **转换角度**。情绪 ABC 理论是由美国心理学家埃利斯创建的。这一理论认为激发事件 A 只是引发情绪和行为后果 C 的间接原因，引起后果 C 的直接原因是个体对激发事件 A 的认知和评价而产生的信念 B，即人的消极情绪和行为障碍结果 C，不是由于某一激发事件 A 直接引发的，而是由于经受这一事件的个体对它不正确的认知和评价所产生的错误信念 B 所直接引发的。A 是引起不良情绪的事件，B 是当事人对这个事件的看法，C 是不同看法产生的不同情绪。A 是无法改变的，B 是引发情绪反应的关键。

宋代诗人苏东坡写的《题西林壁》诗："横看成岭侧成峰，远近高低各不同。不识庐山真面目，只缘身在此山中。"用白话文来解释就是：从正面、侧面看庐山山岭连绵起伏、山峰耸立，从远处、近处、高处、低处看庐山，庐山呈现各种不同的样子。我之所以看不清庐山真正的面目，是因为我本人处在庐山之中。

这就告诉我们从不同的角度看问题，用不同的观点来看问题，会得出来完全不一样的结果。如果你是一个被批评者，那你就换位从批评者的角度来看待这件事，反之亦然，你一定会有不一样的感觉。正是这些观念、这些角度影响了我们的情绪。所以，决定我们情绪的是自己的认识，而不是事物的本身。

2. **学会放下**。放下，是为了自我解脱，尤其要放下那些得不到和已失去的东西，要珍惜眼前可以把握到、触摸到的幸福。一个朋友是医生，一次癌症手术，打开后发现切不了，只好再缝上。去和病人解释情况，那病人是农村来的，听不懂术语，坚持认为手术过了，病就好了。只好让其出院。一年后回访，真的就好了，癌细胞消失了。因此，在工作中我们要正确处理好几组关系：

一是正确处理好提拔与否的关系。当我们处在工作困境时也正是努力充实自己的好时机。被提拔重用的干部不一定心情快乐，不被提拔任用的干部也不一定心情不快乐，关键是看干部自身的心态是否平和。心态不平和的干部即使提拔了心情也不会一直很快乐，心态平和的干部即使没被提拔也能做到知足常乐。为什么呢？因为干部大不大，都是相对的，怎样叫大，怎样叫小？大没有尽头，小没有底线。"人往高处走，水往低处流。"干部想提拔是应该的，也是合情合理的，但凡事都有个度，如是一个干部整天想的不是好好搞工作，而是想如何向上爬，即使是这次侥幸提拔了，也只会高兴一阵子后又陷入无尽的苦闷中。因为，很多这样的人会给自己设定一个目标，即35岁要达到什么位置，40岁、45岁……要达到什么高度。但是，人算不如天算，你不可能每步提拔都很顺利。这样的人一旦不顺，往往就会怨天尤人，唉声叹气，意志消泯，一生都会痛苦下去。正所谓："人心不足蛇吞象。"相反，一个心态平和的干部无论在什么岗位工作，他都会很清楚地知道，官位的大小带不来终身的幸福。老老实实做人，勤勤恳恳做事才能永远地保持快乐的心情。

二是正确处理好钱多与钱少的关系。我们很多公务员会犯错误，就是因为职业成功的标准是用金钱在衡量。公务员就是不能太有钱，除非中了彩票。美国总统的年薪是40万美金，他的房子还是自己付钱的。美国平均年收入是3万多美金，接近10倍，并不算高。一个公务员钱财多不一定是好事，钱财少不一定是坏事，关键要看钱财来得正不正。

三是处理好机关工作与基层积累的关系。机关与基层是相互依存的关系，没有机关何来基层，没有基层何来机关。当然，两者是有区别的：机关以决策为主，制定政策从全局考虑多一些；基层以执行为主，执行政策考虑当地实际多一些。机关的干部主要服务领导，考虑问题细心谨慎，讲究协调配合；基层的干部服务群众，要求敢作敢为独当一面。机关的干部在领导身边，学习领导处事说话艺术多一些；基层的干部离群众较近，学习掌握实践工作群众工作经验，主动向群众学习的机会多一些。机关的干部陪同领导调研写调研报告讲话材料汇报材料文字性的工作多一些；基层的干部要贯彻落实各项政策深入群众、了解群众、发动群众的工作多一些。机关的干部在领导身边工作，领导了解得多一些，优点容易被领导发现，缺点也容易被领导掌握，机会相对多一些，风险也相应大一些。但群众了解其人品素质少一些；基层的干部被上级领导了解的机会少一些，优点不是太容易被领导发现，缺点也不是太容易暴露，机会相对少一些，但风险也相应小一些，但群众了解其人品素质多一些。机关的同志理论素质写作水平考试能力强一些，容易被上级机关选调；基层的干部实践能力、说话能力、群众工作能力强一些，容易被公开选拔担任领导干部。机关的干部一般准时一日三餐，工作一般依靠经验，有条不紊多一些；基层的干部可能时常面临新情况、新问题，需要采取新办法、新措施并处理突发情况多一些。总之，机关干部宏观决策的体验或阅历多一些，基层干部微观统御能力、领导经验比较强一些。基层锻炼是完善各级公务员管理机制、加强公务员队伍建设的重要举措。青年学子从家门到校门又直接考入机关门成为的公务员，缺乏基层工作经验，对底层民众生态欠了解，工作方式方法简单粗暴，处理棘手问题、应对复杂局面的能力较差，到基层一线去接地气，是青年干部历练的最佳环节。如果青年干部久坐办公室，就容易养尊处优，滋生官僚作风，甚至出现上班时间"进农场种菜"、上网炒股等懈怠公务的不良现象，损害政府形象。所以，对青年干部要有计划地安排他们到基层培养锻炼，这对提升他们自身素质与能力，服务群众大有裨益，既可以培养了青年干部吃苦耐劳的精神，也能增强责任意识、服务意识和公仆意识。总之，基层锻炼是提高个人能力，积累经验的必经之路，也是机关加强干部队伍建设的重要手段。

（三）直接解压法

用积极的态度面对压力。在充满竞争的都市里，每个人都会或多或少地遇到各种压力。可是，压力可以是阻力，也可以变为动力，就看自己如何去面对。社会是在不断进步的，人在其中不进则退，所以当遇到压力时，明智的办法是采取一种比较积极的态度来面对。实在承受不了的时候，也不要让自己陷入其中，可以通过看看书、听听音乐等，让心情慢慢放松下来，再重新去面对。这样往往就会发现压力其实也没那么大。

增强信心，提高压力的承受能力。为此，应当强化专业知识和技能。也就是不断提高自己的综合素质和履职能力，提高自己的自信心，提高自己应对复杂情况的能力，降解压力。提高道德修养和价值观的修养。提高心理承受能力。加强意志和魄力的训练，培养自己不畏强手，敢于拼搏的精神。

减压先要解开心结。假如人能学会取舍，学会轻装上阵，学会善待自己，凡事不跟自己较劲，甚至学会倾诉发泄释放自己，人还会被生活压趴下吗？

对压力心存感激。人生怎能没有压力？的确，想想并不曲折的人生道路，升学、就业、跳槽，有的公务员从偏远的乡村走向繁华的都市，每一个足迹都是在压力下走过的。没有压力，我们的生活也许会是另外一个模样。当我们尽情享受生活的乐趣的时候，都应该对当初让我们曾经头疼不已的压力心存一分感激。当然，各级党校、行政学院、社会主义学员在干部培训中也要开设心理调适的课程，对青年干部进行心理疏导，建立心理危机干预网络系统，大力开展科普教育活动，提高青年干部的心理卫生知识知晓及心理健康水平。

（四）理性反思法

美国凯利空调的创始人凯利先生发明了一套流程来面对压力：直面压力——凯利魔术方程式。当压力事件来临的时候，理性分析往往会帮助我们保持平常心态。因此，要克服压力事件的负面影响，还可以借助由凯利空调的创始人——凯利先生发明的"凯利魔术方程式"：第一，问你自己可能发生的最坏状况是什么。第二，准备接受最坏的状况。第三，设法改善最坏的状况。譬如说，一位年轻的公务员接到乡长下达的工作要求：确保自己的工作一年没有老百姓的投诉，这给她带来很大压力。但随后她想，最坏的后果就是她没有办法完成任务，自己可能会被调离甚至失业。不过她进一步分析，自己还这么年轻，专业知识和经验在这个行业中也非常具有核心竞争优势，完全可以再在其他单位找到工作。接下来，她开始分析如何改变自己，提高工作效率，等等。有了更清楚的方向和计划之后，她开始采取相关行动。经历如此一个过程，她所感受到的压力自然就降低了。

（五）人际关系法

人际关系是人们在交往中心理上的直接关系或距离，它反映了个人寻求满足其社会需求的心理状态。

对领导：领导一般都把下属当成自己的人，希望下属忠诚地跟着他、拥戴他、听他指挥。所以，要在领导面前，讲诚信，讲义气，敬重他，便可得到领导的赏识。在与领导的相处中，谦逊还是相当重要的。谦逊意味着你有自知之明，懂得尊重他人，有向领导请教学习的意向，意味着"孺子可教"。谦逊可让你得到更多人的支持，帮助你更好地成就事业。做到：陪同不炫耀，亮相不抢镜，揽事不抢功，用权不越权，有为不胡为，解难不推难，创新不标新，献策不决策。

对同事：对同事不能太苛求，对每个人都一样友好。任何人日后都可能成为你的好朋友，重要的工作伙伴，甚至是你的顶头上司，所以，千万不要预设立场，认为他今日不是个重要角色，就忽略他的存在。同时，也不要随便听信别人的闲言碎语，让自己保持一个开阔的胸襟，以眼见的事实客观地去评断每一个人。做到：尊重不自傲，分工不分家，支持不干预，适度不过度。

对下属：多帮助关心下属。对下属要坦诚，而下级善意地表示接近的良好愿望，使下级感到受尊重、被重视，不仅会激发他们的积极性，还会使大家对你的思想修养、工作作风、意图有所了解，下级对你习惯性的心理距离由此逐渐缩小。做到：放手不放任，支持不把持，爱护不袒护，用人不疑人。

对竞争对手：在我们的工作当中，处处都有竞争对手。当你超越对手时，没必要蔑视人家，别人也在寻求上进；当人家在你前面时，也不必存心添乱找碴。无论对手如何使你难堪，露齿一笑，既有大度开明的宽容风范，又有一个豁达的好心情，还担心败北吗？说不定对手早已在心里向你投降了。竞争是指同事之间有互相追赶、互相超越的关系；而合作是同事关系的本质。

小时候我们经常听大人讲龟兔赛跑的故事，主要讲述的是兔子和乌龟赛跑，兔子嘲笑乌龟的步子爬得慢，乌龟坚定地说总有一天它会赢。兔子说："那我们现在就开始比赛。"于是，乌龟拼命地爬。而兔子认为赢过乌龟太轻松了，决定先打个盹，再追上乌龟。乌龟一刻不停地努力向前爬，当兔子醒来的时候，乌龟已经到达了终点。这则寓言告诉我们：不要轻视他人，同时，稳扎稳打方有可能获得胜利。

当然，我们还要克服两种不良心理：一种是嫉妒心理，一种是从众心理。嫉妒心理人人皆有，关键要把消极心理转化为积极心理。自己的对手取得成功之时，应该给予鲜花和掌声，而不是恶语相向、诬告陷害，并以此为鉴，找到自己的不足和缺点，努力改正，不断完善自身，奋力追赶，这样一定可以取得成功。从众心理是一种没有主见、没有判断力的表现，凡事要多问几个为什么，提高自己的政治鉴别力，勇于坚持自己的立场观点，不为错误的观点所动，做一个有主见的人，站稳自己的立场。

（六）时间管理法

管理大师彼得·杜拉克说："时间是世界上最短缺的资源，除非善加管理，否则一事无成。"

时间是最公平的，时间对每一个人都是一样的，但每个人对时间的利用效率却是不一样的。有的人感觉一晃就是一天，一晃就是一年，回头看却并没有什么值得骄傲的成绩；而有的人却能在同样的时间里取得让人羡慕的成就。

一要分清工作的轻重缓急，安排优先顺序，做到有条不紊，同时要善于留白，不要把时间都排满，每天留出一到两个小时的弹性时间应付突发事件。

二是要抓住今天，努力把今天的工作做好。俗话说："今日事今日毕。"就是告诉我们一天的事情就要在一天内完成，不能拖延。因为，压力都有一个相同的特点，就是突出表现为对明天和将来的焦虑和担心。在列宁的一篇回忆录中有这样一个故事：有一个同志向列宁汇报工作，列宁批准了他的计划，并问道："你打算多久开始呢？"那位同志回答："明天开始。"列宁听后批评道："为什么不是今天呢？就是现在！"可见，一代伟人列宁是非常善于把握今天的。当然，也不必为逝去的时间感到惋惜，因为那已经成为历史。同样也不必逃避今天，毕竟这已成事实。记住，时间是宝贵的。最宝贵的时间不是往昔，也不是未来，而是现在。过去的时间已经过去，它影响不了你，未来的时光还在未来，它改变不了你。你唯一的财富就是现在，就是今天。

三是留出休整的空间，也就是平时说的"留白"，不要把工作上的压力带回家，注重业余生活，获得内心安宁。工作之余，我们要学会休息，与人聊聊天，看看书，听听音乐，培养一些高雅的兴趣爱好。

（七）生理调节法

通过控制一些生理变化，保持健康，增强精力和耐力，抵抗压力引起的不良状态。正如马克思所说的："一种美好的心情，比十服良药更能解除生理上的疲惫和痛楚。"一是通过运动培养好心情。有氧运动可促进大脑释放一种使人快乐的化学物质——内啡肽，它使人心情舒畅、思维活跃，从而减轻压力带来的痛苦。所以，近年来就有了"请人吃饭，不如请人出汗"的说法。二是通过放松保持好心情。譬如，我们选一个景色优美、空气清新之地，做一个深呼吸，找一个温泉泡一个热水澡，或者通过自己的意念控制自己情绪，保持良好情绪，消除负面情绪，有效打破压力造成的恶性循环，减轻对身心带来的伤害。三是通过适当的休息保持好心情。列宁说："不会休息就不会工作。"比如，减少不必要的熬夜，适当的时间就休息，一个人的睡眠黄金时间就在晚上 11 点到凌晨 3 点之间，如果长期不能按时睡觉，对情绪的影响是极其负面的。譬如，中午时间哪怕打盹 10 分钟，往往就能让我们焕发活力。还有就是经常想象，多想一些你喜欢的地方、真诚的朋友、喜欢做的事，这样也会让心灵放松。四是在穿戴中收获好心情。心理学家认为，称心的衣着可以松弛神经，给人一种舒适的感受。情绪不佳时，往往不系领带，减少约束，不穿易起褶皱的衣服，不穿硬质衣料的衣服，不穿过分紧身的衣服等，会收获很好效果。五是在品尝美食中滋养好心情。有人说："早上吃得像皇帝，中午吃得像平民，晚上吃得像乞丐。"意思是一日三餐要有讲究，"早上吃好，中午吃饱，晚上吃少"。伤心时，多吃流质食物，比如汤、面条等；愤怒时，吃坚硬清脆的食物；兴奋时，多吃甜食；疲倦时，多吃富含蛋白质食物；信心不足时，适当吃点辛辣食物。

总而言之：别把自己看得太重，就不会失重；别把自己看得太高，就不会失落；别把自己看得太轻，就不会自卑；别把自己得看太低，就不会郁闷。

和青年干部谈面试

什么是面试？

所谓面试，是测查和评价人员能力素质的一种考试活动。面试是一种经过组织者精心设计，在特定场景下，以考官对考生的面对面交谈与观察为主要手段，由表及里测评考生的知识、能力、经验等有关素质的一种考试活动。可能有些人说，面试与我没有关系。这种看法是狭隘的。其实，青年干部在成长过程中与面试关系密切，你可能要参加公务员考录面试，可能要参加事业单位招聘面试，可能要参加单位竞聘上岗面试，可能要参加公开考录干部面试，你可能要参加遴选面试，即使你不需要再参加任职面试，但也可能要经常面见上级领导，可能要经常与同行进行交流，可能要与你的客户或者你的服务对象经常打交道，如何赢得他们的好印象，如何赢得他们的青睐，是一门必须掌握的艺术，而掌握了面试的理论与技巧，其实就是掌握了说话的技巧、人际交往的技巧，可以帮助你减少前进的阻力，增添飞翔的效率，提升工作的能力。

一、结构化面试的概念

现在，国家公务员录用（事业单位人员公开招聘）通常采用结构化面试。结构化面试也称结构化面谈、标准化面试，它是指面试前以面试所涵盖的测评要素、试题内容、评分标准、评分方法、分数使用、时间控制、实施程序等一系列问题进行了系统的结构化和规范性设计的一种面试方法。其实，面谈这种方式，运用十分普遍，在学校里要与老师面谈，在家里要与亲人面谈，在单位里要与领导和同事面谈，只不过普通的面谈没有规定的内容，没有规范的形式，没有明确的目的，面谈双方几乎是完全平等的，往往又是双向的交流的，因此，无须紧张的心态，无须咬文嚼字，无须刻板的表述形式。而面试就恰恰相反，面试中，多名考官按照预先设计好的一套内含各种测评要素的试题，以问答方式同应试者当面交谈，一道题可能含有一个或多个测评要素，这种交谈更多是单向的，考官对应试者的谈话不会有语言的应答，最多只有微妙的表情反应，然后根据应试者的言语、行为表现，对其相关能力和个性特征做出相应评价，给出应试者在各个测评要素上的得分，各个测评要素得分的总和，就是考生结构化面试的最后成绩。

二、结构化面试的特点

结构化面试是通过考官与考生的单向谈话方式进行的，从形式到内容，它都突出了系统化的特点。

（一）面试问题结构化

面试问题通常围绕职位要求进行拟定，可以包括对职位要求的知识、技术和能力，也可以包括应试者工作经历、教育背景，还可以让应试者对某一问题发表见解或阐述自己的观点，等等。因为，职位的要求不同，对学历层次要求也有一定的区别，有的职位只限于本科以下学历，面试的题目就会尽量适应同一层次的学生，而一些单位招聘对象要求硕士研究生以上，面试问题就会相应增加理论性、系统性的难度。国家公务员录用（事业单位人员公开招聘）面试的题目为表现公平、平等的一面，面试问题往往重视公共性，不追求差异性，对应试者来讲无所谓专业不专业。而有些行业招聘面试，面试问题结合行业特点非常紧密，以致把行业难题当作面试问题，对应试者的创新精神有更高的要求。

（二）面试要素结构化

通用的面试要素为综合分析能力、情境模拟与应变能力、组织计划能力、人际交往能力、求职动机与拟任职位匹配性（自我认知）、语言表达能力、自我情绪控制能力、举止仪表等八个要素，并按一定的顺序及不同分值比重进行结构化设计。面试组织者可以从中选定与职位要求相适应的要素，但要兼顾结构化，不能避重就轻，否则就测评不出应试者的真实水平；另外，要在测评要素下面明确测评要点，即观察要点。在题本中，测评要点下面就是测评题目，每一道测试题目都有出题思路或答题要点，供考官评分时参考。这种出题思路或答题要点有些是微观的，不过，大部分时候往往都非常宏观，更多地需要考官具备相应的能力和素质，做出准确的判断。报考相同职位的考生，测试相同的题目。如果面试中有提问环节，提问的问题也是完全一致的，这样才便于在同一个标准上评判，体现公平与公正。

（三）评分标准结构化

具体体现在与面试试题相配套的面试评价表上。要素评分的权重系数结构化，每一测评要素内的评分等级有一个合理结构，一般在评分表中分好、中、差三级，考生最后的面试成绩经过科学方法统计处理，即去掉多名考官要素评分中的一个最高分、一个最低分，然后算出平均分，再根据权重合成总分。现在的公务员录用（事业单位人员公开招聘）面试普遍采用7个评委，去掉一个最高分，一个最低分，5个有效分值相加除以5就是要素得分。

（四）考官组成结构化

一般安排7—9名考官，普遍使用7名考官，依据用人岗位需要，按专业、职务、年龄及性别按一定比例科学化配置，其中设主考官一名，具体负责向应试者提问，并总体把握面试的进程。这些考官必须是经过培训后持考官证才能上岗。通常对主考官的业务水平有更高的要求，一般由党务工作者、人事干部、纪检监察等人员担任，并要求有面试经历。其他考官虽没有在业务水平上有更多的要求，但必须经过面试前的考官培训，获得面试考官证，对专业、职务、年龄上尽量兼顾互补性，单一背景的考官只能适用于专业性面试，而不适用于公共面试。

（五）面试程序结构化

结构化面试应按照严格的程序进行，具体包括面试候考、进入考场、主考官宣读引导语、主考官提问（或者应试者阅读面试题）、应试者回答问题、考官独立评分、考务人员进行计分等步骤。这些环节环环紧扣，按部就班，不能简化或减少，但具体操作程序还是有区别的，即使是考官也只能等到打开试卷后才会知道相关要求。

（六）时间安排结构化

面试通常在30分钟内完成（含出入场的时间），具体视面试题目的数量而定。国家级（国考）公务员录用面试采用5道题，通常用时20分钟；省市级的国家公务员录用（事业单位人员公开招聘）面试通常采用4道题，用时15或16分钟；事业单位公开招聘人员通常只用时15分钟。对于这些时间的分配也不完全一样，具体时间安排，每一次面试都不尽相同。

三、结构化面试的流程

（一）确定面试对象

面试是在笔试之后进行的，笔试合格者方能进入面试。一般来说是由人事考试机构按照录取人数1：3的比例，参照调剂因素，资格复核淘汰因素，确定一个基本的笔试合格分数线。也有一些单位因为报考人数少、笔试成绩出来后放弃等原因只得按照1：1的比例确定面试对象。按照规定，进入面试的考生名单和成绩排名情况会在网上公示5天，接受社会各界的监督。在公示期间如有考生被检举违纪，经查实后该考生将被取消面试资格，由后续考生顺序递补。面试对象确定后，还可以通过信息平台直接发送给考生，让应试者更便捷、更准确地了解到相关信息。

（二）面试报到抽签

考生一般需要提前10—30分钟到达指定地点报到，考试工作人员核对考生身份证件和面试通知书等相关证件。然后，考生抽签确定岗位顺序、进场面试顺序和考场，有的地方是先抽分组签，再抽顺序签，有的地方是一次抽取确定分组和顺序，如"三（1）"，表示第三组第一个进场。有的则根据面试量，预先将若干个岗位的应试者编好组。通常一个考场一天的面试人数在21—27个，面试量太小，面试的成本就高；面试量过大，对面试考官的身体素质就提出了更高的要求，不能保证每一个考官全程都能聚精会神地投入面试，影响到面试的公平与公正。而一些国考单位会事先安排好考生的考场号和进场顺序。（这种抽签方式统称"三抽签"）

（三）考生候考

考生抽签完毕后进入候考区等待面试，面试结束前不能随便离开，有考场工作人员监督，上卫生间需工作人员陪同。如安排在下午面试，是否用午餐由考生决定并申报，午餐由工作人员送进候考室，避免考生与其他人员接触，以防泄题。餐费由考生自行负责，组委会不免费提供。轮到考生上场面试时，有引导员引导。考生必须带走自己的随身携带物品，面试结束后不再返回候考室。

（四）进入考场

按照顺序，轮到某考生入场时，引导员进入候考室宣布："请×××号考生入场。"考生随引导员到达考场门口后，如果门是关着的，考生需要敲门并获得考官允许后方可进入。一般情况下由引导员敲门示意，提醒正在忙碌的考官："×××号考生到。"如果考场门是敞开的，考生也得敲门示意："×××号考生到。"一般情况下由引导员敲门示意。引导员不准直接呼叫考生名字，否则按相关纪律处理，一般引导员也只知道考生顺序编号。考生进入考场后，走到面试席斜后方一侧，站定行礼，通常用鞠躬礼，向各位考官问好。此时，考生一般只需要报自己的考试顺序号，得到"请坐"指令后，考生方可落座，等待主考官宣布引导语，面试便开始。特别要注意的是，考生不能报告除面试顺序号外的任何信息，包括年龄、性别、籍贯、专业、院校、父母亲姓名等，否则会按照相关规定做出取消面试资格，或在面试总分中扣除 3 分的处理。题目一般分题本和读题两种形式。国考公务员考试时间一般是 20 分钟，4—5 道题；地方公务员考试时间一般是 14—16 分钟，3—4 道题（通常采用 4 道题）。

（五）考生退场

考生回答完所有题目后，应说"回答完毕"，主考官即宣布考生退场。考生起身后向考官行礼，并感谢考官的辛勤劳动。是否需要将座椅放回原处，没有硬性规定。出考场门后，考生带上自己的随身物品，从另一侧离开考场，可以到候分室等候分数，也可以选择离开考场区域，待面试成绩出来后，查看自己的面试成绩。

（六）公布成绩

记分员收集各考官对该名考生的评分表。核算完毕后，交给监督员审核，监督员和主考官签字后交给组织机构工作人员，然后经考务办再进行核查，核查无误后，即公布成绩。通常采用逐个岗位公布成绩方式，不必等到所有面试结束才公布成绩。有的地方会到候分室对考生宣布成绩，有的地方会在候分室或公示栏张贴成绩单。有个别地方是让考生当场等候分数公布后再离开考场，这种情况适用于招考人数比较少的情况，大部分地方实行候分室制度。另外，国家机关公务员部分单位的面试分数一般不当场宣布。一些地方还会采用网站公布入围和体检名单。

（七）面试结束

成绩按照规范程序公布完后，面试即结束。工作人员整理考场，优胜的考生则回去为体检和政审做相应准备。

四、结构化面试的评分

结构化面试评分，是指考官通过一组试题对考生进行测评，根据考生对试题的反应，以及在面试过程中所表现出来的各种素质进行评判，然后量化评判结果的行为。

（一）面试评分的确定

现在绝大部分地方都采用复合式评分法，整套试题的总分为100分，根据权重（测评要素在某个岗位所占的相对重要性来设计），将分值分配到每个测评要素中，每道试题满分均为10分，考官根据考生的答题情况在10分范围内进行评分，将评分结果加上权重再计算总分。有的地方则根据岗位需求确定好不同要素的分值，满分100分，各要素的分值相加则为最后得分。

（二）面试评分表

结构化面试评分表

年   月   日

考生面试序号									
面试测评要素	语言表达能力	综合分析能力	应变能力	计划组织与协调能力	人际交往的意识与技巧	自我情绪控制能力	求职动机与拟任职匹配性	举止仪表	合计
权重	10	20	10	15	15	10	15	5	100
观察要点	①口齿是否清晰？②意思表达是否准确？③用词是否得当、有分寸？	①能否对问题或现象做较深入的剖析？②对问题或现象的产生根源、有无认识？对策或措施是否有效、可行？③能否针对问题或现象提出相应对策？④有无独到见解？	①面对压力或问题情绪是否稳定？②思维反应是否敏捷？③考虑问题是否周全？④解决办法是否有效？	①思考问题是否全面周到？②计划是否可行？③方案可行？措施是否得力？④有无创新意识？	①有无主动与人合作意识？②与人能否进行有效沟通？③对人际关系的处理是否违背原则或者影响工作？	①在较强的刺激情境中，表情和语言自然②受到有意挑战甚至有意羞辱的场合，能保持冷静③为长远或更高目标，抑制自己当前的欲望	①能否从事业发展为目标兼顾个人价值？②兴趣与岗位是否匹配？③成就动机与岗位是否匹配？	①穿着打扮是否得体？②言行举止是否符合一般的礼节？③有无多余的动作？	
评分标准 好	10~08	20~15	10~08	15~11	15~11	10~08	15~11	05~04	
中	07~04	14~07	07~04	10~06	10~06	07~04	10~06	03~02	
差	03~00	06~00	03~00	05~00	05~00	03~00	05~00	01~00	
要素得分									
考官评语	教官签字：								

（三）评分参考标准

一般结构化面试的评分参考标准采用等级制的评分方式，即设"好、中、差"三个等级（也有地方用"优、良、差"三个等级）。每一个等级下设几条具体的参考标准，考官根据参考标准在一个幅度内打分，如：好8—10分，中4—7分，差0—3分。各幅度内，考官有一定的自由裁量权，选择幅度内最高分或最低分，都是考官的主观判断，其他考官无权质疑。面试后，也不作为评判考官优劣的依据。

（四）计分方法

结构化面试的评分方法一般为"体操计分法"。将每名考官的评分加权后，去掉一个最高分和一个最低分，计算出保留分的平均分，即为该考生的面试成绩。但这种计分方法稍显复杂，不少单位采用要素计分法，即将每一个要素分去掉一个最高分，去掉一个最低分，计算出保留分的平均分，即为要素分，再将所有要素分相加，等于该考生的面试最终成绩。为什么不采用总分计分法，也就是常用的百分制计分。这种方法似乎也可以分出成绩的高低，但分值过于笼统，不能体现各要素的高低，或者是应试者某一方面素质的高低，抹杀了应试者的特点。

五、结构化面试测评要素

测评要素是指要对考生进行测评的项目。根据《国家公务员录用面试暂行办法》，考虑面试测评的功能特点及局限，经有关专家和国家机关中具有丰富人才测评经验人员的调查，确定8项要素作为面试中需要测评的通用要素：

（一）综合分析能力

1. **一般定义**。综合是在头脑中将事物的各个部分或各组成要素按照一定的内在逻辑概括出一般特征的过程。分析则是在头脑中将事物的整体部分分解为若干部分，或者按照要素逐一说明其内在本质的过程。综合和分析在思维活动中起着重要作用，是思维的智力操作的重要组成部分。在工作人员的日常工作中，经常涉及对问题的宏观理解和事物间矛盾关系的理解，综合分析能力对工作人员履行职责十分重要。

2. **操作定义**。（1）对事物能从宏观方面进行总体考虑。（2）对事物能从微观方面对其各个组成部分予以考虑。（3）能注意整体和部分间的相互关系及部分之间的有机协调组合。（4）有无独到见解。

例题：有一位大学校长说："未来的世界：方向比努力重要，能力比知识重要，健康比成绩重要，生活比文凭重要，情商比智商重要！"你怎么看这个问题？

【分析引言】这是清华大学校长给毕业生的临别赠言，富含深刻的人生哲理，其指导意义是不言而喻的，显然考生应该是正向分析，不宜否定，不宜逆向分析。虽然，面试没有标准答案，只有答题参考，只要言之有理，言之成理就行，但是作为一名学生要与清华大学校长的赠言背道而驰，逆向而行，风险太大，应以正面肯定、正面分析为答题基本思路。

（二）应变能力

1. **一般定义**。在有压力的情境下能够思考问题、解决问题，做到随机应变、触类旁通，并做出正确的判断和处理。

2. **操作定义**。（1）在有压力的情境下，情绪稳定、思维敏捷、反应迅速。（2）随机应变，但不丧失原则，不违反法律和道德。（3）处理问题方法灵活，周到得体。

例题：考官宣布你的考试不合格，请你退出考试。

【分析引言】看到这个信息，我们就必须搞清楚：这个考官的身份是什么？在什么地方宣布？不合格的理由是什么？产生了这样的疑问，就说明这个题目设置了一个陷阱，如果简单地平铺直叙地回答，那显然不符合情境模拟与应变能力题的特点。如果你仔细阅读过招考简章就会发现，考生的笔试成绩不合格进不了面试被淘汰，考生的笔试、面试总成绩未能位列所在岗位前列被淘汰，即使因为口误说出了自己的真实信息，最多在面试总分中扣除2—3分，也不至于"不合格"，通过分析就可以得出判断：这个题目的真实意图就是测评考生情境模拟与应变能力的。当然，考生也要表达面对失败应有姿态，不能怨天尤人。而某考生在回答这个问题时，由于并非自愿参加招聘考试，而是家长逼着来的，完全没有做好应试的心理准备，所以，回答问题就十分直白："我本来就不想来考试，宣布我不合格我求之不得，有更好的岗位在等着我。"惹得考官哄堂大笑。结果可想而知。所以，回答这个问题既要对这一信息的真伪进行判断，同时要体现自己的情商，对于失败有良好的心理准备及战胜失败的决心和信心，才可能赢得考官的称许。

（三）计划组织与协调能力

1. **一般定义**。就是对自己、他人、部门的各项活动做出计划，合理高效地安排时间和调配资源，并对在此过程中可能出现的矛盾冲突，按照一定的标准进行协调的能力。

2. **操作定义**。（1）依据工作目标，做出计划。（2）厘清各方面的关系，根据需要做出适当选择，及时做出决策。（3）合理调配、安置好人、财、物等资源。（4）具备对组织中权属关系的认识，人际间沟通、合作的技巧。（5）具备良好的人际敏感性。

例题：领导让你组织一次离退休老干部重阳节晚会，你会如何组织？

【分析引言】组织一个晚会需要相关科室的配合，要合理调配好人财物，明确各科室的责权利。除了考虑好一般晚会的安排之外，还要突出老干部的特点，因为老干部平时参与的活动不是很多，有了这个机会，参与的积极性比较高，但往往心有余而力不足，健康原因影响了他们的行动，通常要征求老干部家人的意见，需要车辆接送，安排好医务人员保障，制定好应急预案，防止意外情况发生。

（四）人际交往的意识与技巧

1. **一般定义**。建立和维持自己与他人、团队的关系，这些关系是有目的的、与工作相关的，包括与他人的沟通，以及组织中的服从、合作、协调、指导、监督等活动。

2. **操作定义**。（1）人际合作的主动意识。（2）与人能否进行有效沟通。（3）对组织中权属关系的意识（包括权限、服从、纪律等意识）。（4）人际间的适应能力。（5）处理人际关系的原则性和灵活性。

例题：假如你的一个好朋友借了你1000元钱，但是他一直都不还你，你会怎么做？

【分析引言】该题主要是考察人际关系的处理能力，避免矛盾激化方为上策，既能将钱要回来，又不至于激化矛盾是命题专家的初衷，能够认识到金钱重要，友情更重要。如果上诉到法院解决，似乎符合法律理念，但不合乎中国的国情，此为下策。

（五）求职动机与拟任职位匹配性

1. **一般定义**。求职动机是指在一定需要的刺激下直接推动个体进行求职活动以达到求职目的的内部心理活动。个人的求职目的与拟任职位所能提供的条件相一致时，个体胜任该职位工作并稳定地从事该工作的可能性较大。

2. **操作定义**。（1）现实性需要（解决住房、户口迁移、专业对口等）与岗位情况。（2）兴趣与岗位情况。（3）成就动机（认识需要、自我提高、自我实现、服务他人的需要、得到锻炼等）与岗位情况。（4）对组织文化的认同。

例题：你是如何看待个人的价值实现与单位的物质报酬的？

【分析引言】求职者往往重视眼前的利益，而忽视长远打算，而招聘单位则更看重的是应聘者脚踏实地的爱岗敬业精神，因此，应把答题的侧重点放在价值实现上，但不讲物质报酬又有违心行为，这种物质报酬应该是与贡献相一致的。

（六）语言表达能力

1. **一般定义**。用说话的方式能针对不同的听众采用不同的方式、风格，将自己的思想、观点明确无误、条理清晰地表达出来，有让听众接受并能引起反响的能力。

2. **操作定义**。（1）能理解他人的意思。（2）口齿清晰，表达流畅。（3）说话内容有条理，富于逻辑性。（4）能让他人理解并具有一定的说服力。（5）用词准确、得当、有分寸。

（七）自我情绪控制能力

1. **一般定义**。在受到较强刺激或处于不利的情境中时，能保持自己情绪稳定，并约束自己行为反应的能力。（主要是根据面试中考生对一定问题的反应预测和考生日常生活的表现来判断）

2. **操作定义**。（1）在较强刺激情境中，表情和言语自然。（2）在受到有意挑衅甚至有意羞辱的场合，能保持冷静。（3）为了长远或更高目标，抑制自己当前的欲望。

（八）举止仪表

1. **一般定义**。指考生的穿着打扮、言谈举止及身体和精神状态的外在表现。

2. **操作定义**。（1）穿着打扮是否端庄得体。（2）言谈举止是否符合一般的礼节，有无多余的动作。（3）身体和精神状态。

综合上述要素，面试测评的核心要素其实就是三个关键词：做人、做事、做官。做人、做事、做官，自古以来都是一个常讲常新的话题。做人、做事、做官三者互为关联、互促互长，有着紧密的内在联系。做人是做事、做官的基础，只有把"人"做得端端正正，做事才可能有正确的动机，做官才可能为群众所称道。常言道："做官是做一阵子，做人要做一辈子。"因此，这"三做"就是面试的核心要素。

六、结构化面试试题题型

综合分析能力、应变能力、组织计划与协调能力、人际交往的意识与技巧、求职动机与拟任职位匹配性（自我认知）、语言表达能力、自我情绪控制能力、举止仪表等 8 个要素中，实际上是可以将其分为两类的：一类是通过评估考生回答具体题目的内容来体现的。这一类主要有"综合分析能力""人际交往的意识与技巧""计划组织与协调能力""应变能力""求职动机与拟任职位匹配性"五个测评要素。还有一类是通过考生在答题时的外在表现来进行测评的。这一类主要有"语言表达能力""举止仪表"和"自我情绪控制能力"，这些要素的测评是贯穿于面试全过程中的，是通过整个答题的过程来体现的。但两类测评要素在面试中要么一荣俱荣，要么一损俱损，作用力与反作用力均等。有的专业面试题则是针对具体职位的要求来命制的，没有一定的工作经历，就很难应对。基于以上分析，根据测评要素和历年的实际面试情况将试题分成了 5 类题型。

（一）基本题型

1. **综合分析能力题。**

例题：北京大学新近实行"校长实名推荐制"，被选中的都是重点高中，请问你对此有什么看法？

2. **应变能力题。**

例题：你是老师，带一班小学生去外地游玩，突然有几个学生发烧了，有可能是甲型 H7N9，你怎么处理？

3. **组织计划与协调能力题。**

例题：某市城管执法部门实行"公众接待日"制度，有上级领导要来参加，你单位领导让你来组织，你怎么做？

4. **人际交往的意识与技巧题。**

例题：与固执、脾气不好的人相处不容易，谈一谈你平时与这种人相处的事例，并说明你是怎么处理的。追问：从中你认识到什么？

5. **求职动机与拟任职位匹配性题。**

例题：社会上出现公务员报考热，有人说考公务员是贪图享受，有人说是为实现梦想，你怎么看？

（二）创新题型

这些年，随着经济社会发展的步伐不断加快，对公务员的要求也越来越高，为了更准确地选拔人才，各地对面试命题也不断探索创新，在原有的基本要素内，提炼创新了一些新的要素。

1. **信息获得能力题**。是从计划组织与协调能力题中，考察调研类题派生出来的，更加突出了对考生调查研究能力的考察。

观察要点：为了全面、准确了解事件、人物或者问题，而采取有效方式获取所需信息。

例题：本单位在评比中排名靠后，单位领导要你写一份关于本单位排名靠后的原因调查，你将如何组织、完成调查？

2. **服务意识与技巧题**。是从人际交往的意识与技巧题"如何处理好与人民群众的人际关系题"中派生出来的，突出考查考生的服务意识与技能，强化公务员的"公仆意识"。

观察要点：能够察觉他人的需要，愿意并能够以合适的方式满足他人需要。

例题：你单位正在召开年终总结大会，突然有一群农民工冲进来要求解决工资拖欠问题，如果由你来处理，你会怎么处理？

3. **社会责任与感知题**。

观察要点：对当前社会的热点问题有较客观的看法，有社会责任意识和担当意识。

例题：单位组织慈善捐款，有同事在慈善捐款上写着"请尊重我的善心善款"。如果是你负责此次捐款活动，应该怎么办？

4. **创新意识题**。

观察要点：喜欢尝试新事物，从新的角度去认识、组织信息，并形成对工作有改进和推动作用的新观点和新方法。

例题：你所在单位设立意见箱，但长期以来，职工所提意见寥寥无几，据反映即使提了意见也得不到及时反馈，意见箱形同虚设。请你就征集职工意见建议提出创新性改正措施。

5. **贯彻执行能力题**。

观察要点：能够准确理解工作目标和组织意图，依法照章办事意识强，能够从实际出发，办事思路明晰、方法妥当，完成任务及时有效。

例题：新常态下，弘扬"工匠精神"意义重大。某市下发了在全市范围开展"扬工匠精神、树时代工匠"活动的工作方案，你单位要推进落实此项工作，领导让你负责，你会怎么做？

其实，面试的题型每年都在发生变化，原有的基本题型已经不能测评一个人的综合素质，而一些学员常常以基本题型作为蓝本进行练习，往往会出现固化的答题模式，面试答案不接地气，缺乏创新，平淡无奇。于是，招聘工作组织部门不断对题型进行创新，责任与担当意识题、人生规划题、情景对话题、漫画题等先后出现，而前几年不常见的认知题，也重新出现在面试题中，值得我们高度重视。如果一味地墨守成规，不思创新，面试时就可能一败涂地。

七、结构化面试的答题原则

结构化面试的答题，虽说千人一面，没有标准答案，但有几个原则是要面试者掌握并运用的。

（一）罗马原则

罗马原则，源于"条条大路通罗马"，亦称自圆其说。公务员面试以测评要素作为评分标准，而不是为某一道题目标定具体分值。面试题也只是有基本的评分参考，其答案并不具有唯一性，这样考生在回答问题时就有个人发挥空间。面对同一道面试题，不同的考生可以选择不同的角度做答，回答的具体内容也可以有所不同，关键就是要在答题中做到有理有据，言之有理，言之成理。如能另辟蹊径，视角独到，善于创新，更能获取高分。当然，每个考生都有自己擅长的角度或领域，但是能否发挥自己的优势，选择自己最擅长的角度回答具体内容，取决于考生是否具有联系实际的能力。

例题：老鼠想在猫的脖子上挂个铃铛，这样猫一动就会响，老鼠就能发现，但是没有一只老鼠去做，你怎么看？

【角度一】仅有好的方法却没有人去付诸实践的想法只能是空想。我们不光要敢想，还要敢干，要有实干精神。

【角度二】要提出一个美丽的构想并不难，难的是如何付诸实施，因此制订合理的实施计划才是关键。在做决定之前最好考虑清楚，想法是否具有可行性，要坚持一切从实际出发、实事求是，否则是徒劳无功。

【角度三】理论上的盲点并不代表现实之中就可以停滞不前，工作中我们不能遇见困难就后退，这激励我们在现实中更要探索创新。

（二）阳光原则

阳光原则，是指在做答面试题时，要善于从积极的角度发现问题并解决问题。"积极的人像太阳，照到哪里那里亮；消极的人像月亮，初一十五不一样。"心态是积极还是消极反映了一个人的人格特征和内在品质，也决定了从什么样的角度思考问题和回答问题。面对工作、问题、困难、挫折、挑战和责任，该从正面去想，从积极的一面去想，从可能的一面去想，积极的心态总能找到解决问题的方法，传递的就是一分正能量。

例题：如果你的领导是位斤斤计较、爱批评人的人，你还会对他提合理化建议吗？

（三）自省原则

自省原则，即出现问题要先从自身找原因。"见贤思齐焉，见不贤而内自省也。"（《论语·里仁》）"自省"就是通过自我意识来省察自己的言行的过程，其目的就是"日省其身，有则改之，无则加勉"，用在面试应答中，就需要考生明确自我批评的重要性，勇于承认问题，改正问题，提升自我。"自省"是自我意识能动性的表现，是提高德行修养行之有效的方法。

例题：单位派你到一个下属单位蹲点，而下属单位工作人员对你不支持，甚至有人对你进行刁难，在这种情况下，你怎样开展工作？

八、结构化面试的高分技巧

（一）综合分析能力题的高分技巧

1. **综合分析能力题概述。**所谓综合分析就是从整体上把握事物，把事物视为多层次、多方面、多阶段相互联系的统一体，对各部分和各要素进行周密的分析，把有内在联系的要素归结起来，从整体上真正认识客观事物。结构化面试中，通过对考生综合分析能力的考查，判断考生思维是否敏锐、严密，能否系统、全面、准确地分析事物，能否透过现象看本质，在纷繁复杂的事物中找出问题的症结，较好地完成工作。正因为如此，在结构化面试中，对综合分析问题能力的测试不单单停留在分析问题寻找原因上，往往还伴随着对解决问题能力的考查，内容可以说是一篇小型的申论。

2. **综合分析能力题答题常见问题。**考生的面试成绩不理想，往往是失误在综合分析题上，而综合分析题成绩不高，往往是因为以下原因：

（1）事实不清：热点问题不了解。考生对于热点事实不清主要体现在：不知事件的 5 个 "W"（what 什么、who 谁、when 什么时候、where 在哪里、why 为什么）、不熟悉相关政策、不清楚相关背景。

例题："中学校长实名推荐制"，如果不了解这一政策，则无法做答。

（2）方法不明：分析方法不科学。在面试考场中，不少考生在明晰热点事实的情况下，常常因为分析方法不当而表现不佳。考生常常因为孤立、局部、静止、片面地看问题导致答题有失偏颇，得分不高。

例题：古有孟母择邻而居，今有孟母为子择校而居，谈你的看法。

许多考生只会谈到择校问题，而忽视背后的辩证分析。这里面有教育资源分配不公的因素，母爱据其次。

（3）观点不当：观点表述太偏激。在面试考场中，考生因为社会阅历不足，在观点分析上常常会栽大跟头。主要体现在：一是观点偏激，有点愤青的感觉，这主要发生在对于社会丑恶现象和国际关系的批判上；二是观点剑走偏锋，与主流观点存在重大偏差，这主要发生在存在争议的热点试题中，甚至有意与主流媒体唱反调，以示自己的独立独行；三是观点错误，不能有效反映试题本身的主旨，这主要是对热点问题本身的错误理解、反方向理解导致的，常常出现在一些难度较大、存在不少陷阱的试题中。

（4）素材不足：事例不多无话说。素材就是答题的血肉，没有血肉做支撑的答案是难有亮点的。考生往往苦恼于无话可说，没有名言警句铺垫，没有鲜明事例论证，没有规范语言支撑，甚至无法寻找合适的语言组织答案。这些都是考生缺乏素材的表现。特别是在做答观点理解类、漫画类试题时，素材显得更为重要。有的考生其实在学校期间有丰富的社会实践经历，但由于缺乏自信，而不敢灵活运用。

（5）内功不深：理论缺乏基础薄。对于刚走出校门的毕业生来说，内功不够深厚是一个普遍的问题。内功不深造成对问题看得不透、谈得不深，始终做表面文章。考查考生内功的综合分析题主要集中在社会热点类、观点理解类、政策理解类试题中。具备一定的理论基础，答题就增加了理论高度，得分自然就高。

3. **综合分析能力题的解题思维。**综合分析题的解答对逻辑思维的要求特别高，广大考生对此也犯愁。专家认为，要注意运用好政治思维、辩证思维和发散思维就能有效地应对综合分析题。

（1）政治思维。政治思维，就是与时俱进，一定要有政治敏锐力，紧跟中央的大政方针，符合主流意识，站在政府的角度来看问题、解决问题。这是公务员的性质决定的。公务员是国家工作人员。必须坚持依法治国、依法施政，因此，必须紧跟中央精神，贯彻落实中央精神，在中央的路线方针政策的指引下，依法行政，不断前进。

例题：有领导讲："要破除人民的幸福是党和政府恩赐的错误认识。"你如何理解这个"错误认识"？

（2）辩证思维。从综合分析题目考查的重点和意图来看，主要是看考生能否全面地看问题。辩证唯物主义认为，全面的观点是辩证法的主要观点。因此，辩证思维是做答综合分析题目的最重要思维。对立统一规律又叫矛盾规律，它是唯物辩证法的根本规律，是唯物辩证法的实质和核心。对立统一规律揭示了事物发展的源泉和动力，是事物发展的内部矛盾。辩证法强调要分清主次矛盾、矛盾的主要方面和次要方面，抓住事物的主要矛盾和看事物的主要方面，看主流。

例题："谁在人后不说人，谁在人后无人说"，对此你是怎么理解的？

（3）发散思维。从综合分析题的评分来看，还是坚持多踩点多给分的方法。因此，这就要求广大考生多角度、多方面、多层次、多视点地看问题，多多益善。"横看成岭侧成峰，远近高低各不同"，视角不一样，答题的思路不一样，这就是个性化解读，突出了自己的特色，就是比较优势，就是胜出的砝码。

例题：金鱼缸是玻璃做的，透明度很高，不论从哪个角度观察，里面的情况都一清二楚。这就是"金鱼缸"法则。你怎么理解和运用？

4. **综合分析能力题破题路径分析。**纵观综合分析题，多是考查考生理解、分析、处理、应用等方面的能力，通常用"怎么看，怎么办，怎么理解，有什么启示，为什么"等来提示考生的答题思路，但不少考生却把握不住，问"怎么看"，答的却是"怎么办"，问的是"有什么启示"，答的却是"怎么理解"，因此难得高分，下面就综合分析题的"五种"题型破题路径进行一一分析。

（1）"原因"题。

例题：近几年来，各级政府纷纷开展行政效能建设，向"庸官"问责，对"南郭先生"大声说"不"。请你说说"庸官"为什么能够生存?

试题点拨:此类题侧重在于分析原因,不在于理解和处理,能够分析出来三到五个原因就基本成功了,但原因最好还要按照先重后轻的逻辑顺序排列,体现思路的条理性。在此基础上,再分条式地针对原因提出解决这类问题的措施,答案就更完美了。

(2)"看待"题。

例题:有知名大学开设"少年班",很多家长送学生去,想让孩子成为神童;但是很多孩子长大了却并不优秀。对于这样的现象,你怎么看?

试题点拨:"看待题"与"理解题"从字面上看十分近似,但仔细分析却发现两类题的侧重点是有区别的。"看待题"在于重分析,考生通过自己对题本提供的现象或故事,进行理性、客观地分析,得出一个合乎逻辑的思想,以此说服或打动考官,引起考官共鸣,如果不能透过现象或者故事进行由表及里、去伪存真的分析,那么思想就缺乏高度和深度。而"理解题"则偏重于"理解"。

(3)"启示"题。

例题:有一家知名企业在电视台举办招聘。三位求职者为海外经理一职展开激烈地角逐。由于职位只有一个,大家都显得很紧张。其中,有一位求职者当竞争对手说到精彩处时,竟然情不自禁地为之鼓掌,引得现场观众评委们也跟着鼓起掌来。节目进行到最后,企业代表和评委们为这位年轻人的气度折服,一致决定把聘书发给这位善于为别人鼓掌的年轻人。这则故事对你有什么启发?

试题点拨:对于这类题,考生容易犯的错误是,只注意分析这个故事,却忽视了关键的问题:有什么启示?因此,往往回答得简单,不全面,或者明显有遗漏,有的分析了故事,却不懂得概括启示,有的缺乏认真细致的分析,直接就谈启示,启示就成了无源之水无本之木,显得没有逻辑性和条理性,自然难得高分。正确的方法是,分析要有目的性,也就是要为启示的概括服务,要围绕启示进行分析,当进行完分析后,稍加概括,启示就出来,分析越到位,启示就越具体。

(4)"理解"题。

例题:有领导讲:"要破除人民的幸福是党和政府恩赐的错误思想。"你如何理解这个"错误认识"?

试题点拨：这类题的考点就在于理解，答好这种类题的前提也在于理解。考生必须理解这句话的意思，符合什么原理，或者在什么语境下说的，这句话的指导意义或者现实意义在哪里。有了对这句话的正确理解，就可以联系实际展开分析，形成"理解—分析—联系实际"的答题思路。

（5）"处理"题。

例题：单位组织慈善捐款，有同事在慈善捐款上写着"请尊重我的善心善款"。如果你负责此次捐款活动，应该怎么办？

试题点拨：此类题考的就是考生的工作能力。但考生答题时容易与理解题混淆，讲道理多，体现能力少，答案显得空洞无物，难以打动考官。要答好此类题，考生就是要给考官一个工作流程，一个工作思路，将你的思想变成行动，按照一定的逻辑关系交代清楚，注意条理性。

5. **综合分析能力题的解题思路**。考生往往爱问老师，有答题套路吗？如果老师说没有，那这个培训就没有好效果；如果说有，往往误导考生生抄硬背。从考官打分的要求来看，对于生抄硬背的现象往往不会给高分，考生在答题中善于联系实际、善于联系自己才能获得高分。但是，如果考生在训练中没有形成一个相对稳定的解答思路，也很难完美的答题，影响最后得分。综合分析题多为社会现象题，所涉及的现象主要是围绕国内的热点问题（国际的问题很少涉及）。这类问题的回答，要辩证客观地进行分析和判断，提出解决办法，办法要可行，要有操作性。此类题型，虽然给了广大考生一些答题思考，但真正要答好这类题，仍然很困难。很多考生反映在答这类题的过程中，感觉很吃力。原因何在？有人说：公考成功看面试，面试成功靠"综合"。笔者经过多年的研究，总结出了一个科学的答题思路：那就是在综合分析题的答题中采用四步法："表态—解题—分析—总结"。也可以简化为"表、解、分、总"四个字。（表）表明自己对某个社会现象或某个社会问题的认知程度或看法；（解）解释试题中的名言、警句的意思或社会现象、社会问题所蕴含的生活哲理、积极意义等；（分）结合社会实际进行全面具体分析；（总）联系自身谈感受，或阐述观点、或呼吁社会、或倡导学习、或提出希望。

例题：金鱼缸是玻璃做的，透明度很高，不论从哪个角度观察，里面的情况都一清二楚。这就是"金鱼缸"法则。你怎么理解和运用？

【答题参考】（表）题本讲的这种现象，在我们的工作中普遍存在，值得认真研究并加以运用。（解）"金鱼缸法则"寓意的是工作透明度的问题，也就是政务公开、党务公开等问题。（分）这个法则运用于社会治理中，就要求政府行政机关严格执行政务公开的规定，让权力在阳光下运行，将"权力"关进制度的笼子里，以便接受人民群众的监督。（分）这个法则运用于领导干部身上，就要求各单位的领导在行使公权中要充分增加透明度，让领导者的用权行为在阳光下运行，置于全体人民群众的监督之中，就会有效防止领导者滥用权利，从而强化领导者的自我约束机制，避免腐败发生。（分）这个法则用在校务公开、医务公开、考务公开等上。（总）作为公务人员，我们要做到"权为民所用、利为民所谋、情为民所系"，把人民当靠山，不断增强为民意识，升华爱民情怀，在工作实践中，设身处地为群众着想，体其所难、知其所急、解其所需，做一名忠诚、干净、担当的优秀干部。

6. **综合分析能力题答题的开头技巧**。良好的开头是成功的一半。考官对考生的第一印象直接影响到考生的得分，因此，一个有新意、有思想、有情商的开头往往能快速抓住考官的眼球，引起考官的注意，赢得考官的首肯，既而获得高分。但万事开头难，考生务必重视对开头技巧的练习，熟能生巧，运用自如，方能取得理想的面试效果。

（1）直接点题法。

例题：近几年来，各级政府纷纷开展行政效能建设，向"庸官"问责，对"南郭先生"大声说"不"。请你说说"庸官"为什么能够生存？

开头语：近几年来，各级政府纷纷开展行政效能建设，向"庸官"问责，对"南郭先生"大声说"不"，取得了明显成效，行政效能有了显著的提高，服务型政府的形象得到较大的改善。但是，"庸官"在一些单位、一些部门还依然存在，其原因是：（略）

（2）联系时政法。

例题：篮球架的高度（3.05米）比一层楼高，比两层楼低，篮球架的高度对你有什么启示？

开头语：党的十八大提出了到建党一百年时建成小康社会，到中华人民共和国成立一百年时，建成现代化国家的宏伟目标，令人振奋，全国人民意气风发，解放思想，开拓创新，凝心聚力，同心同德，为实现"中国梦"而努力奋斗。本题关于"篮球架的高度（3.05米）比一层楼高，比两层楼低"，其实讲的也是目标问题。（略）

（3）辩证思维法。

例题：有人说不孝顺的人，绝对不是个好公务员。你怎么看？

开头语：有人说不孝顺的人，绝对不是个好公务员。我认为这种观点有些偏颇，古语既有"百善孝为先"的说法，也有"自古忠孝不能两全"的说法，对此，我们应该一分为二地看。（略）

（4）现象分析法。

例题：癞蛤蟆每天都在叫，没有人理它；公鸡每天早晨啼叫，大家都喜欢。你对此怎么理解？

开头语：癞蛤蟆每天都在叫，公鸡每天早晨都啼叫，是一种司空见惯的自然现象，但是里面却蕴含着深刻的哲理。（略）

（5）表明态度法。

例题："萝卜招聘"是网友对"量身定制"招聘干部的一种形象比喻。你对"萝卜招聘"怎么看？

开头语：这几年在一些地方招聘干部时，发生了个别手握权力的领导，利用手中的职权，为自己的亲属"量身定制"招聘条件，进行"萝卜招聘"的事件，遭到了广大网民的批评。显然，这是一种严重违反干部选拔相关规定的行为，应该给予严厉批评和严肃处理，以正干部选拔之风。（略）

（6）故事引述法。

例题：有人说，"人肉搜索"有利于反腐，有人说，"人肉搜索"侵犯了个人隐私，你是怎么看的？

开头语：看到这个题目就想起了"表哥"杨达才，作为陕西省安全生产监督管理局局长、党组书记的他，到达 2012 年 8 月 26 日延安交通事故现场时，因面含微笑被人拍照上网，引发争议并被网友指出杨达才有多块名表。随后，杨达才又被曝拥有价值十万多元的眼镜和名贵腰带，再次引发热议。最后纪委介入，杨达才被依规处理。调查显示，杨的存款超 1600 万，最后因 504 万元财产不能说明来历，被判 14 年徒刑。这是一起典型的由网友发起的"人肉搜索"而查办的官员腐败案，充分证明了人肉搜索有利于反腐。但是……（略）

7. **综合分析能力题答题的结尾技巧**。面试是一种谈话方式，一段精美的谈话少不了引人入胜的开头和意犹未尽的结尾，因此要答好面试题，好的结尾往往是制胜的高分点，能够充分体现考生的理论高度、思想深度和情商广度，应该努力掌握并熟练运用。

（1）总结法。总结法就是在答题结束的基础上，归纳答题的论点或概括出答题基本内容的一种结尾方法。总结概括出来的观点要求准确无误，结构紧凑，文字简洁，给考官留下一个清晰、明确的总印象。

例题：目前，网上很流行对新闻进行负面评论，你怎么看？网民更喜欢看负面的评价，认为批评类的评论更有价值，你怎么看？

【参考答案】综上所述，我们一方面要允许负面评价的存在，鼓励言论自由和舆论监督。另一方面也要做好引导工作。政府要及时地对负面评价做出回应，消除群众的疑虑。媒体也要实事求是，正确地引导舆论，对不实言论、事件不予报道，把好关，做好审查。群众也要有清醒的头脑，要有一定鉴别力，不跟风，不盲从。

（2）照应法。照应法就是对题目或开头进行回顾、照应。就是说，要在答题结尾时，对题目开头说的话加以解释发挥或重复强调，使答题思路一脉相承，结构紧凑，起到深化开头的作用，并给考官以鲜明深刻的印象。

例题：有人说，公务员应该对上负责，又有人说公务员应该对下负责，你怎么看？

【答题参考】我认为这两个观点都有道理，只不过看问题的角度不同。公务员应该对上负责，是由公务员的组织性和纪律性决定的，就是说公务员应该服从上级的指挥，遵守党的路线、方针、政策，对党和国家负责。公务员对下负责，是由公务员的宗旨决定的，作为一名公务员要全心全意为人民服务。从本质而言，对上负责和对下负责是统一的，因为党的宗旨就是全心全意为人民服务，坚持全心全意为人民服务的宗旨就是立党为公、执政为民。执行党的路线、方针、政策就等于为人民服务，而另一方面，全心全意为人民服务就体现了党的宗旨。如果我成为公务员，我将认真执行党的路线、方针、政策，全心全意为人民服务，做到既对上级领导负责，又要对人民群众负责。

（3）激励法。激励就是考生对自己或他人表示一种感召或期待，从而激发社会、自己或他人的响应或共鸣。在结尾中，考生可以针对现实，面向社会，或号召，或建议，或启发，或勉励，或希望，或告诫，形式多样。这类结尾，语言要有启发性、鼓励性和感染力。

例题：培根说"金钱是忠实的男仆，也是恶毒的女主人"，你怎么看？

【答题参考】作为公务员，要有正确的金钱观，做到"取之有道，用之有处"，不要有贪欲之念，自觉遵守廉政纪律，努力在社会生活中发挥道德的示范引领作用。

8. 不同类型综合分析能力题答题思路参考。

（1）积极类社会现象题答题思路参考。此类题型在于说明题目所表现的核心主题是我们整个社会、整个民族甚至每个个体应当具有的品质。该社会现象所凸显的主旨在社会中具有积极意义，且具有倡导意义和榜样作用，在于弘扬社会主义核心价值体系。

【答题参考】（表）表明自己对这个社会现象的认知程度或看法；（解）解释试题中的社会现象或者蕴含着的生活哲理、积极意义；（分）结合社会实际分析该社会现象或者蕴含着的生活哲理或积极意义；（总）联系实际进行总结，或阐述观点、或呼吁社会、或倡导学习。

（2）消极类社会现象题答题思路参考。这类试题通常给出一些反面的现象，要求考生给予回答。此类题与国家的方针政策联系比较紧密，同时，考生也应注意此种消极社会现象在社会中只是一个小部分，而不是主流。这是此种题型答题过程中应把握的一个态度和方向。结尾时可以谈一下预防、纠正这种现象的方法和措施，这会给考官留下好印象，得高分。

【答题参考】（表）表明自己对这样社会现象的立场或态度；（解）解释社会现象（如果是一则材料，概况提炼材料所反映的问题），并且肯定此种社会现象确实在一定范围（或者部分地区、一定时期等）存在；（分）分析消极社会现象的危害性，消极作用；（分）分析原因并找出解决措施（法制不完善、制度不健全、监督不到位、素质未提高、教育跟不上、惩处缺力度等）；（总）站在公职人员的角度，联系实际，表明态度，对战胜此种反面社会现象充满信心，提出希望。（通常用不可取、反对、谴责、客观存在，丑恶、严厉打击、愤慨等词语来表述。）

（3）争议类社会现象题答题思路参考。这类题目，题干中已经提供两个方面的看法，或者属于新生事物、事件，现实中会有各种不同的评论，适合运用辩证法、一分为二地回答。这是最常用的题型，因为针对有争议的问题谈看法才最能考查考生的综合分析能力。

解答此类试题要注意两点：一是学会用哲学的观点看问题。比如"用辩证的观点、用发展的眼光、一分为二的观点、具体问题具体分析"等。此类问题有争议，说明社会上不同的人看待这个问题的角度、立场等方面存在差异，从问题的不同方面来分析，这样的回答会显得更全面、更有条理性。特殊工作性质要求公务员不能站在一个利益集团的角度看问题。同时，对问题的分析要尽量深入、全面，要有理论高度，不能泛泛而谈，充分展示自己的理论基础、眼界和胸襟。

【答题参考】（表）表明自己的态度；（解）解释社会现象（如果是一则材料，则要概况提炼材料所反映的主题）；（分）用辩证分析的方法分析问题（在进行积极意义、消极作用描述时，建议学会适当加入一些耳熟能详的实例来论证自己的观点，增加可信度，以显示自己丰富的信息资源和宽广的知识面）；（总）总结并联系自身进行价值判断（阐明自己的观点：克服消极影响、发挥积极作用）。

二是不要滥用哲学观点。要结合具体的题目特点来谈，切忌不能偏离题目，弄巧成拙。如果在考场上遇到自己不会辩证回答的问题，也可以站在一个角度展开论述，但是要尽量与国家的方针政策联系起来，与主流意识保持一致，特别是公职人员应有的思想境界（或情商）结合起来，这样也会赢得考官的青睐。但这种情况下，措辞一般不要过于绝对化，以免给考官留下偏激的印象。

例题：有这样一句口号"再穷不能穷教育，再苦不能苦孩子"，你怎么理解？

（二）应变能力题的高分技巧

1. **应变能力题概述。**应变能力是指面对意外事件等压力，能迅速地做出反应，并寻求合适的方法，妥善解决问题的能力，通俗地讲就是应对变化的能力。此类试题就是考查考生在面对这些突发情况或者压力时，能否稳定情绪，不手忙脚乱；在不同的场合、不同的情况下，能否保持始终如一，举止有度；面对突发情况时，能否迅速找到解决办法，且方法合理有效；能否反应灵敏、积极，敏锐把握事件的潜在影响，有序应对突发情况。应变能力类题型可以分为两大类：情景压力类与突发危机类。

2. **应变能力题答题常见问题。**根据对多年的面试情况分析总结，在解答应变类试题中考生主要存在以下几方面的问题：

（1）缺乏良好的心理准备。对于公务员面试，我们常说："实力决定高分，心态决定成败。"很多考生不是没有实力，而是在面试时没有调整好自己的心态，入场后过于紧张、慌乱，尤其是遇到比较棘手的应变能力类试题时，由于精神过于紧张从而导致表现不佳。所以，考生在考前一定要做好充分的心理准备，平时最好能够定期进行模拟练习，尽快熟悉和适应这种考场压力，这对考生发挥出正常的水平有一定的帮助。

（2）缺少处理实际问题的经验。在应变能力类试题中，很多题目都是用人单位结合本单位的实际工作设计的，如涉及群众上访的题目。对于这种题目很多考生由于没有实际的工作经验，很容易出现答案没有针对性，不能提出有效地解决问题的措施。对于这种情况考生在备考时要通过各种渠道了解报考单位的相关业务，尽可能地熟悉相关的工作，应届毕业生更应该注意这一点。而一些有一定工作经验的考生就相对从容得多。

（3）缺乏对应变能力类试题的了解。考生之所以答不好此类试题，其中一个重要的原因就是对这类试题的一般答题思路不够了解。我们发现很多考生对一些面试的理论十分不感兴趣，只想通过增加模拟练习的次数来提高自己的实力，但实际取得的效果却不尽如人意。所以，考生在备考时不仅要注重练习，也要注重面试理论，只有理论与实践相结合才能取得理想的答题效果。

3. **应变能力题解题思路。**对于没有经验的考生来说，要想答好应变能力题，首先，要做到的就是了解这类试题的基本答题思路，这样可以使答案逻辑清晰，条理清楚。其次，在了解基本答题思路后，考生通过自己对具体题目特征的分析，进一步了解每一道题目的特点，最后再结合自身实际进行个性化的解读，从而使题目答案内容全面，具有针对性。考生在回答这类题目时，应遵循"先冷静，再处理、最后总结"的答题步骤，兼顾"稳定性、全面性、总结性"的答题原则，保持冷静，全面答题。在牵涉到利益方面的问题时，应该注意掌握"先公后私、先重后轻、先急后缓、先他后己"的原则。这是最能考察出考生内心修为是否符合公务员职业道德的要求，在为人处世中违背了这些原则，很难得到考官的青睐。

下面，我们给出一个传统答题思路以供考生参考：我们在平常的工作中经常会遇到一些新情况、新问题，我们要根据事情的轻重缓急程度，冷静处理。如果发生了题目中这种情形，我会采取以下措施进行处理：一是保持冷静，正确分析事情的性质及轻重缓急。二是根据具体情况，在自己的能力或权力范围内多方面、多角度、多渠道解决这些问题，如果不能，就求助同事或上报领导。三是分析发生这个事情的原因，并从这个事情中汲取教训，总结经验，提升自己的业务能力和知识素养。四是做好小结，进一步强调在多个问题或矛盾同时出现的时候，把握好"先公后私、先重后轻、先急后缓、先他后己"的原则，做出妥善处理。

例题：你参加一个会议，负责宣读决议，但上台后却发现拿错了稿件，你怎么处理?（情景压力类）

（三）计划组织与协调能力题的高分技巧

1. **计划组织与协调能力题概述。** 计划组织与协调能力题直接考查考生解决问题的能力，包括统筹安排工作的能力，组织调配人、财、物的能力，协调利益主体间关系责、权、利的能力。命题专家有时会根据考生报考职位的不同，设计不同情景的面试考题，通过考生做答时体现出的工作思路来考查考生是否具有组织计划的经验和能力。为了方便考生复习，将计划组织协调题分为以下几类：会议组织类、考察调研类、接待类、培训类、比赛竞技类、宣传活动类、捐助慰问类、旅游参观类、新闻发布类。

2. **计划组织与协调能力题答题思路。** 回答计划组织与协调题的有效思路是：将活动分为事前、事中、事后三个阶段来考虑，即准备阶段、进行阶段、结束阶段。下面以会议组织类题目为例进行讲解。准备阶段：要明确会议的主题或者活动的宗旨，做到心中有数。确定会议的时间、地点、参加的部门和人员，用电话或者文件形式通知到人。做好会议的预算工作，报领导审批。准备好会议或者活动需要的材料及物品。确定并联系好与会人员的住宿、用餐地点。如果是大型会议，则需要成立会务组、后勤组、接待组、宣传组等，各司其职、各负其责。在大型会议中，为了让与会人员了解会议的议程，需要将会议议程打印成会议议程表，同时，将与会人员住宿的房间及联系电话整理成册，发放到个人手中，方便大家交流。实施阶段：按照前期准备和计划，有条不紊地执行，做好组织工作（突出这个阶段的主要工作，不能过度简单，尽量展现亮点或者创新点）。结束阶段：将会议讨论的结果总结成文，报领导审核，同时做好会议简报和会议信息的编写工作，并做好会议精神的传达落实工作。特别注意：组织旅游要注意拟订一个应急预案，如好友生病、受伤之类的处理，特殊情况则求助于警察。在回答与单位有关的此类题目时，一定要注意"早请示晚汇报"的原则，即不管你做了什么计划和安排，一定要把你的计划和安排向领导请示，领导同意了才可以进行。计划的实施过程中也要注意与领导保持沟通、适时汇报，事后的总结也要报领导批准了才可以正式成文。同时，做好个人总结。这点是非常重要的，大家在回答这类问题的时候一定要注意。

3. **计划组织与协调能力题解题技巧。**

（1）会议组织类。组织会议尽管种类繁多，但是其组织流程大体框架都是基本相通的，主要分为会议准备、会议实施和会议结束三阶段。

例题：让你组织一次离退休老干部晚会，你会如何组织？

（2）考察调研类（获得信息能力）。

例题：单位派你去农村进行摸底调查，你会如何开展此项工作？

（3）接待安排类。

例题：上级下达文件不允许高标准接待客人，现在来了一批外宾，单位领导要求你一定要接待好，你怎么接待？

（4）培训类。

例题：单位组织新同志培训，培训理论性很强，很多同事觉得没兴趣，问你怎么办？

（5）宣传活动类。

例题：当下的新冠流行，你是卫生局的工作人员，领导决定搞一次宣传活动，你如何组织？会遇到什么重点问题？

（6）慰问活动类。

例题：你是本单位的办公室主任，要你组织开展一次拥军优属活动，你怎么开展？

（7）新闻发布类。

例题：你是机关工作人员，单位要召开一次关于"安全生产突击检查"的新闻发布会，领导让你负责组织这次发布会，你怎么办？

（8）比赛竞技类。

例题：2017年青年运动会将在某地举行，团市委提出"青年与未来"的活动，你作为某高校的团委负责人，提出一个参赛方案。

（9）旅游参观类。

例题：假如有 10 个陌生人要去一个极度寒冷的地方探险，你负责组织，你会如何组织？

（四）人际交往的意识与技巧题的高分技巧

1. **人际交往的意识与技巧题概述。**人际关系主要包括处理冲突的能力、建立关系的能力、说服与影响他人的能力、团队合作与协调的能力、倾听与沟通的能力等。从面试命题方面讲，人际交往的意识与技巧题一直是面试常考的一类题型，主要考查考生人际关系的沟通协调能力。具体包括："有全局观念、民主作风和协作意识""服务意识与技巧""尊重他人，善于团结和自己意见不同的人一起工作""坚持原则性与灵活性相结合，营造宽松、和谐的工作氛围""能够建立和运用工作联系网络，有效运用各种沟通方式"，达到完成工作任务的目的。总而言之，就是"以仁者之心，尽君子之责"。

2. 人际交往的意识与技巧题答题原则。

（1）自我反思。在回答所有人际交往的意识与技巧类的问题时，考生首先要学会自我反思，即要谈到在紧张的人际关系中首先要考虑自己做得有什么不足，是沟通不够，还是不注意听取他人的意见或建议等。如果有这些问题，那么就表示自己要及时改正和调整，如果没有，就表示要寻求合适的时机向对方进行解释和说明，或主动征求对方意见，或吸收对方参与到自己的工作或活动中来。这是展现公职人员敢于担当的责任意识的极好机会，如果总爱将责任往他人身上推卸，就很难与他人合作共事，当然也无法获得考官的好评。

（2）主动沟通。大多数人际交往问题的根源是沟通不够。因此，考生应该积极主动地进行沟通交流，并尽快调整自己的工作方式和交往方式，采取相应措施改变现有人际关系的紧张状态，建立和谐互助的人际关系。

（3）避免冲突。在因一时一事造成人际关系冲突的情景中，可以采取暂时回避的措施，日后再找恰当的场合和时机进行解释和沟通。比如，针对某件工作而引起的领导的误解和批评，同事的误解和反对，都可以采取暂时回避、日后解释的方法化解矛盾。

（4）争取支持。如果试题，设置的情景明确了人际关系冲突和矛盾的原因不在己方，而完全在对方，那么考生就要在坚持原则的前提下，根据对方的个性特点调整自己的交往方式，如果还是不能改善人际关系，或这种矛盾和紧张状态已经影响了工作，那么，就要争取获得其他同事或领导的支持，及时化解矛盾和冲突。

（5）明确权属。所谓权属意识主要是指在一个组织中对上下级权属关系和服从意识的理解和认同。因此，考生在遇到涉及上下级关系的问题时，对上级做出的错误决定、提出的不符合实际的要求和交办的多余的，或难以胜任的工作，一般情况下首先应该是服从，然后再寻求时机解释或提出建议，必要时还可以寻求上级领导的支持。

（6）工作为重。同事之间在竞争中合作，在合作中竞争，能实现双赢、共赢固然很好，但是每个人都会有自身的优势与不足，有些同事由于性格的差异，天生就很难合得来，这时我们就要坚持以工作为重，不能耽误工作的顺利开展。

3. **人际交往的意识与技巧题解题技巧**。人际交往的种类很多，在语言上有语言沟通与非语言沟通之分，在对象上包括人与人之间的关系、人与事之间的关系、事与事之间的关系，但总的来说人与事的关系实质上也是人与人的关系，事与事的关系亦是如此。在面试中，考官往往会结合其中两种关系或者三者关系甚至更多命题，但无论题目如何变化，题目如何复杂，考生可以试着从以下这些要素着手，结合题目和岗位按照套路再做修饰即可。

与领导：服从领导、尊重领导、体谅领导、及时沟通。

与同级：协调、合作、沟通。

与同事：相互关心、相互帮助、主动沟通。

与亲人：尽到责任、多做解释。

与工作、学习、生活等：做好工作、不断学习、提高素质。

与矛盾冲突：冷静处理、兼顾各方利益。

与下属：领导到位、理解下属、关心下属、尊重下属、及时沟通。

与群众：树立科学的"群众观"，践行"全心全意为人民服务"的宗旨，坚持"从群众中来、到群众中去""历史是人民创造的""以人民为中心"的观点，出现问题要冷静处理，切莫在群众面前摆官架子，注意维护人民的利益，群众利益无小事。

在众多的人际关系题型中，我们可以大致把它划分成5类题型：

同级之间交往题型，包括上级与上级之间、下级与下级之间；

上级与下级之间交往题型；

下级与上级之间交往题型；

公职人员与群众之间交往题型；

公职人员与亲朋好友之间的交往题型。

下面我们分别进行讲解：

（1）与上级领导的人际交往。角色定位。从性质上说，个人与领导是工作关系、同事关系、主辅关系；从组织上说，个人与领导是上下级关系，是领导和被领导的关系；从政治上说，个人与领导一律平等，是一种同志关系。不同的领导有不同的风格，个人如何与领导做好沟通协调，关系到工作是否能顺利开展。所以，考生可以将角色定位为：被领导者、下属员工、追随者、同事、同志、伙伴、战友。

处理原则。尊敬领导："敬人者人恒敬之，爱人者人恒爱之。"要尊敬领导、维护领导的权威，对领导的尊敬不仅是对领导个人的尊重，更是对组织纪律、原则的尊重。服从领导："个人服从组织，少数服从多数，下级服从上级，全党服从中央"，这是我们公职人员必须恪守的一条政治纪律和政治规矩。作为公职人员，要服从组织的安排、听从领导的调遣。但是，在服从的同时务必要做到不盲从，是非原则要分清，当直接领导的决定可能造成严重后果时，应主动向其陈述利害关系，不可听之任之，一味纵容。学习领导："勤奋好学，学以致用。"领导的很多知识、经验乃至如何做人、做事、做官，都值得我们借鉴、学习，只有虚心学习，才能赢得领导对我们的认可，才能胜任本职工作。主动沟通：公职人员要通过与领导多沟通和协调来处理问题、解决矛盾。在沟通时，要从整体利益出发，大事讲原则，小事讲风格，或"将心比心，换位思考"，或自我反思，主动检讨。善待批评：批评是一种财富，一种动力，没有批评就没有进步。领导的批评是对公职人员的鼓舞和激励，指明了公职人员前进的方向。不要误以为是领导与你过不去，而心存芥蒂，甚至偏见。工作为重：与领导之间发生分歧，不管原因如何，都是为了更好地完成工作，不能因为与领导之间存在芥蒂、偏见，就甩担子、讲条件，这会更不利于改善关系和完成任务，因此，必须坚持以工作为重，保证工作的顺利开展，保证各项任务的如期完成。

例题：你所在科的科长、副科长关系紧张，你深受科长赏识，后来他调走了，副科长继任，对你挑剔、刁难，你怎么办？

（2）与同事（同级）的人际交往。角色定位。公职人员之间的关系是一种平等关系、合作（协作）关系，同时也是一种竞争关系。公职人员要有与同事、朋友和睦相处的能力。大家在一起工作，彼此能够和睦相处，共同营造和谐一致、心情舒畅的环境是非常重要的。所以，考生的角色可以定位为：团队中的一员、同事、同志、战友、伙伴、竞争者。

处理原则。自我反省：同事之间有了矛盾冲突，要坚持自我检讨，多找自己的"过"，少究他人之"错"，严于律己，宽以待人，才能和谐相处。主动沟通：有句话说"交流无限，沟通永恒"。同事之间误会和矛盾的产生往往是因为沟通不到位，有了矛盾，只有及时交流沟通，才能把误解消除；在交流中，要谦虚谨慎，真诚待人，没有消除不了的误会，没有打动不了的心灵。宽容大度："海纳百川，有容乃大。"在社会分工不断细化的今天，待人待己，都要求大同存小异，既能容人之长，又能容人之短，大事讲原则，小事讲风格，才能构筑和谐团结的同事关系。寻求帮助：与同事相处，良好的态度与努力固然是前提，但仅有这些是远远不够的，还必须讲求方式方法。有时光凭自己的力量不一定能解决，这时候我们就要主动地寻求外力（他人或组织）的帮助。改变自己：与同级交往发生矛盾，说明自己在某些方面存在不足，就要加强修养，不断完善和改变自己，让自己变得更完美。工作为重：同事之间在竞争中合作，在合作中竞争，能实现双赢、共赢固然很好，但是每个人都会有自身的优势与不足，有些同事由于性格的差异，天生就很难合得来，这时我们就要坚持以工作为重，不能耽误工作的顺利开展。

例题：你和一个同事竞争职位，听别人说这个同事走后门，你怎么办？

（3）与下属的人际交往。角色定位。公职人员（领导）与下属应该是领导者与被领导者、决策者与执行者、带头人与追随者、领跑者与运动员的关系。公共管理的本质属性及公职人员队伍这种特定的关系就决定了领导的主要职能是决策、用人与协调。而这一职能的有效实现都有赖全体下属的信赖、追随与服从。因而，一个优秀的领导者除了需要哲学家的睿智、战略家的眼光、科学家的缜密、军事家的果断、改革家的创新外，同时，还得使下属对其有一种父母般的依赖、安全感，师长般的信赖、服从感，艺术家般的号召力、亲和力。所以，考生可以将角色定位为：领导者、决策者、带头人、同志、战友。

处理原则。以身作则：人们总结说"问题出在前三排，根子还在主席台"。领导者处理与下属的人际关系最为重要的一条就是，要在下属心目当中树立榜样，树立一个你期望下属学习的好榜样。公正真诚：作为上级领导，除具备相应的能力外，还要坚持公平公正的原则，为人处事要正，不偏心；真诚对待下属，以德服人。民主集中：虚心听取下属意见，用商量的语气给下属布置工作，帮助下属解决一些实际困难，集中大家的力量才能提高执行力。批评教育：要善于批评，人无完人，对下属的缺点进行批评教育是完全必要的，也是职责所系，但批评教育必须讲究方法，注意分寸和场合。

亲密有间：与下属之间的关系不要过于亲密，保持一定的距离，像刺猬一样，既不会使你高高在上，也不会使你与员工混淆身份，从而充分调动下属的积极性，促进工作的开展。过于亲密容易形成小圈子、小团体、小山头，不利于打造团结和谐的上下级关系。

例题：你是新上任的副镇长，根据镇政府的决议给下属安排工作，在会上同时有几个下属提出理由不能执行，使你很难堪。你该怎么办？

（4）与群众的人际交往。角色定位。人民群众是公职人员的"衣食父母"，人民群众是公职人员的"上帝"。党群关系、干群关系应该是一种"鱼水关系"，不能是"蛙水关系"，更不能是"油水关系"。要处理好与人民群众的关系，最根本的就是全心全意为人民服务，把自己看成是人民公仆，而不能以国家机关代表自居，要把群众的反应、群众的情绪、群众的愿望、群众的问题放在心上，落实在行动上。所以，考生可将角色定位为：人民公仆、服务者、管理者。

处理原则。摆正关系，明确角色：人民群众是公职人员的"衣食父母"，要树立民本意识，落实民本思想。热情接待，说服教育：用热情接待来稳定群众的情绪，在交流时要动之以情，晓之以理，树之以诚，绝不能指手画脚、盛气凌人。转变职能，改善服务：坚决杜绝"门难进、脸难看、话难听、事难办"的衙门作风，由管理型向服务型转变，提高自身的服务意识与技巧。恪守法律，方圆有度：必须坚持依法行政的原则，做到学法、懂法、用法，注意培养法治意识，自觉用法律的手段去推动工作，要做到有法必依、执法必严，决不能以私废公、知法犯法。及时报告，重在落实：遇到超出职责范围的事情，要及时向领导汇报，得到领导的明确指示后，才去把事情落实到位。

例题：你是法院某科室的负责人，一天有很多群众来上访，闯进你的办公室，有的还跪在地上，要求你解决问题，你怎么处理？

（5）与亲朋好友的人际交往。角色定位。公职人员是社会的公仆，是宪法和法律的执行者和捍卫者，是公共政策的制定者和执行者，是专业化的国家工作人员；同时，公职人员也是社会人，是子女依赖的父母，是爱人依偎的伴侣，是朋友信任的知己，在日常生活中也需要亲情的温暖、爱情的滋润和友情的鼓励，公职人员也是有血有肉的人，公职人员同样需要亲情、友情和爱情。公职人员能做到家人、亲友和国家社会利益的统一固然是好事，但当两者发生矛盾时，公职人员的"第一身份"是"公"，是国家的工作人员，是广大人民利益的维护者，必须做到公正执法、不偏不倚。目前，公职人员应对"情"与"法"矛盾关系类试题的命题内容主要体现在"事业与亲情""法律与亲情"的两个方面矛盾冲突上。所以，考生可将角色定位为：宪法和法律的执行者和捍卫者、专业化的国家工作人员、人民利益的代表者、家人和亲友中的一员。

处理原则。原则性：作为一名公职人员最重要的应是牢记"全心全意为人民服务"的宗旨，忠实践行"立党为公，执政为民"的服务理念，时刻奉行"公生明，廉生威"的行为准则。因此，公职人员要做的是维护国家利益，维护法律尊严，坚守制度公平。灵活性：在坚持原则性前提下要注意灵活性的把握。在与亲友交流沟通的时候，要动之以情，晓之以理，体现出浓浓的人情味，亲友自然就会对公职人员的工作有重新的认识，从而对公职人员多一分理解、支持和帮助。只要把握一个"度"，"鱼"与"熊掌"也是可以兼得的。

例题：你们单位在审查下属单位工作时发现了违纪事件，该事件的主要责任人是你局长的亲戚，这时局长找你，希望你能帮忙解决这一问题，你会怎么办？

（五）求职动机与拟任职位匹配性题的高分技巧

求职动机与拟任职位匹配性题主要考查考生的兴趣、特长、个性特点、工作态度、知识结构与工作岗位匹配的程度，以及报考该职位的动机。它主要以背景性问题、知识性问题、意愿性问题的形式出现，目的是通过了解考生的政治、教育、工作、性格、经历、专业、价值观、人生观等方面的信息，初步判断考生的求职动机是否与报考的职位相符合，是否具有一定的口才、应变和心理承受力、逻辑思维能力等，是否符合公职人员选拔的具体要求。

1. **求职动机与拟任职位匹配性题类型。**从近几年出现的求职动机与拟任职位匹配类题目来看，主要有：

（1）求职动机类问题，以考查考生的人生观、价值观、金钱观为主。

（2）背景及自我认识类问题，以自我介绍为主。

（3）和专业有关的知识性问题，以专业知识的考查为主。

2. **求职动机与拟任职位匹配性题的解题技巧。**解答求职动机与拟任职位匹配性题目，需从"真实、真情、真心"三个"真"字层面来解题，方能够博得考官的青睐。

（1）真实。面试的目的是为了展示一个真实的自我，而不是经过包装或者非常程式化的考生，因此，这就需要真实。所以，考生一定要用诚信展示一个真实的自我。要彻底摆脱言不由衷的空话、大话和假话，结合自己的人生经历，把自己真实的闪光点充分展现在考官面前。面对自己的错误，要勇于承认，切不可卖弄面试技巧来糊弄考官。如果考生有工作经验，那么就可以很好地利用自己的工作经历向考官展示一个善于工作的形象；如果考生有学校中的团队活动经历，也可以很好地展示自己的组织才能。

（2）真情。在面试中要把每一位考官、每一位领导、每一位工作人员甚至每一位竞争对手看作自己人生旅途中非常重要的伙伴，真正把考官当作自己的良师益友，用自己的真情实意去打动考官。要学会动用丰富的感情词汇，时时处处展示自己的真情，以"情"动人。

（3）真心。考生一定要加强道德修养，注重提高自己的综合素质尤其是为人处世的理念，要把过去的机械应考转变为用真心来对待公职人员这份伟大的职业，要从内心深处认同职业，树立服务意识、责任意识和仁爱意识，才能彻底摆脱解题套路的束缚，进入"手中无剑，心中也无剑"的最高答题境界。

例题：公职人员是为公众实施公共管理和公共服务的工作人员。请结合你的实际，谈谈你为什么要竞争这一职位？

参考书目

孙立樵、马国钧等著《优秀领导干部成长规律研究》，中共中央党校出版社，2001 年 7 月第 1 版。

杨建祥著《中国古代官德研究》，上海古籍出版社，2004 年 8 月第 1 版。

高敬主编《领导干部核心能力提升》，国家行政学院出版社，2013 年 1 月第 1 版。

刘宋斌编著《副职领导手册》，北京工业大学出版社，2005 年 1 月第 1 版。

张振学著《官德修养读本》，中国商业出版社，2012 年 5 月第 1 版。

李存山主编《家风十章》，广西人民出版社，2016 年 4 月第 1 版。

颜炳罡、周海生、陆信礼、于媛著《家风传承》，山东友谊出版社，2018 年 9 月第 1 版。

刘翠编著《做最好的副职领导》，中国发展出版社，2015 年 8 月第 1 版。

中共广东省纪委宣传部编《廉洁齐家》，广东人民出版社，2016 年 6 月第 1 版。

张荣臣、李勇进、谢英芬、主编，蒋玉林著《提高领导干部沟通协调能力》，中国方正出版社，2009 年 1 月第 1 版。

钟健能著《青年领导干部修养漫谈》，党建读物出版社，2011 年 7 月第 1 版。

范晓伟编著《信仰的力量》，红旗出版社，2020 年 8 月第 1 版。

高敬主编《干部科学减压与情绪管理读本》，人民出版社，2012 年 3 月第 1 版。

戴木才主编《培育和践行社会主义核心价值观学习读本》，中共中央党校出版社，2014 年 7 月第 1 版。

易书波著《好中层会沟通》，北京大学出版社，2010 年 10 月第 1 版。

周少岐、孔繁玲、周振林、皮晓辉著《处理上下级关系的方法和艺术》，中共中央党校出版社，1998 年 6 月第 1 版。

孙立樵主编《基层干部领导力教程》，中共中央党校出版社，2007 年 2 月第 1 版。

赵光中主编《怎样当好副手》，中国时代经济出版社，2002 年 10 月第 1 版。

程连昌主编《公务员通用能力读本》，中国人事出版社，2007 年 6 月第 3 版。

刘俊林主编《青年干部成长之路》，党建读物出版社，1993 年 7 月第 1 版。

后　记

　　《青年干部成长问题漫谈》不是一本学术著作，而是一本专题课的讲稿集。

　　作者从教32年，先后在部队院校、地方党校从事部队干部、地方干部培养教育工作。2003年底转业到党校工作后，主要从事干部人事、教学和科研管理工作，并担任理论宣讲、党校主体班、社会培训班的教学任务，对青年干部成长这一课题有较长时间的思考和研究。先后讲授过"青年干部成长问题漫谈""中层领导的沟通艺术""公务员心理健康与调适""当好领导副职的方法与艺术""青年干部的情商修炼""树立廉洁家风建设幸福家庭""弘扬优良家风乐享幸福人生""廉洁是党员干部从政做人之道""官德——领导干部的从政之基""赢在面试"等专题，还先后发表《副职领导的角色定位》《领导者要善于调动部属的积极性》《青年干部树立威信浅探》《与"恋旧"领导相处的艺术》《从"世有伯乐，然后有千里马"谈起》等同类问题的学术文章，其讲稿累计达200多万字，作者从中整理了"和青年干部谈成长、和青年干部谈'官德'、和青年干部谈廉洁、和青年干部谈家风、和青年干部谈副职、和青年干部谈沟通、和青年干部谈情商、和青年干部谈压力、和青年干部谈面试"9个问题，每一个问题独立成篇，最后集约成书。

　　本书也浓缩了作者"入仕""为官"的人生思考与沉淀。作者大学毕业后携笔从戎，在军校受训了一年，然后就分配到广西边防一线担任排长，训练、备战、打仗、抢险、救灾等成为边防基层军官的必修课。经过5年的基层历练，调入军校当了教官。在三尺讲台上引导教育学员做什么的人、怎样做人、做什么样的官、怎样做官、如何才能成就人生、怎么才算成功人生的同时，也在思考与实践自己的人生之路，便把他人的智慧与自己的感悟结合起来，变成课堂上生动的案例，丰富的素材，引起学员的思想共鸣与深度思考，在与不同时代、不同层级、不同类型的学员共勉中，实现职务的提升与心灵的成长。

本书着眼于新时代中国特色社会主义建设、中华民族伟大复兴对青年干部成长的素质要求，突破以往青年干部成长的研究路径，从更广阔的视野研究青年干部成长问题，力图从多方面构建青年干部的素质要求，满足青年干部自我修炼的需要，为青年干部成长提供一本可供借鉴的学习读本。

　　本书的书稿是从原专题课的讲稿整理修改而成，其逻辑结构与学术研究规范不尽相同，每个专题主要围绕"是什么、为什么、怎么办"来展开写作思路，突出理论讲解、实际运用，往往忽视学术价值的兼顾，但作为一本青年干部的通俗读物，还是比较适用的，也适应青年干部快速阅读的习惯。

　　作者在前期的备课和后期书稿的整理、修改过程中，翻阅了大量专家的著述，借鉴了大量专家的理论和实践成果，在前面的参考书目中列举了其中的一部分，除此外还吸收、引用了一些专家发表在网络上的学术文章的观点、案例、数据、图例，不再一一列出，在此一并说明，特致以深深的谢意。

　　书稿在整理、修改过程中得到了同事宋建华、李霄冰、莫桂烈、张莉莎、王珏、刘玉成等的真诚帮助，在此表示衷心感谢。

　　特别是桂林市委党校校委班子对本书的出版给予了大力支持和帮助，提供了良好的写作条件，鼓舞了写作勇气，资助了出版经费，在此表示衷心感谢。

　　本书的时间跨度 30 多年，一些观点、事例、案例、数据等难以做到与时俱进，成为笔者心头之惑。由于笔者经历、知识和水平有限，错漏之处难免，恳请各位老师、专家、同行不吝赐教。

　　本书出版之时，正值本人花甲之年，权当是献给自己的一份生日礼物吧！

作者

2022 年 8 月 5 日